Regina Swoboda
Die Raffinesse einer Frau

Regina Swoboda

Die Raffinesse einer Frau

Werden Sie Männerflüsterin

Kösel

Verlagsgruppe Random House FSC® N001967

7. Auflage
Copyright © 2009 Kösel-Verlag, München,
in der Verlagsgruppe Random House GmbH,
Neumarkter Str. 28, 81673 München
Umschlag: Elisabeth Petersen, München
Umschlagmotiv: René Sputh/Kirsty Pargeter, panthermedia.net
Illustrationen: Wolfgang Pfau, Baldham
Druck und Bindung: GGP Media GmbH, Pößneck
Printed in Germany
ISBN 978-3-466-30854-5
www.koesel.de

Dieses Buch ist auch als E-Book erhältlich.

Inhalt

Einleitung: Willkommen zur »Mission Impossible«

Als die Emanzipation der Frauen so richtig begann, haben wir alle erwartet, dass – nach einer kurzen Phase der Verunsicherung – das Zusammenleben der Geschlechter zu einer neuen, wunderbaren Qualität findet: Die Frauen werden deutlich selbstbewusster, die Männer etwas sanfter. Und alle glücklich.

Vieles davon ist wahr geworden: Tatsächlich sind die Frauen heute selbstbewusster. Tatsächlich sind Männer sanfter geworden. Aber glücklich? Nein, glücklich sind die meisten nicht. Denn die Phase der Irritation war leider nicht nur kurz – es war auch keine Phase. Sie ist ein Dauerzustand geworden. Die Irritation hat sich etabliert, hat sich tief hineingefressen in das Verhältnis der Geschlechter.

Viele Frauen sind zunehmend enttäuscht darüber, dass Männer ihre Erwartungen auch nicht annähernd erfüllen. Dabei haben sie doch gelernt, klar und deutlich zu sagen, was sie wollen. Oder etwa nicht? Männer sind frustriert, weil sie es den Frauen offensichtlich nie recht machen können. Dabei wissen sie doch inzwischen, was Frauen wollen. Oder etwa nicht?

Frauen fühlen sich missverstanden. Männer fühlen sich nur noch angezickt. Viele flüchten sich in unverbindliche Affären, weil sie von einer festen Beziehung vor allem eines erwarten: endlosen Stress.

Doch auch unverbindliche Affären sind nicht das, was die meisten Frauen und Männer möchten. Kann man das ändern? Ich behaupte: Ja, das kann man ändern! Und das ist gar nicht mal so schwer.

Ich behaupte auch: Die Frauen können das ändern. Wenn sie das Männerflüstern lernen. Beim Männerflüstern kommt es darauf an, dass Frauen ihre weibliche Energie neu entdecken und stärken, dass sie ihre Rüstung ablegen und nicht mehr auf Kampf programmiert sind. Dann klappt's auch mit den Männern. Frauen müssen nur die Kurve kriegen – in die Weiblichkeit.

Einen Aufschrei höre ich da. Lautes, entsetztes Kreischen aller Frauen, die um Emanzipation gerungen haben, die emanzipiert sind oder daran arbeiten, es zu sein.

Immer mit der Ruhe! Es ist doch die höchste Form der Emanzipation, mit sich selbst entspannt umzugehen. Mit sich selbst glücklich zu sein. Und mit dem geliebten Mann.

Ja, die Frauen haben das in der Hand. Weil sie die große Irritation ausgelöst haben. Weil sie selbst am meisten irritiert sind, hin und her gerissen zwischen all den Rollen, die sie heute spielen und spielen können.

Welche Masse an Einflüssen auf die Frauen einprasselt, demonstrierte einmal eine Teilnehmerin bei einem meiner Männerflüsterin-Seminare. Sie kam mit zwei großen, prall gefüllten Plastiktüten und kippte den Inhalt auf den Boden des Tagungsraums. Da lag dann ein Berg von Ratgeberbüchern und Zeitungsausschnitten. »Wonach soll ich mich denn richten?«, fragte die Frau. »Hier steht, ich soll immer für ihn da sein. Woanders steht, ich soll auf Distanz gehen. Hier steht, ich soll ihn anrufen. Woanders steht, ich soll warten, bis er sich meldet. Hier steht, ich soll mich mit voller Power durchsetzen. Woanders steht, ich soll die Nachgiebige sein. Hier steht, ich soll alle Register der Verführungskunst ziehen. Woanders steht, ich soll mich erobern lassen. Und so weiter, und so weiter. Was denn nun?«

Die Teilnehmerin war Anfang 30, gebildet, mit einem guten

Job. Eine Frau, die selbstbewusst genug ist, uns das Sammelsurium an Ratschlägen vor die Füße zu werfen. Eine Frau, die nicht in der Sackgasse verharren will, sondern einen Weg hinaus sucht. Einen Weg, der zu ihr passt.

Den eigenen Weg zum Umgang mit Männern finden: Darum geht es in meinen Seminaren – und darum geht es auch in diesem Buch. Es ist ein individueller Weg. Weil jede Frau und jeder Mann individuelle Eigenarten haben. Und weil jeder eine andere Vorstellung davon hat, wie das Zusammenleben sein soll. Aber eines wollen wir alle: glücklich sein. Am liebsten miteinander.

Für die Lebensbedingungen, die sich in den letzten Jahren entwickelt haben, gibt es ja kein Vorbild. Aber eines ist klar: Das alte Modell von »Man lebt gemeinsam in einem Haus und hasst sich« ist out.

Jeder Einzelne muss seine Ansprüche klären, jedes Paar kann heutzutage ein individuelles Modell des Zusammenlebens für sich entwerfen. Das geht nicht mit halbherzigen Tricks und Manipulationen. Das geht nicht mit Kampf und Krampf, Misstrauen und Rechthaberei. Es geht auch nicht ohne Kompromisse. Für einen guten Kompromiss muss jedoch niemand sein Naturell verleugnen.

Es geht aber mit Männerflüstern. Klar: Dabei denken Sie an den »Pferdeflüsterer«. Auch klar: Ihr Mann ist kein Pferd. Selbstverständlich nicht. Aber erinnern Sie sich, wie sanft, geduldig, vertrauensvoll der Pferdeflüsterer sich diesem anderen Wesen genähert hat? Und wie das andere Wesen dann dem Flüsterer gefolgt ist? Ohne Gezerre, ohne Knute, ohne Befehle und Befehlston. Ganz leise. Ganz freiwillig.

Dieses Prinzip ist die Basis des Männerflüsterns: Interesse am anderen Wesen aufbauen, seine Sprache verstehen, sein Temperament erfühlen, seine Eigenheiten akzeptieren. Vertrauen haben. An ihn glauben.

Beim Männerflüstern erfahren Sie, was bisher an Ihrer Kommunikation mit Männern vielleicht nicht gestimmt hat. Und

Kommunikation bezeichnet dabei nicht nur das, wie Sie mit einem Mann reden, sondern auch, wie Sie sich ihm gegenüber verhalten, also auch die nonverbale Kommunikation. Sie entwickeln beim Männerflüstern eine neue Form der Kommunikation, die erfolgreicher und effektiver ist. Und zwar auf Dauer, weil sich das Verständnis zwischen Ihnen und einem Mann ganz grundsätzlich ändert. Übrigens nicht nur im Verhältnis zum Partner. Auch zum Sohn, dem Bruder und dem Chef.

Beim Männerflüstern lernen Sie, das Licht in den Augen eines Mannes zu sehen, wenn er sich wirklich wohlfühlt. Sein Strahlen. Das Strahlen eines Königs. Denn das will ein Mann ja sein: ein König, der Sie zu seiner Königin machen will.

Entspannen Sie sich und öffnen Sie Ihr Herz

1

Nur wenige Menschen sind in der Lage, ihre Liebe lebendig zu halten oder sogar mit zunehmenden Jahren mehr Intimität zu erleben. Wenn Ihnen das nicht möglich ist, liegt es meist daran, dass wir uns der Auswirkungen unserer Kommunikation und unserer eigenen Verantwortung nicht bewusst sind. Wenn es nicht gut läuft, warten wir ab und hoffen, es werde schon irgendwie gut gehen. Aber dann wirkt mit der Zeit automatisch die Schwerkraft und zieht die Beziehung nach unten. Es ist also wichtig, die Mechanismen einer Beziehung zu kennen und in der Lage zu sein, immer wieder von Neuem Nähe, Vertrauen und Verbindung aufzubauen.

Das Handwerkszeug für eine gelingende Beziehung ist das Wissen um die elementaren Unterschiede zwischen Frau und Mann. So im Großen und Ganzen ist den meisten Leuten bekannt, dass Männer eher logisch, zielorientiert, fokussiert und kämpferisch sind. Frauen sind dagegen eher emotional, kommunikativ, intuitiv und nehmen ihr Umfeld eher ganzheitlich wahr. Aber wie steht's damit, diese Unterschiede auch im Umgang mit dem anderen Geschlecht umzusetzen?

In modernen Partnerschaften ist es wichtiger denn je, die unterschiedlichen Prinzipien von Frau und Mann zu beachten – weil die aktuellen Modelle für Partnerschaften erst ein paar Jahrzehnte jung sind und doch den Regeln uralter Prägung unterliegen. Und genau darum geht es in diesem Buch.

Die typischen Eigenschaften von Frauen und Männern werden immer wieder eine Rolle spielen – bei der Darstellung von Situationen ebenso wie bei der Lösung von Konflikten. Wir werden die Unterschiede zwischen Männern und Frauen niemals aufheben können. Das ist auch gar nicht unsere Aufgabe und würde zudem den ganzen Spaß und das Aufregende am Miteinander verderben. Wir können diese Unterschiede jedoch intelligent nutzen, um Produktivität und Ekstase in die Welt zu bringen. Eines ist sicher: Die Anziehung kommt eben gerade durch die Andersartigkeit.

Frauen haben in der Regel mehr angeborenes Talent in Kommunikation und Beziehungspflege als Männer. Wenn man genau hinschaut, sind es die Frauen, die Beziehungen beginnen und beenden und die den Ton in Beziehung und Familie angeben. Und gerade weil ich den Frauen ein Höchstmaß an Verantwortung für das Innenleben einer Partnerschaft zuspreche, ist es nur gerecht, sie dafür zu stärken.

Diese Stärke muss ich Ihnen als Frau nicht geben, denn Sie haben sie schon. Sie ist oft nur verborgen. Ich möchte Ihnen Ihre Stärke bewusst machen. Ich mache Ihnen Lust auf Ihre weibliche Energie. Feminine Frauen, die sich in ihrer Weiblichkeit wohlfühlen, wirken attraktiv auf Männer.

Aber Männer sind hier noch gar nicht dran. Hier dreht sich erst mal alles nur um Sie: als authentische, souveräne Frau. Eine Frau mit positiver Energie und Ausstrahlung.

Reines Vergnügen: Spielen Sie mit Ihrer Energie

Wir haben ja beides: Männer haben auch weibliche Energien, Frauen haben auch männliche. Und beide haben ihre eigene Qualität, da ist nicht die eine besser oder schlechter. Einfach zwei Seiten einer Medaille. Es kommt nur darauf an, dass jeder aus seinen Eigenschaften etwas Gutes macht und beide ihre Fähigkeiten für das Ganze einbringen.

Zu den stärksten Fähigkeiten der Frauen gehört die Kraft, die aus der Entspannung kommt, aus der Kreativität und aus dem Spielerischen. Hört sich an, als sei Wohlgefühl nur jenen vergönnt, die den lieben langen Tag die Füße hochlegen können. Aber so ist das nicht. Auch Frauen, die in Beruf und Familie stark eingebunden sind, finden Entspannung in der Verspieltheit.

Es geht nicht darum, was eine Frau tut, sondern *wie* sie etwas tut. Es geht darum, wie sie ihre positiven Energien ausdrückt und ob sie im Erleben bleibt. Es geht, im Sinne des Wortes, um ihr Selbst-Bewusstsein.

Solange Frauen Schmerz, Wut und Groll in sich tragen, sind die positiven Energien und die Körperwahrnehmung blockiert. Und das macht's natürlich auch schwer, auf Männer positiv zuzugehen. Da Männer auch Krieger sind, wittern sie die Wut sofort und reagieren darauf – mit noch mehr Wut. Nach dem Motto: Bevor du mich angreifst, schlage ich zu!

Die beste Art, den Frust, den Schmerz und die Wut abzulassen, ist die, die Sinne auf Vergnügen und Freude zu fokussieren und den Körper bewusst und verstärkt wahrzunehmen. Denn das, worauf wir unsere Aufmerksamkeit richten, wird wachsen.

Wenn wir uns ärgern, sehen wir wie durch ein Brennglas: Das, was uns ärgert, wird riesengroß, und drum herum sehen wir nichts anderes mehr. Wenn wir aber den Frust loslassen und den Fokus verändern, passiert alles Weitere schon fast wie von selbst: Durch Freude werden wir locker, innerlich frei und sehen auf einmal das ganze Bild. Mit den schönen Facetten.

Nicht mehr Anspannung, sondern Entspannung und Vergnügen regieren dann unser Leben – und machen uns für Männer unwiderstehlich. Es ist die lebensfrohe, ausgeglichene, offene und sinnliche Frau, die ein Mann aufregend findet. Der Mann möchte unbedingt in diese Welt eintauchen. In seiner eigenen Welt gibt's das nicht: Das Spielfeld der Männer war und ist bestimmt von (Wett-)Kampf und sich durchsetzen. Wer kommt an die Spitze? Wer wird Sieger? Wo ist mein Platz in der Hierarchie? Es beginnt ja schon mit dem Wettlauf der Spermien, während das weibliche Ei hingegen nur entspannt zu warten braucht. Männer brauchen uns Frauen, um Leichtigkeit, Genuss und Vergnügen leben zu können.

Haben Sie den Film *Pretty Woman* gesehen? Bestimmt haben Sie. Dann erinnern Sie sich sicher an diese Szene: Julia Roberts mit Richard Gere im Park, sie zieht ihm die Schuhe aus und ermutigt ihn, barfuß durchs nasse Gras zu gehen. Und das zu genießen. Nur den Augenblick zu genießen. Zeigen Sie einem Mann, wie man das Leben genießt. Bringen Sie Sinnlichkeit und Lebendigkeit in sein Leben.

Doch vor allem und zuallererst: Bringen Sie Leichtigkeit in Ihr eigenes Leben. Lassen Sie Ihr Herz leichter werden als Luft. Lernen Sie zu spielen, zu genießen und zu entspannen. Finden Sie heraus, was Sie leicht, glücklich und lebendig macht, was das Leben in Ihren Adern zum Fließen bringt. Machen Sie Weiblichkeit und Weichheit zum Zentrum Ihres Wesens (und übrigens auch Ihrer Karriere). Lassen Sie sich leiten von Ihrer Begeisterung und Ihrer Lebendigkeit. Sie werden den Unterschied sehr schnell erleben: Wenn Sie entspannt sind, sind Sie auch in der Lage, Ihre eigene Entspannung mit Ihrem Partner zu teilen. Wenn Sie angespannt sind, ist dagegen der Boden für Kampf und Streit bereitet.

Denken Sie daran: Je weiblicher Sie sind, desto männlicher kann im Gegenzug Ihr Partner sein. Je attraktiver Sie die Männer finden, desto stärker sind Sie selbst in Ihrer weiblichen Energie. Und ziehen Männer an, die von ihrer männlichen Energie erfüllt sind. Es hält sich immer die Waage.

Im Übrigen: Die Weiblichkeit können und sollten Sie auch in Ihrer Kleidung ausdrücken. Bei manchen Frauen kann man schon am Äußeren sehen, dass sie ihr Frausein nicht offen zeigen mögen. Sie kleiden sich in weite, schlabbrige, wenn auch bequeme Unisex-Klamotten und sind davon überzeugt, dass man nur in Gesundheitsschuhen gut laufen kann. Wenn Sie es nicht schon tun, dann beginnen Sie auch in diesem Bereich, Ihr Frausein auszudrücken und zu genießen. Tragen Sie die Röcke, Schuhe, Blusen oder Accessoires, die Sie schon immer tragen wollten. Trauen Sie sich, sich in hinreißend weiblichen Farben, Formen und Stoffen zu zeigen. Nicht weil es gerade modisch ist. Sondern weil es Ihnen Spaß macht, Sie sich damit besser fühlen.

Sie fühlen sich in Pumps nicht wohl? Eine farbenfrohe Bluse ist Ihnen zu auffällig? Lange Haare sind in der Pflege zu aufwendig? Meiner Erfahrung nach haben die Frauen, die es ausprobieren, nicht wirklich ein Problem mit den Sachen, sondern eher mit der Wirkung, die sie damit erzielen. Auf einmal rücken sie ins Blickfeld, sie werden als Frau sichtbar und sind es nicht gewohnt, damit umzugehen. Fangen Sie damit an, sich daran zu gewöhnen!

Erweitern Sie Ihre Möglichkeiten, beginnen Sie zu spielen, Facetten zu entdecken und zuzulassen. Bemerken Sie, wie Sie in Pumps anders gehen als in Turnschuhen, wie Sie sich in einem Rock anders fühlen als in einer Hose oder in figurbetonten Kleidern anders aufrichten als in weiten. Wenn Sie weiblicher werden wollen, beginnen Sie mit der Kleidung und Ihrem Styling.

Ich habe bei einem Fernsehdreh einmal Folgendes erlebt:

Ich sollte vor laufender Kamera eine Frau darin coachen, so mit Männern zu flirten, dass diese sich in Bewegung setzen und die Frau ansprechen. In einem Café am Odeonsplatz in München kann man bei gutem Wetter schön draußen sitzen. Die Protagonistin kam in unauffälligen Tarnfarben gekleidet, mit Schlabberpulli und Jeans. Sie sah zwar lässig aus, aber wohl eher, als habe sie bereits einen Freund und es daher nicht nötig, sich weiblich anzuziehen. Also zum Anbandeln nicht optimal. So haben wir sie in ein weiblicheres Outfit gesteckt und leicht geschminkt. Sie fühlte sich klasse in den neuen Sachen und begann sich dementsprechend zu geben und zu bewegen. Natürlich übten wir auch mit ihr, den Blicken der Männer standzuhalten, ja dem sogar mit Freude zu begegnen. Das Ergebnis: Innerhalb kürzester Zeit haben drei Männer sie zu einem Drink eingeladen!

Es ist einfach so: Kleider machen Leute. Und noch mal für alle Singlefrauen: Wenn Sie einen Mann auf sich aufmerksam machen wollen, betonen Sie Ihre Weiblichkeit! Aber natürlich soll und darf es hier nicht an den Äußerlichkeiten hängen bleiben. Zur Weiblichkeit gehört auch das, was Sie mit Sinnlichkeit erfüllt und lebendig macht.

Um Ihre Weiblichkeit zu stärken, haben Sie ein riesiges Repertoire zur Verfügung. Fragen Sie sich ganz einfach: Was tut mir gut? Und beziehen Sie alles ein, was Sie als Weichheit und Freude empfinden. Zum Beispiel Tanzen, Massagen, sinnliche Unterwäsche, ein schönes Umfeld, Lachen, Spielen, Singen. Tun Sie möglichst alles entspannt und mit Sinnlichkeit und Genuss – gehen, hinsetzen, Herausforderungen begegnen, Auto fahren.

Wie wenig sich viele Frauen aus Körperbewusstsein und Entspannung heraus bewegen, habe ich einmal in einer Frauengruppe erlebt: 20 Frauen saßen im Schneidersitz im Kreis, um zum Abschluss gemeinsam ein Mantra zu singen. Wir gaben uns die Hände und wollten beginnen. Da unterbrach uns die Leiterin mit der Aufgabe, darauf zu achten, wie wir sitzen und mit welcher Einstellung wir uns positioniert haben. Die meisten von uns haben sich einfach mal eben hingesetzt, nach dem Motto: Gleich ist es sowieso zu Ende. Das ist zwar nicht bequem, aber die kurze Zeit halte ich auch noch durch! Durchhalten kommt von Anstrengung und Leistung, und wer damit beschäftigt ist, sich anzustrengen, dem bleibt keine Kapazität mehr, um seinen Körper wahrzunehmen.

So haben wir uns alle erst mal Zeit gelassen, in eine entspannte Position zu gehen. Wer eine gute Position gefunden hat und aus dieser heraus entspannt bleibt, ist tausendmal kraftvoller und fühlt sich dabei auch noch gut.

Strahlende Momente: Entdecken Sie Ihre weibliche Energie

Dass sich weibliche Energie und Sinnlichkeit unter Frauen aufladen, erlebe ich immer wieder in meinen Seminaren. Harmonie mit anderen Frauen schafft geballte Weiblichkeit. Aus dieser Harmonie heraus ist es leicht, mit Männern zu kommunizieren.

Die Gründe, warum Frauen in meine Seminare kommen, sind meist: Sie wollen ihrem Traumprinzen gefallen. Einen neuen Mann für sich gewinnen. Oder der Beziehung zu einem schon vorhandenen Mann neue Glücksimpulse geben. Doch wie geht das? Meine Antwort ist ganz einfach: Frauen, die sich in ihrer Weiblichkeit wohlfühlen, wirken attraktiv auf Männer. Das hat nur bedingt etwas mit Äußerlichkeiten zu tun, auf die wir immer getrimmt werden. Die Zufriedenheit und die Sinnlichkeit machen uns Frauen schön und anziehend. Je entspannter und sinnlicher eine Frau ist, desto mehr ist sie im Einklang mit ihrer Weiblichkeit und desto attraktiver wird sie!

Männer wollen glückliche Frauen und nicht Frauen, die sie glücklich machen »müssen«!

Im Seminar finden Frauen eine Atmosphäre, in der persönliches Wachstum spielerisch leicht und mit Freude entsteht. Ziel ist es, die ursprüngliche Verspieltheit wiederzuwecken, die vielfältigen Möglichkeiten, die für jedes Kind eine Selbstverständlichkeit sind, erneut zu öffnen. Im Laufe des Lebens machen die meisten von uns schmerzhafte Erfahrungen und verschließen sich immer mehr gegenüber bestimmten Situationen. Dadurch werden unsere Möglichkeiten immer weniger. Ein Beispiel: Als Kind treten wir vor eine Gruppe, um etwas aufzusagen. Jemand lacht, warum auch immer. Wir glauben, diese Person lacht uns aus, und beschließen: Nie wieder gehe ich auf eine Bühne, nie wieder setze ich mich so einer Situation aus! Mit einigen Übungen kann man die Unbefangenheit der Kindheit aber wieder hervorholen.

Es ist immer eine spannende Phase in meinen Seminaren, wenn ich die Frauen bitte, von ihren Wohlfühl-Momenten zu erzählen. Von den wunderbaren Momenten, in denen sie sich selbst vergessen. Glück bedeutet, sich selbst zu vergessen. Wenn wir uns selbst vergessen, es kein Selbst mehr gibt, erscheint es. Man erkennt es am Leuchten und an der Brillanz.

Frauen denken immer, dass es darum geht, »ihn« anzuturnen.

Männer sind bereits angeturnt. Finden Sie also stattdessen heraus, was *Sie* lieben, und gönnen Sie es sich!

Um das herauszufinden, führe ich mit Seminarteilnehmerinnen Interviews durch, in denen ich sie nach ihrer Lebendigkeit und Leidenschaft frage. Ich zeige den Frauen, wie sie ihre Weiblichkeit wie einen Magneten aufladen können. Dann teilt sich die Gruppe in Zweiergruppen auf: Jede erzählt der Gesprächspartnerin, jede befragt die andere. Ich gebe vorab nur einen Hinweis: Achtet auf die Begeisterung!

Bei einigen Paaren sprudelt die Unterhaltung sofort los, bei anderen geht es etwas ruhiger zu. Aber wenn ich nach ein paar Minuten alle wieder in die gemeinsame Runde bitte, haben garantiert bei jeder Teilnehmerin die Augen gestrahlt! Einmal oder mehrmals. Jede Frau hat mindestens eine Sache, die pure Begeisterung auslöst.

Sylvia zum Beispiel sagt spontan, dass sie gern zum Shoppen geht. Nicht weiter aufregend. Ihre Augen strahlen dann aber, als sie erzählt, wie toll es ist, im Secondhandshop oder auf dem Flohmarkt zu stöbern, sich überraschen zu lassen, etwas auszuprobieren. Sowieso liebt sie Veränderungen, stellt auch in ihrer Wohnung öfter mal die Möbel um. »Das ist immer so'n Stück Weiterentwicklung«, sagt sie. Und strahlt.

Beim Stichwort Shopping erinnert sich Tina an einen Nachmittag in Zürich. Sie hatte ihren Mann begleitet. Er musste zu einem Geschäftstermin, der sich unerwartet über den ganzen Nachmittag hinzog. Ganz besorgt war er, dass Tina sich langweilen könnte. Langweilen? »Ich bin einfach in die Stadt gegangen, durch die Läden gebummelt, habe mich treiben lassen. Es war herrlich! So was kann ein Mann überhaupt nicht verstehen.« Ein vielfaches »Ja!« kommt aus der Runde.

Charlotte strahlt, wenn sie von »ihrer« Musik spricht. Die mixt sie selbst zusammen, oft auch als Geschenk für Freunde. »Ich verbinde viel mit Musik, tanze, entspanne, oft ganz allein. Meist gibt mir die Musik dann einen Energieschub und ich bekomme Lust, wegzugehen«, sagt sie und fügt fast feierlich hinzu: »Ich glaube, ich wäre gern DJ!« Warten wir's ab!

Ines strahlt bei Schnee. Zudem ist sie sportlich und geht im Sommer gerne zum Segeln und Surfen. Der warme Wind, die Verbindung mit dem Wasser – da leuchten ihre Augen schon. Aber längst nicht so, als wenn sie vom Skifahren erzählt, da geht nämlich ein ganzer Kronleuchter an: »Ein halber Meter frischer Pulverschnee in der Morgensonne. Dieser schöne Anblick, diese Leichtigkeit. Dann könnte ich ausflippen vor Glück!«

Renate strahlt, wenn sie auf ihre Lieblingsstadt schaut. Sie wohnt in München und geht möglichst oft in den Englischen Garten. Steigt zum Monopteros-Tempel hoch, sieht die Wiesen und dahinter die Türme der Stadt. »Da lasse ich meine Gedanken schweben und bin total entspannt.« Manchmal bleibt noch Zeit, um im nahen Stammcafé auf der Terrasse zu sitzen. Und das, sagt sie, ist »wie ein kleiner Urlaub!«

Marie schließlich strahlt, weil sie eine richtige Entscheidung getroffen hat. Nach vielen Jahren im Ausland ist sie in ihre Heimatstadt zurückgekehrt: »Hier sind meine Freunde, meine Kultur, einfach Wärme. Heimat eben.«

Und Elke? Elke ist frisch verliebt. Sie strahlt: »Am schönsten ist es, wenn ich mit meinem Freund einfach so rumknutsche!« Ihre Wangen röten sich. Dann aber lässt das Strahlen plötzlich nach. Elke ist unsicher: »Er ist ein so sinnlicher Mensch und er hat auch viel mehr Erfahrung als ich. Ich weiß nicht, ob ich seine Erwartungen erfüllen kann.« Mein Rat: »Zeige dich so, wie du bist!« Frauen ziehen Männer immer dann magnetisch an, wenn sie sich selbst mögen und sich in ihrer Weiblichkeit wohlfühlen.

Aus der Sammlung dieser »strahlenden« Momente erkennen Sie: Es ist nicht zwingend die Reise in die Südsee, die Wärme ins Herz bringt. Alle Seminarteilnehmerinnen erzählen von kleinen, ganz alltäglichen Erlebnissen, bei denen sie Leidenschaft und Begeisterung, Freude und Geborgenheit, Entspannung und Anregung spüren. Beste Zutaten für pure Energie!

TIPP Denken Sie an Momente, in denen Sie sich sehr lebendig oder sehr positiv angeregt gefühlt haben. Achten Sie darauf, ob Sie Aufregung oder gar Herzklopfen gespürt haben. Ja? Dann versuchen Sie, solche Momente oder Rituale so oft wie möglich in Ihren Alltag einzubauen.

Sie haben zum Beispiel bei einer Feier etwas vorgesungen oder vorgetragen? Sie sind sonst kein Typ, der sich vor eine Gruppe stellt, denken Sie? Aber hinterher haben Sie sich hellwach gefühlt, glasklar, und die Welt war farbiger? Nennen Sie das Gefühl nicht »Angst«, sondern »Aufregung«, und begeben Sie sich öfter auf eine Bühne. Angst und Aufregung sind in dem Zusammenhang das gleiche Gefühl!

Folgen Sie Ihrer Lebendigkeit! Nehmen Sie ab heute Ihre Lebendigkeit als Ihren Kompass für Ihr Leben und Ihre Entscheidungen.

Stark gegen Attacken: Wehren Sie sich mit Liebe und Leichtigkeit

Das weibliche Selbstwertgefühl wird auf harte Proben gestellt. Deutlich häufiger als Männer müssen sich Frauen für das rechtfertigen, was sie tun, sagen, planen, essen, kaufen oder nicht kaufen, für die Art, wie sie sich kleiden, schminken und frisieren, wie sie mit Kind, Mann und Beruf umgehen. Dagegen haben Sie jetzt etwas: Ihr gestärktes Selbstbewusstsein und Ihre Energie, die Ihnen die Lizenz zur Leichtigkeit gibt.

Besinnen Sie sich darauf, was Sie sind: Als Frau sind Sie nicht Opfer der Verhältnisse, sondern Gestalterin. Vor allem Gestalterin Ihres eigenen Lebens.

Leider, leider sind es oft andere Frauen, die mit Kommentaren und Fragen nerven, in denen eine Mischung aus Vorwürfen und Neid steckt. Dieser Prozess startet klassischerweise dann, wenn Sie anfangen, sich in Ihrer Haut wohlzufühlen, wenn Sie das eine oder andere Projekt beginnen, das Sie inspiriert. Denn damit treten Sie aus dem geschützten Rahmen der »Opfer«-Gemeinschaft aus, in der sich Frauen zusammenfinden, die sich gegenseitig in ihrem Frust bestätigen wollen.

Warnung: Sobald Sie diesen Zirkel verlassen, müssen Sie mit Angriffen anderer Frauen rechnen. Deren Gedankengang läuft in etwa so: Wie – sie denkt, dass das so einfach geht? Wenn sie das schafft, dann müssen wir ja wohl verkehrt sein. Wollen wir aber nicht. Also müssen wir sie daran hindern, aus unserer Gemeinschaft auszutreten.

Wissen Sie, wie man Krebse in einem Eimer behält, sodass sie nicht rauskrabbeln? Sie brauchen keinen Deckel darauf zu legen, die Krebse krabbeln nämlich nicht heraus. Warum? Wenn einer der Krebse rausklettern möchte, ziehen die anderen ihn mit ihren Scheren wieder nach unten.

Wir Menschen sind da manchmal ähnlich. Nur erfolgreiche Menschen behindern sich nicht, sondern helfen sich gegenseitig auf dem Weg nach oben. Im Vertrauen darauf, dass derjenige, der es zuerst schafft, auch dem anderen nach oben verhilft.

Zur Ehrenrettung der Frauen sage ich allerdings: Den wenigsten ist bewusst, wie ihr Verhalten wirkt und dass Kommentare und Fragen beim Gegenüber oft als Angriffe ankommen. Dennoch rauben sie uns Energie und Motivation.

Auch Männer testen gerne aus, welchen Sprüchen eine Frau standhält. Männer sind es gewohnt, sich untereinander zu necken und raue Späße zu treiben. Deshalb merken sie manchmal gar nicht, wie verletzend solches Verhalten auf Frauen wirkt. Entscheidend ist dann Ihre Reaktion: Die Frau löst entweder den Spieltrieb des Mannes aus oder den Kampfinstinkt. Was ist Ihnen lieber?

Wir glauben meist, bei einer Attacke nur zwei Möglichkeiten zu haben: uns verletzen zu lassen oder zurückzuschlagen. In vielen Trainings üben die Teilnehmer sogar, besser zurückschlagen zu können. Aber wie weit kommen wir damit wirklich? Und haben wir wirklich gewonnen, wenn wir nachher einen Feind mehr haben? Ein Mann, der so ein Wortgefecht gegen uns verliert, ist nicht wirklich unser Freund. Eine Frau, der wir deren Bissigkeiten mit noch stärkerer Bosheit zurückzahlen, beißt sich immer mehr an diesem Duell fest. Sei es im Beruf oder im Privatleben. Die Energie der Attacke dringt in unseren Körper ein, bleibt dort stecken und macht uns taub und gefühllos. Wir verlieren die Lebensfreude und unsere Energie. Von Frauen höre ich oft, dass sie keine Lust mehr haben zu kämpfen. Dass sie sich müde fühlen, dass das Berufsleben anstrengend und die Beziehung zum Schlachtfeld geworden ist. Daher ist es sinnvoll, mit Attacken so umzugehen, dass Sie den Angreifer entwaffnen und für Ihre Seite gewinnen.

Im Seminar üben wir diese Technik. Spielerisch, nicht verbissen. In Bewegung, nicht starr. Den Fokus auf der anderen Person, nicht auf sich selbst. Das Herz offen, nicht in versteckter Wut. Die Herausforderung besteht also darin, die Aufmerksamkeit auf den anderen zu legen und keine Energie in die Rechtfertigung für eigenes Verhalten zu stecken. Am besten gehen wir gar nicht erst auf den Angriff ein.

Ich biete Ihnen hier einige Beispiele an. Bemerkungen, die nach Sorge, Mitgefühl und gutem Rat klingen. In jeder dieser Bemerkungen schwingt aber mit, dass man Sie für unzulänglich hält, dass Sie Ihr Leben nicht im Griff haben und schon gar nicht allein eine richtige Entscheidung für sich selbst treffen können. Überlegen Sie, ob Sie auf solche Anwürfe ernsthaft reagieren wollen.

Was Frauen zu Frauen sagen:

»Na, hast du wieder einen Neuen? Glaubst du echt, dass es diesmal was wird? Also ich mache mir Sorgen um dich, dass du wieder zu gutgläubig in diese Beziehung gehst.«

»Willst du wirklich Coach werden? Das macht doch gerade jeder. Und die wenigsten können wirklich davon leben.«

»Dein Mann bringt dir die Blumen doch nur, um dich zu bestechen. Vielleicht hat er ein schlechtes Gewissen.«

»Findest du nicht, dass so lange Haare in deinem Alter langsam unpassend sind?«

Was Männer zu Frauen sagen:

»Warum ist eine nette Frau wie du bloß allein – wo ist denn da der Haken?« Genau das wurde ich als Single dauernd gefragt. Und ich habe es gehasst. Ich habe noch keine Frau getroffen, die diese Frage nicht schon mal gestellt bekommen hat, geschweige denn eine, die gerne darauf antwortet.

»Wenn du so viel arbeitest, hast du doch gar keine Zeit für eine Beziehung.«

»Wenn du so gerne reitest, ist dir dein Pferd später wichtiger als der Partner.«

»Kannst du mit den langen Fingernägeln überhaupt einen Haushalt führen?«

Und so weiter. Jede Frau kennt solche Bemerkungen von anderen Frauen oder Männern. Ab jetzt werden Sie wachsam. Machen Sie es sich zum Sport, auf solche Aussagen oder Fragen so zu antworten, dass sich der andere anerkannt, gemocht und geehrt fühlt. Entwaffnen Sie den Angriff.

Ich weiß, das hört sich erst mal einfacher an, als es tatsächlich ist. Wenn Sie aber erste Erfolge damit haben und den freudigen Gesichtsausdruck des Angreifers sehen, werden Sie Spaß daran gewinnen. Ich stelle mir manchmal vor, das Gegenüber trage das Gesicht meiner kleinen Tochter. Dann fällt es mir leichter, liebevoll zu reagieren.

Denken Sie daran: Mit einer freundlichen Reaktion stimmen Sie noch lange nicht zu. Sie schlucken aber auch nicht den ausgeworfenen Haken und zappeln nicht an der Angel eines Streits.

Hier ein paar Beispiele, wie Sie sich vor endlosen Rechtfertigungen schützen können:

»Willst du wirklich deine kleine Tochter zur Oma abschieben, um dich mit diesem Mann zu treffen?«
Normale Reaktion: Erklären – »Ach, sie ist ja gerne bei der Oma ...«
Entwaffnende Reaktion: »Findest du, es wäre besser, wenn ich sie zum Date mitnehme?«

»Dein Mann bringt dir die Blumen doch nur, um dich zu bestechen!«
Entwaffnende Reaktion: »Stimmt – volle Bestechung. Aber es funktioniert! Und wie!«

»Findest du nicht, dass so ein kurzer Rock in deinem Alter unpassend ist?«
Entwaffnende Reaktion: »Deine Stimme klingt auch noch ganz schön sexy.«

»Wenn du so viel arbeitest, hast du doch gar keine Zeit für eine Beziehung.«
Entwaffnende Reaktion: »Hm, ich liebe meine Arbeit. Aber wenn ich dich so ansehe, könnte ich mich eines Besseren belehren lassen.«

»Warum ist eine nette Frau wie du bloß allein – wo ist denn da der Haken?«
Entwaffnende Reaktion: »Oh, ich liebe es, dass du dich so für mich interessierst. Du hast einfach eine unwiderstehliche Art!«

»Kannst du mit den langen Fingernägeln überhaupt einen Haushalt führen?«

Entwaffnende Reaktion: »Du siehst doch auch toll aus und kannst ein Auto fahren ...« (Wichtig dabei ist natürlich, dass Sie lachen und ihn anstrahlen.)

»Du bist ja eine ganz schöne Emanze!«
Entwaffnende Reaktion: »Prima, dass du mich schön findest. Und eines Tages möchte ich genauso direkt und tough sein wie du!«

Der Rechtfertigungszwang überfällt uns vor allem dann, wenn wir uns in einer Situation befinden, in der es um richtig viel geht. Da kommen flotte Sprüche nicht so leicht über die Lippen.

Als ich das erste Date mit meinem Mann hatte, hat er mir beim Abendessen im thailändischen Restaurant die Frage gestellt: »Wie kommst du zu einem unehelichen Kind?«

Leider habe ich die Frage ernst genommen. Und obwohl ich keine Lust hatte, darauf einzugehen, habe ich als Antwort brav und ausführlich meine Lebens- und Leidensgeschichte erzählt. Warum die Sache mit dem Ex auseinanderging und dass ich daran natürlich ganz unschuldig bin.

Die Stimmung war so kaputt geschlagen wie ein Frühstücksei nach dem Sonntagsbrunch. Eine deprimierende Pause entstand. In dieser Pause fiel mir dann nichts Besseres ein, als ihn zu fragen: »Und wie kommt es, dass du geschieden bist?«

Diese Frage war ein ähnlicher Stimmungskiller. Es folgten lange Erläuterungen und Details der Scheidungsgeschichte und dass er das gemeinsame Haus verloren hatte. Diese Unterhaltung war nicht sehr sexy.

Heute würde ich anders antworten. Auf die Frage »Wie kommst du zu einem unehelichen Kind?« würde ich ihm lange in die Augen schauen, lächeln und sagen: »Soll ich dir das wirklich erklären?«

Im Endeffekt hat uns dieser Start nicht geschadet. Weil es doch um ehrliches Interesse ging und nicht um einen Angriff. Glück gehabt.

Anders habe ich eine Szene empfunden, die sich vor einiger Zeit am Gardasee abspielte. Ich saß im Urlaub auf der Hotelterrasse bei einer Tasse Kaffee und mit meinem Laptop. Ich kam mit einer Frau ins Gespräch, die ziemlich spitz zu mir sagte:»Sie Arme, das ist ja gar kein Urlaub. Irgendetwas muss man falsch machen, wenn man im Urlaub noch seinen Laptop dabeihat. Wenn man sein Business wirklich gut führt, dann macht man sich entbehrlich. Und für die Familie ist das ja auch eine Zumutung!«

Die erste Reaktion wäre in der Regel:»Blöde Kuh!« Oder:»Wahrscheinlich haben Sie einen todlangweiligen Job und sind froh, wenn Sie mal 'ne Weile nichts damit zu tun haben.« Oder ich hätte ihr erklären können, dass ich oft unterwegs bin und sich bei mir Fun und Arbeit einfach mischen. Stattdessen sagte ich:»Sie haben ja so recht! Ich liebe meine Arbeit so sehr, dass man mich vom PC wegoperieren muss. Ich kann dagegen einfach nichts machen!«

Die Frau lachte und fragte, was das denn für eine Arbeit sei. Ich erzählte ihr vom Coaching und von den Trainings, die ich anbiete. Und siehe da: Ich habe eine neue Kundin gewonnen!

TIPP   Machen Sie folgendes Spiel: Bitten Sie einen Freund oder eine Freundin, Sie verbal anzugreifen, etwas zu sagen, was Sie verunsichern könnte.

Setzen Sie den anderen ins Recht, ohne sich selbst ins Unrecht zu setzen. Geben Sie sich einen Punkt, wenn Sie es schaffen, in Leichtigkeit zu bleiben, die Äußerung nicht persönlich zu nehmen und sich nicht»die Lichter ausmachen«zu lassen – und noch einen Punkt, wenn Sie es darüber hinaus sogar schaffen, dem anderen»die Lichter anzumachen« oder ihn zum Lachen zu bringen.

Stop bitching: Gute Frauen, böse Männer.
Oder etwa umgekehrt?

Inzwischen sind Sie aus der Opfergemeinschaft herausgetreten, in der Frauen ihren allgemeinen Frust über die Welt pflegen. Aber es gibt noch eine spezielle Variante, die sich auf *ein* Thema, *ein* Feindbild konzentriert: Männer. Die bösen Männer!

Meine Devise: Stop bitching! Lassen Sie sich nicht auf Lästergespräche ein, in denen Frauen nur über Männer herziehen.

Es geht ganz schnell, dass Frauen untereinander negativ über Männer reden. Sich als Opfer darstellen oder sich beschweren. Viele Frauen haben von ihren Müttern versteckte oder gar offene Gemeinheit gegenüber Männern gelernt. Das gilt es wieder zu ent-lernen. Der erste Schritt aber ist, es überhaupt zu bemerken. Achten Sie also darauf, wann Sie oder andere ins gnadenlose Lästern verfallen.

Zu den klassischen Sätzen in solchen Gesprächen gehören diese:

»Also die Typen im Internet ...«

»Männer ab 35 sind entweder besetzt oder beschissen.«

»Ich wäre ja pünktlich gekommen, aber mein Mann hat mal wieder verschlafen.«

»Zuerst sind die Männer immer zuvorkommend, aber wenn sie dann mit einem im Bett waren, lassen sie uns im Regen stehen.«

»Leider kann ich mir einen Urlaub mit den Kindern nicht leisten. Mein Mann hat sich eine Jüngere genommen und erzählt jetzt, dass er so gut wie nichts verdient.«

Auf diese Weise gewinnen wir zwar günstigstenfalls Zustimmung und Mitleid von anderen, aber diese Zuwendung nährt uns nicht wirklich. Wir fühlen uns zugehörig, aber es ist keine echte Zugehörigkeit, in der wir gut aufgehoben sind. In gewisser Weise lassen wir damit unsere Schmerzen ab, unsere Verletzungen und

Blessuren, aber wir katapultieren uns weiter weg von unserem Ziel: einer guten Beziehung und einem produktiven Umfeld. Wir gewinnen nicht mal das Vertrauen der anderen Frauen und noch weniger das der Männer. Auch wenn die Männer bei solchen Gesprächen nicht dabei sind, spüren sie doch die Bitterkeit in unserer Aura.

Sobald Sie sich selbst dabei erwischen, über Männer abzulästern: Halten Sie inne und sagen Sie etwas Positives über Männer. Das verändert Ihren Fokus, Ihre Ausstrahlung und Einstellung und fällt auf Sie zurück.

Aus eigener Erfahrung weiß ich, wie man in diesem Negativsog immer weiter nach unten rutschen kann. Als alleinerziehende Mutter war ich in einem Kreis von weiteren Frauen in gleicher Situation. Das fühlte sich erst mal gut an, da ich mich nicht mehr als Außenseiterin empfand und alle anderen meine Schmerzen und Hoffnungen teilten. Wir redeten darüber, wie übel uns mitgespielt wurde, und verstanden einander. Allerdings hielt uns genau das in der misslichen Situation gefangen, denn Männer haben einen guten Sensor für »frustrierte Frauen«. Obwohl ich mich bei Dates witzig, fröhlich und unabhängig gab, wurde nie eine tiefer gehende Beziehung draus. Stattdessen noch mehr Stoff für Beschwerdegeschichten mit den Frauen, die wiederum ihre schlechten Erfahrungen beitrugen.

Der Leidensdruck wurde mit der Zeit so groß, dass ich zum ersten Mal an einem Seminar teilnahm. Danach habe ich meine Sichtweisen komplett geändert. Ich war doch glücklich, ein Kind zu haben! Ich begann, selbst die Verantwortung für meine Zufriedenheit zu übernehmen. Und die Männer in einem neuen Licht zu sehen. Sehr schnell änderten sich mein Befinden, meine Ausstrahlung und meine Stimmung. Zum Guten. Ich tat meine Zeit nicht mehr mit sinnlosen Jammergesprächen ab, sondern startete interessante Projekte.

Und: Kurze Zeit später erschien ein Mann in meinem Leben. Mein heutiger Ehemann. Ein paar Monate zuvor wären wir uns wohl nicht nahegekommen. Er hätte vor meinem Frust die Flucht ergriffen. Aber jetzt hatte ich eine positive Ausstrahlung. Meine Art, mit ihm umzugehen, gefiel ihm.

Was allerdings auch passierte: Ich gehörte auf einmal nicht mehr in den Klub der Frustrierten. Als Nichtfrustrierte gab es für mich da keinen Platz. Das war anfangs schmerzhaft, besonders weil ich in diesem Klub eine sehr gute Freundin hatte. Ich wollte sie und die anderen auch für meine neue Lebens- und Sichtweise gewinnen, aber sie bestanden darauf, dass sie selber recht und die Männer unrecht haben, dass sie Opfer und die Männer Täter sind. Dass man so schnell keine Schmerzen los wird. So einfach ginge das ja schließlich nicht. Langsam, aber sicher zogen sich meine damaligen Freundinnen von mir zurück.

Kann sein, dass auch Sie sich nach neuen Freundinnen umsehen müssen, wenn Sie Ihre Einstellung zu Männern ins Positive ändern. Die Neuen sind dann ganz bestimmt Leute, die etwas bewegen und umsetzen, statt sich am Frust festzubeißen.

Ganz ohne die Vertrauten geht es nicht? Dann wählen Sie den goldenen Mittelweg: Machen Sie Termine mit Freundinnen zum Ablästern. Ziehen Sie richtig vom Leder. Tun Sie es bewusst und begrenzen Sie die Zeit hierfür. Und danach wechseln Sie den Ort und machen etwas Produktives zusammen. Räumen Sie gemeinsam miteinander den Keller auf, treffen Sie sich zu einer Wohlfühlparty oder unterstützen Sie sich gegenseitig in Ihren Jobs. Finden Sie gemeinsam andere Themen als die »bösen Männer«. Beobachten Sie, wie sich dabei die Energien verändern.

So einen Wandel habe ich einmal in einem Seminar erlebt. Wir hatten eine Teilnehmerin, die sehr negativ über alles sprach. Sobald sie in den Raum kam, ereiferte sie sich darüber, dass sie in dieser Gegend lange nach einem Parkplatz suchen musste, dann kamen die vielen Treppen, und überhaupt sei draußen so schönes Wetter, dass sie gar keine Lust hatte, im Seminar zu sitzen. Am Nachmittag bekam sie Feedback von den anderen Frauen über ihre Negativität. Das traf sie hart, denn sie selbst empfand sich nicht als negativ, für sie fühlte sich alles ganz normal an.

Wie oft reden wir einfach so daher, ohne uns darüber bewusst zu sein, was unser Verhalten mit der Stimmung im Raum und der Laune der anderen macht! Oder wir lassen uns in solche Gespräche hineinziehen und lassen unseren Ärger über den langsamen Kellner, die chaotischen Ehemänner, unzuverlässige Freunde oder den ungerechten Chef in aller Ausführlichkeit raus.

Die Seminarteilnehmerin nahm sich das Feedback der anderen zu Herzen und begann, auf ihren Einfluss in einer Gruppe zu achten. Einige Wochen später wiederholte sie das Seminar. (Dies ist möglich und auch sinnvoll, denn man hört jedes Mal andere Dinge, weil man ja wieder an einem anderen Punkt steht. Außerdem macht es Sinn, die vorgestellten Handlungswerkzeuge stetig zu üben.) Sobald sie in den Raum kam, hörten wir von ihr jetzt nur Äußerungen, mit denen sie die anderen anerkannte oder aufheiterte. Es waren ja nun neue Teilnehmerinnen im Seminar, die den Vergleich zum letzten Mal nicht hatten. Sie gewann alle Herzen und wurde am Schluss von allen dafür gelobt, dass sie erheblich zum Gelingen des Tages und der positiven Gemeinschaft beigetragen habe. Was mich besonders freute: Diese Frau fühlte sich endlich wohl mit sich selbst, wirkte locker und unverkrampft. Ein inspirierendes Beispiel weiblicher Energie!

Singlefrau
– warum denn?

2

Sie denken, es gibt keine guten Männer? Falsch. Gute und powervolle Männer sind Mangelware? Richtig. Aber umgekehrt sieht's auch ganz schön eng aus: 80 Prozent der Männer wollen 20 Prozent der Frauen. Die Konkurrenz ist also groß unter all den hübschen und fleißigen Frauen, die auf dem Beziehungs- und Heiratsmarkt rumlaufen. Da bleibt nur eins: Werden Sie eine der 20-Prozent-Frauen!

Manche Singlefrau fragt sich ja: Warum gibt es so viele weniger hübsche, weniger »tolle« Frauen, die nette Männer haben und von diesen auf Händen getragen werden? Was machen diese Frauen anders?

Ich war auch mal eine dieser fragenden Singlefrauen. Mit 29 hatte ich ein süßes Kind, aber die Partnerschaft mit dem dazugehörigen Mann war bitter gescheitert. Und weit und breit kein neuer Mann. Jedenfalls keiner, mit dem sich auch nur annähernd etwas Ernstes entwickelte. Jahrelang ging das so. Mit 35 habe ich meine Freundinnen gefragt: »Ist irgendwas an mir komisch? Es gibt doch hässlichere Frauen als mich, und die kriegen richtig tolle Männer!« Meine Freundinnen hatten einen Trost: »Du hast einfach Pech mit Männern ...« Damit wollte ich mich allerdings nicht abfinden. Deshalb habe ich Persönlichkeitsforschung betrieben. Habe bei mir selbst so einiges kritisch hinterfragt. Habe andere Frauen beobachtet. Warum zieht ausgerechnet diese die Aufmerksamkeit der Männer auf sich? Wie hat jene es geschafft, einen so ansehnlichen Mann für sich zu gewinnen?

Was also zeichnet die 20 Prozent der Frauen aus, die bei den Männern wirklich begehrt sind? Es ist vor allem dies: Diese Frauen sind positiv und entspannt, sie mögen Männer – und zeigen es ihnen! Diese Frauen fühlen sich sexy. Aber nicht (nur) dank eines tiefen Dekolletés, sondern weil sie ihre Weiblichkeit selbstbewusst leben. Das wird sichtbar in der Art zu gehen, sich zu bewegen und zu sprechen. Jeder Mann liebt Weiblichkeit. Und wenn sich der Mann in Sie verliebt, dann nicht, weil Sie so schön oder so gut im Bett sind – das findet er auch anderswo. Er liebt Sie dafür, dass er sich mit Ihnen wohlfühlt. Dafür, dass er mit Ihnen Wärme, Spannung, Ehrlichkeit, Tiefe, Freude empfinden kann. Und besonders dafür, dass er sich von Ihnen anerkannt und akzeptiert fühlt.

Im ersten Kapitel habe ich geschildert, wie Sie sich der Kraft Ihrer weiblichen Energie bewusst werden. Wie Sie selbst als Person davon profitieren. In diesem Kapitel geht's darum, die Weiblichkeit an den Mann zu bringen. Ganz wichtig: Auch hier werde ich Sie nicht dazu auffordern, sich zu verbiegen oder zu verstellen. Das funktioniert in der Praxis sowieso nicht. Jedenfalls nicht mit anhaltendem Erfolg. Ich werde Sie motivieren, nach Ihren ganz individuellen Bedürfnissen zu forschen und diesen Bedürfnissen wieder Raum zu geben.

Es geht um Ihre eigene Einstellung zu Männern. Um Ihr Verhalten gegenüber Männern. Um die Bereitschaft, Ihre Sehnsüchte zuzulassen. Hier spielen bereits viele der einzelnen Themen eine Rolle, auf die ich in den folgenden Kapiteln noch ausführlicher eingehe. Aber ich möchte Ihnen zeigen, dass eine Menge der Verhaltensweisen schon beim ersten Date und in der Kennenlernphase über Erfolg oder Misserfolg entscheiden.

Männer haben Angst vor starken Frauen – wirklich?

Nein. Stimmt nicht. Der erste Schritt auf dem Weg zum Erfolg ist es, Vorurteile wegzuräumen. Zu den häufigsten Vorurteilen, die ich in meinen Seminaren höre, gehört, dass Frauen sagen: »Männer haben Angst vor starken Frauen.« Ein krasses Fehlurteil. Was aber stimmt, ist, dass Männer Reißaus nehmen, wenn Frauen sie dominieren und ihre Macht oder Selbstständigkeit demonstrieren wollen.

Frauen sind aufgeklärt, manchmal abgeklärt, und trotzdem meist ratlos, wenn es um die Frage geht:»Wie gefalle ich meinem Traumprinzen?« Dann beginnen sie, alle möglichen Rollen zu spielen. Sie tragen unzählige Identitäten zur Schau – nur nicht die eigene. Die Frauen, die in meine Seminare kommen, sind oft intelligent, hübsch und gebildet. Sie stehen»ihren Mann«, wie sie es selbst nennen. Manche überrunden jeden Mann in Effektivität und in Führungsqualitäten. Sie sagen oft Sätze wie:»Männer ertragen keine starken Frauen«, oder:»Wenn ich doofer wäre, hätte ich es viel einfacher.« Solche Frauen setzen ihre Durchsetzungskraft ein, nicht aber ihre Nachgiebigkeit. Sie sehnen sich zwar danach, sich hinzugeben und an einer starken Schulter durchzuatmen, aber bevor der Mann reagieren kann, haben sie schon alles wieder im Griff und unter ihrer Kontrolle.

Dabei wär's doch ganz einfach: Frauen ziehen Männer immer dann magnetisch an, wenn sie sich selbst mögen und sich so zeigen, wie sie sind. In meinen Seminaren, sowohl beim»Männerflüstern« wie auch in den anderen Kommunikationsseminaren, lernen die Teilnehmer sich so zu verhalten, dass sie authentisch und deshalb souverän rüberkommen. Das ist eine Stärke, die Männer an Frauen und Frauen an Männern lieben.

Teil dieser Stärke ist es, auch mal Schwäche zu zeigen. Die ganz normale Bandbreite von Gefühlen und Stimmungen eben. Aber genau das tun viele Frauen nicht. Stattdessen zwingen sie sich, entweder nur die gnadenlose Powerfrau oder nur das weichgespülte Weibchen darzustellen. Und die armen Männer? Die verstehen die Frauenwelt nicht mehr.

Kürzlich hat mir ein Kunde Folgendes erzählt: Er hatte ein Date mit einer attraktiven Geschäftsfrau. Sie begrüßten sich vor dem Restaurant und er wollte ihr die Tür aufhalten. Sie aber war schneller, öffnete selbst die Tür und ging hinein. Nun wollte er den Kellner rufen, aber auch sie rief einen Kellner – und dann kamen zwei Kellner aus zwei verschiedenen Richtungen auf das Paar zu. Der Mann lachte, als er mir die Geschichte erzählte, und meinte: »Na ja, sie geht wohl so oft mit Kunden essen, dann muss sie sich so verhalten ...«

Muss sie nicht. Will sie möglicherweise auch gar nicht. Frauen dieses Typs gestehen im Seminar fast immer ein, dass sie gerne mal schwach sein möchten, aber dies nicht können, da die Männer es ja nicht zuließen. Sie wollen sich in die Arme eines Mannes begeben, sich wie bei einem Tanz führen lassen und über den Tanzboden schweben. Stattdessen trampeln sie den Tanzboden platt. Sobald der Mann eine Idee hat, sagen sie: »Ja, aber ...«, sie wollen ihn beeindrucken mit ihrer Kompetenz und beweisen, dass sie alles gut, womöglich sogar besser machen. Oft imponiert dieses Verhalten dem Mann ja auch. Spontan. Er fühlt sich sogar geschmeichelt, dass so eine Powerfrau auf ihn abfährt. Aber wenn er sich nach einer Weile von der Über-Power überfahren fühlt und die weiche, weibliche Seite der Frau nicht zum Vorschein bringen kann, gibt er diesen Versuch nach einer Weile auf.

So erging es meiner Freundin Sara. Als ich sie vor Kurzem traf, war sie ganz außer sich, weil ihr Freund nach drei Jahren Beziehung Schluss gemacht hatte. Mit den Worten: »Du bist eine tolle Frau, meine Traumfrau, aber wir passen einfach nicht zusammen.« Sara konnte die Welt nicht mehr verstehen. Sie erzählte von der tollen Beziehung: »Er hat es doch so gut bei mir gehabt. Wir kamen im Urlaubsort an in einem schrecklichen Hotel, aber ich habe es gemanagt, dass wir in ein besseres Hotel kamen. Oder: Er wusste nicht, wie er einen besseren Job bekommen kann, und ich habe ihm durch meine Kontakte einen neuen Job besorgt. Oder: Ihn hat es gestört, dass wir keinen Fernseher hatten, und da habe ich einen gekauft. Mir selbst war das alles nicht wichtig. Ach, er hat es doch so gut bei mir gehabt ...«

Hat er? Mein dringender Rat: Wenn Sie mit einem Mann zusammen sind, geben Sie ihm Bestätigung, wo immer Sie können. Anerkennen Sie alles, was er für Sie tut. Ein Mann, der einer Frau nicht auf Augenhöhe begegnen kann, wird sich mit der Zeit zurückziehen. Was natürlich bedeutet: Lassen Sie ihn auch etwas für Sie tun! Bitten Sie ihn um das, was Sie haben möchten, und genießen Sie alles, was er Ihnen gibt. Aber Achtung: Er könnte wirklich *alles* für Sie tun!

Also: Wenn Sie etwas gefunden haben, das Ihnen die Lichter anmacht, rufen Sie ihn an und sagen Sie es ihm. Er wird froh sein, eine Chance zu bekommen, Sie glücklich zu machen.

Wir haben in einem Seminar mit Männern und Frauen eine Umfrage gemacht: Die Frauen wünschten sich, erobert zu werden, indem der Mann die ersten Schritte tut. Die Männer sagten: Bitte überrascht uns auch mal mit klaren Wünschen. Zum Beispiel: Ruft uns einfach an und fragt uns nach einem Date. Warum also nicht diese Chance mal nutzen?

Bei vielen Frauen hat sich die Sichtweise eingeprägt, dass Männer sich nur diejenigen Frauen suchen, die ihnen zu Diensten sind. Wenn ich im Seminar dann frage:»Wann hast du dir denn mal etwas gewünscht und der Mann hat es dir abgeschlagen?«, müssen sie oft lange überlegen. Und manchmal fällt ihnen gar nichts ein. Die Wahrheit ist: Sie haben meist gar nicht erst danach gefragt.

So helfen Sie ihm, Sie glücklich zu machen

Mit zu viel Initiative machen Frauen die Annäherung ebenso kompliziert wie mit zu viel Zurückhaltung oder gar devotem Verhalten. Männer sind erleichtert, wenn sie von Frauen geradlinige Antworten und Ansagen erhalten (keine Befehle!). Wenn Frauen nicht auf ihre eigenen Bedürfnisse achten, wissen sie oft selbst nicht wirklich, was sie wollen. Der Prinz soll die Prinzessin glücklich machen – aber bitte schön auch wissen, was die Prinzessin glücklich macht. Vor allem, wenn sie es selbst nicht weiß ...

Hier bitte einfach einen Moment innehalten und sich die Frage stellen: Wie wäre es jetzt am schönsten? Was wünsche ich mir?

Und es ihm sagen. Erst recht, wenn er danach fragt. Wenn er zum Beispiel fragt, wohin Sie ausgehen möchten, sagen Sie ihm, was Sie sich wirklich wünschen. Welches Lokal, welche Aktivität. Wenn Sie Lust haben, ihn anzurufen: Tun Sie es. Lassen Sie ihn nicht zappeln. Aber tragen Sie ihn auch nicht zum Jagen.

Im Seminar geht es oft darum, die richtige Balance zu finden. Judith, eine hübsche, sportliche, strahlende Frau, hatte da auch ein Problem. Im Seminar merkten alle, dass sie eine starke Frau ist. Sie war geschieden, hatte zwei Söhne allein aufgezogen, machte mit Mitte 30 gerade eine neue Berufsausbildung. Aber Männern gegenüber hatte sie sich ein Verhalten angewöhnt, das sie selbst schon längst nervte:»Ich habe früher gelernt, mich unterzuordnen. Und jetzt meine ich, ich muss immer beweisen, dass ich alles allein kann.«Dabei kam ihre sinnliche Seite definitiv zu kurz. Und die Beziehungen zu Männern verliefen deshalb etwas spröde.»Ich denke dann immer, dass ich den falschen Mann erwischt habe. Wenn ich dann einen anderen kontaktiert habe, ging das aber auch nicht besser.«

Paula war es nicht gewohnt, sich die Speisen zu bestellen, die sie sich wirklich wünschte. Wenn sie mit einem Mann ausging, orientierte sie sich daran, was er essen wollte oder wovon sie dachte, dass es in einem moderaten Preisrahmen war. Mit dem aktuellen Mann ging sie also ins Steakhaus, wenn er von Riesensteaks schwärmte. Obwohl sie kein Steakfan ist. Wenn er beim Italiener Pizza bestellte, aß sie auch Pizza oder Pasta, obwohl sie lieber leichten Fisch gegessen hätte. Sie hätte sich niemals getraut, eine Bestellung aufzugeben, die teurer ist als seine. Das Letzte, was maßgeblich gewesen war, war ihr eigener Wunsch.

Wir machten ein Experiment. Paula bekam die Aufgabe, von nun an ihre Wünsche konsequent zu äußern. Paula hatte erst mal Bedenken: Sie wollte ihm doch nicht seine Wünsche madig machen. Und erst recht nicht als verwöhnte Zicke rüberkommen.

Es dauerte eine Weile, sie davon zu überzeugen, dass sie ihm und sich selbst einen Gefallen tut, wenn sie sagt, was sie will.

Beim nächsten Mal sollte es so ablaufen: Wenn er mit ihr ins Steakhaus gehen will, wird sie sagen: »Ich weiß, du isst wirklich gerne Steaks, aber heute wünsche ich mir etwas anderes: Da gibt es dieses japanische Restaurant in der Stadt, wo ich schon lange mal hingehen wollte. Heute möchte ich gerne dort essen!«

Die nächste Aufgabe war, im Restaurant genau das zu bestellen, was sie wirklich am liebsten essen wollte, egal wie günstig oder teuer.

Paula hat's getan. Zuerst fühlte sie sich komisch, dann aber wirklich entspannt, als sie merkte, wie der Mann sich freute, dass sie so viel Spaß hatte. Die Stimmung zwischen beiden wurde immer aufgeregter und wacher, denn sie fühlte sich endlich verwöhnt, wie sie es sich immer gewünscht hatte. Und dies fiel positiv auf ihn zurück. Die beiden haben eine neue Qualität in ihrer noch frischen Beziehung gewonnen.

Das hört sich nach einem echten Luxusproblem an. Aber es sitzt tief. Wir Frauen wurden erzogen, nett und bescheiden zu sein und uns um andere zu kümmern. Wir haben nicht gelernt, uns an unseren eigenen Bedürfnissen zu orientieren. Wenn Sie sich jedoch immer verstellen, hat der Mann keine Chance, Sie wirklich kennenzulernen. Dem Mann die eigenen Wünsche zu offenbaren, braucht also Übung.

TIPP Denken Sie daran, dass es für keinen Mann toll ist, wenn Sie sich »opfern« und ihn danach noch für ausgebliebenes Vergnügen verantwortlich machen. Äußern Sie Ihre Wünsche auf nette Art, ohne zu meckern. Sie müssen nicht all seine Vorlieben teilen. Also: Wenn er Sie zum Fußballspiel mitnehmen möchte – und Sie stehen nicht darauf –, dann umarmen Sie ihn, sagen Sie ihm, dass er ja mit seinen Freunden hingehen kann und Sie gerne hinterher auf einen Drink dazukommen.

Räumen Sie in Ihrem Inneren auf und suchen Sie nach Ihrer positiven Einstellung

Es schmerzt viele Frauen, dass sie sich beliebig austauschbar fühlen – nett genug, damit die Männer mit ihnen die (Frei-)Zeit verbringen, aber nicht wirklich unersetzlich. Deshalb möchte ich mit Ihnen daran arbeiten, Ihre grundsätzliche Einstellung zu Männern zu erkennen, zu überdenken und eventuell zu korrigieren. Dazu ist es ebenso wichtig, in Ihre eigene Gefühlswelt zu schauen wie in Ihre (Männer-)Beziehungen.

Bekommen Sie von Männern, was Sie wollen? Fühlen Sie sich von den Männern in Ihrem Leben geschätzt? Glauben Sie, dass Männer Ihnen Vertrauen entgegenbringen? Haben Sie den Partner, den Sie wollen, und erleben Sie mit der Zeit zunehmende Nähe und Intimität? Und falls Sie Single sind: Gibt es genug Männer, die sich für Sie interessieren und für Sie andere Frauen stehen lassen?

Mit den nachfolgenden Anregungen kommen Sie Ihrer Gefühlswelt selbst auf die Spur. Sie erkennen, wie ehrlich Sie sich selbst sind, welche Ihrer Bedürfnisse Ihnen klar und welche verkümmert sind. Und Sie lernen mehr über Ihre Wirkung auf andere.

Wie entwickeln Sie eine positive Einstellung?

Machen Sie eine ehrliche Inventur. Bevor Sie Ihre Einstellung anpassen können, müssen Sie herausfinden, welche sie ist. Was ist Ihr genereller Ton im Leben?

Sind Sie meistens müde, enttäuscht, glücklich, aufgeregt, unter Druck, wütend oder traurig? Beobachten Sie sich selbst so objektiv, wie Sie nur können. Wie denken Sie über Ereignisse? Wie denken Sie über Menschen? Verurteilen Sie insgeheim, sind Sie kritisch mit sich und anderen, werden Sie eifersüchtig oder neidisch, benutzen Sie Notlügen oder Ausreden?

Wenn es hilft, schreiben Sie Tagebuch oder machen Sie sich Notizen. Manche Leute stellen sich eine Uhr, die sie jede Stunde daran erinnert, nachzuschauen, was sie gedanklich beschäftigt: Bin ich häufiger mit Ärger beschäftigt oder mit Freude?

Bitten Sie andere um Feedback

Wie sehen andere Sie und wie kommen Sie für sie rüber? Schaffen Sie Rahmenbedingungen, innerhalb derer die Freunde Ihnen wirklich sagen dürfen, was sie sehen. Das heißt: Stellen Sie sicher, dass sie wissen, dass Sie nicht beleidigt sein werden und die Freundschaft aufkündigen, sondern dankbar sind für ihre ehrliche Meinung. Natürlich ist jemand, der Ihnen etwas nachträgt, auch kein guter Kandidat ...

Schauen Sie in den Spiegel

Stellen Sie sich vor einen Spiegel und entspannen Sie Ihr Gesicht. Lassen Sie jedes aufgesetzte Lächeln und jede Anspannung los. Keine soziale Maske! Dann schauen Sie sich Ihr Gesicht so objektiv an wie nur möglich. Was sehen Sie? Was kommuniziert Ihr Gesicht? Ist es glücklich, neugierig und strahlend? Oder ist es müde, wütend oder enttäuscht? Was bemerken Sie? Schreiben Sie eventuell die Beobachtungen auf.

Dann decken Sie mit der rechten Hand die rechte Gesichtshälfte ab. Betrachten Sie die andere. Was sehen Sie? Und dann die andere: Gleich oder anders? Wie ist diese Hälfte anders?

Akzeptieren Sie sich so, wie Sie gerade sind. Es ist eine Momentaufnahme. Nur ein X auf einer Landkarte. Von hier können Sie weitergehen. Sie sind aufmerksam geworden, können an Ihrer Einstellung und dadurch auch an Ihrer Ausstrahlung arbeiten.

Beobachten Sie sich im Alltag

Üben Sie sich in positivem Verhalten. Achten Sie also auf negative Gedanken und negative Kommunikation. Bemerken Sie, wenn Sie eine negative Meinung über jemanden fällen, und finden Sie etwas, das Sie an dieser Person anerkennen können. Oder wenn Sie sich über einen Mann in Ihrem Leben ärgern: Atmen Sie tief durch und suchen Sie nach einem möglichen positiven Beweggrund für sein Handeln. Stellen Sie infrage, dass er Sie mit seiner Reaktion verletzen wollte.

Positives Verhalten zu üben braucht Selbstdisziplin. Aber unser Schweinehund ist schlau: Wenn wir es nicht tun, schleichen sich schlechte Angewohnheiten ganz schnell und unbemerkt ein. Es braucht also umfassende Wachsamkeit und Aufmerksamkeit, um sie im Keim zu ersticken.

Suchen Sie sich ein Vorbild

Wen bewundern Sie für seine Lebenseinstellung? Beobachten Sie diese Person und orientieren Sie sich an dem, was Ihnen besonders gefällt. Das hilft am Anfang, ein neues Verhalten zu entwickeln, und mit der Zeit findet man seinen eigenen positiven Ausdruck.

Und jetzt: Nur ein kleiner Schritt zur Magie des Flirtens

Ein gutes Selbstwertgefühl, Selbstvertrauen und Mut zum Selbstbekenntnis öffnen die Herzen. Das sind die Zutaten für einen guten Flirt.

Sie strahlen Energie aus, ähnlich wie eine Glühbirne, die man dimmen kann. Es macht einen Unterschied, ob Sie durch ein Restaurant gehen mit der Intention, nicht aufzufallen, oder ob Sie ein Restaurant durchschreiten und Ihren Dimmer aufdrehen und Ihren Enthusiasmus und Fokus nach außen richten, um gesehen und bewundert zu werden.

Flirten ist Magie. Hinter dieser Magie steckt jedoch nichts unbegreiflich Mystisches. Vielmehr verkörpert diese Magie nichts anderes als die authentische Ausstrahlung einer Persönlichkeit. Wenn es darum geht, bei einem anderen für sich selbst zu punkten, schlüpfen sehr viele Menschen lieber in eine Rolle, als sie selber zu bleiben. Unbewusst bemerkt das jeder, der auf eine solche verstellte Person trifft. Das Ende vom Lied ist nicht selten eine Abfuhr statt eines gelungenen Flirts.

Wenn das eigene Erscheinungsbild jedoch in übereinstimmender Resonanz mit dem wahren Ich steht, dann zeigen sich auch die Vision und der Zauber einer Persönlichkeit, die in diesen Moment zum Ausdruck gebracht werden. Das schafft Vertrauen, eine kraftvolle Ausstrahlung und öffnet die Herzen für eine vertrauensvolle Kommunikation – und bereitet vielleicht den Anfang für eine dauerhafte Beziehung.

Das Ideal am Anfang eines Flirts ist doch, dass man gut rüberkommt, ohne Erfolgsdruck, und man sich auch frei entscheiden kann, wer wirklich zu einem passt. Denn geht man verkrampft in einen Flirt, verliert sich dieser Instinkt, den wir alle haben. Diese Magie zu besitzen, ist keine wohlgemeinte Laune des Schicksals. Jeder und jede kann sie erlernen. In unseren Flirtseminaren, die parallel zum »Männerflüstern« stattfinden, lernen die Teilnehmer, wie man authentisch und souverän wirkt und der Angst die Rote Karte zeigt. Wichtig ist es, die Ursachen für Selbstzweifel und Verunsicherung zu verstehen. Und dann die neue Selbstsicherheit schwungvoll an den Mann und an die Frau zu bringen. (Dafür haben wir Seminare nur für Männer, nur für Frauen und für Männer und Frauen entwickelt.) Es bleibt nicht bei der theoretischen Betrachtung: Das neu erworbene Wissen wird ganz praktisch ausprobiert, beispielsweise auf einer Singleparty.

Zu Ihrer Beruhigung: Nicht nur Frauen sind auf der Suche nach dem Traumpartner. Auch Männer bleiben immer öfter allein. In den Seminaren kommt heraus, dass sie sich häufig von weiblichem Anspruchsdenken und überbordendem Dominanzgebahren überfordert oder von diffusem Verhalten einer Frau verunsichert fühlen. Männer bleiben mehr und mehr bei der Suche nach der Traumfrau auf der Strecke und landen dann im rasant größer werdenden Pool der Langzeit-Singles.

Viele Männer kommen nicht so an, wie sie es sich wünschen, oder wissen nicht, wie sie sich der Frau ihrer Wahl nähern können. Mehr noch als Frauen werden Männer, die im Beruf eine Topleistung bringen, auf der Balz von Versagensängsten blockiert. Da sie Angst haben, etwas falsch zu machen, verfallen sie häufig in Unterwürfigkeit, Schwammigkeit oder unsensiblen Redefluss. Sie sind kopflastig und berechnen meist schon vorher ihre Chancen, anstatt den Frauen einfach spontan mit Humor und Offenheit zu begegnen. Dabei wissen viele Männer, welchen Typ Mann sich die meisten Frauen wünschen: den starken Partner, der fähig ist, souverän Entscheidungen zu fällen, und der gleichzeitig ein einfühlsamer Kamerad ist, einer, der zuhört und sie versteht. Gute Umgangsformen und ein sicheres Auftreten soll er haben, aber einer Frau auch mit Sensibilität und Aufmerksamkeit begegnen. Im Bestreben, sich als ein solcher Supermann darzustellen, verkrampfen Männer ebenso wie jene Frauen, die im selben Augenblick alles sein wollen: Karrierefrau, Vamp, Weibchen. Dabei geht's für beide doch »nur« darum, den eigenen Stil zu entdecken und zu entwickeln. Authentizität wird automatisch zum Magnet fürs andere Geschlecht.

Als Frau können Sie also nicht nur sich selbst, sondern auch den Männern helfen. Sie haben die Macht, ihn mit einem Blick, mit einer Bemerkung sofort zu »killen«. Genauso liegt es an Ihnen, ob Sie ihm den nötigen Rückenwind geben, damit er gut dastehen kann und eloquent rüberkommt. Sie können einsilbig antworten oder ihn ermutigen und entspannen. Letzteres wird er

Ihnen danken, und der Charme, zu dem Sie ihn inspiriert haben, wird Ihnen zugutekommen. Denn: Gute Männer werden nicht gefunden. Sie werden gemacht.

Das erste Date: Locker, entspannt, ehrlich – und bloß nicht zu ernst!

Feminine Frauen, die sich in ihrer Weiblichkeit wohlfühlen, wirken attraktiv auf Männer. Das hat nur bedingt etwas mit Äußerlichkeiten zu tun, auf die wir immer getrimmt werden. Die Zufriedenheit macht die Schönheit aus, gutes Aussehen und schöne Klamotten sind angenehmes Beiwerk. Was Frauen meist nicht wissen: Männer beurteilen nach einem Date nicht – wie »frau« glaubt – allein das Äußere oder was sie alles Tolles von sich erzählt hat. Was ihm in Erinnerung bleibt, ist vielmehr, wie er sich mit der Frau *gefühlt* hat. Und je entspannter und verbindender das Zusammensein war, je mehr er sich von der Frau akzeptiert fühlt, umso förderlicher ist es für seine Verliebtheit.

Viele Frauen glauben leider, dass es nicht gut sei, das Interesse an ihm auch zu zeigen. Aber mit dieser falschen Vorsicht lassen sie den Mann quasi »verhungern«, denn der interpretiert dieses Verhalten als Desinteresse und gibt schließlich frustriert auf. Wenn Ihnen ein Mann gefällt, dürfen und sollten Sie es ihm auch zeigen. Denn signalisiertes Interesse bedeutet ja nicht, dass man sich zu irgendetwas verpflichtet, was man nicht möchte. Und ein kleiner Flirt mit einem offenen Herzen steigert in jedem Fall nicht nur die gute Laune, sondern auch die Chancen. Männer schauen auf die strahlende Frau, die im Raum die Aufmerksamkeit auf sich zieht. So ist das einfach mit dem ewigen Jagdinstinkt!

Und denken Sie an die positive Einstellung! Frauen erzählen gerne, wie übel ihnen von Männern mitgespielt wurde. Wie sie betrogen und belogen wurden. Schreiben in die Kontaktanzeige oder ins Internetprofil: Nach vielen schweren Enttäuschungen hoffe ich nun auf den Mann, der es endlich ernst meint ...Wünschen sich, dass er dann angespornt ist, ihr zu beweisen, dass er es besser macht.

Das Gegenteil ist der Fall. Denn: Was für eine Geschichte kreieren wir dann von uns? Macht uns das sexy und begehrenswert? Was denkt ein Mann, wenn Sie ihm Horrorstorys vom unausstehlichen Ex erzählen? Er denkt: Vielleicht kommt mit dieser Frau keiner gut aus. Dann bin ich der Nächste ...

Wenn Sie an einem Mann interessiert sind, zeigen Sie ihm Wertschätzung. Das Gespräch über die Vergangenheit bleibt ja meist nicht aus. Aber das kann auch mit Wohlwollen verlaufen.

Ich habe eine Freundin, die ganz begeistert von ihren Exmännern spricht. Was für tolle, nette Kerle das sind. Sie hat zu allen noch Kontakt und diese Männer tun heute noch alles für sie. Kürzlich war sie mit dem jetzigen Partner auf Urlaubsreise. Das Auto blieb stehen, hatte eine Panne. Es war Wochenende und keine Werkstatt hatte offen oder war in der Lage, den Schaden zu beheben. Und sie mussten doch weiterreisen. Sie rief einen Ex an. Der versprach, sofort zu helfen, und vermittelte einen Pannendienst. Eine Stunde später wurde der Wagen wieder fahrtüchtig gemacht.

Diese Freundin hat nicht mehr Glück als andere Frauen auch oder trifft nicht bessere Typen. Sie nimmt die Männer, so wie sie sind, und wertschätzt sie. Und die Männer danken es ihr. Auch die, die sie neu kennenlernt.

Ein klassischer Fehler beim ersten Date ist permanentes Meckern. Glauben Sie mir: Ein Mann ist nicht positiv beeindruckt, wenn Sie ihm durch kritische Anmerkungen deutlich machen, dass Sie etwas Besseres gewöhnt sind – und er die falsche Wahl getroffen hat.

Ein Beispiel: Eine Frau und ein Mann gehen gemeinsam ins Restaurant. Er fragt sie, wie es ihr hier gefällt. Sie:»So lala. Ich finde es hier laut und dunkel. Eigentlich gehe ich gar nicht in solche Lokale ...« Er fragt: »Magst du wechseln – sollen wir woanders hinfahren?« Sie antwortet: »Nicht nötig, es geht schon. Vielleicht ist das Essen ja besser ...«

Gleiche Szene, andere Frau (oder dieselbe Frau mit positiver Einstellung): Er fragt sie, wie es ihr hier gefällt. Sie sagt: »Es ist recht dunkel hier, aber mit den Kerzen auf den Tischen wirklich sehr romantisch. Ich finde es aufregend, da kommen auf einmal ganz andere Sinne zum Tragen ...«

Wenn es ihr wirklich gar nicht gefällt, sollte sie die Situation so verändern, dass sie sich wohlfühlt. Im Ernstfall freundlich sagen, dass sie lieber in ein anderes Lokal gehen möchte. So einfach ist das.

Und dann gibt es da noch ein Thema, dass Sie sich beim ersten Date wirklich verkneifen sollten. Frauen zwischen 30 und 40 fragen ihn schon beim zweiten Glas Wein: »Willst du eine Familie?« Der Hintergrund: Ihre biologische Uhr tickt, sie kann ihre Lebenszeit nicht verplempern. Das nervt die Männer, sie fühlen sich missbraucht als Samenspender. Für solche Intimitäten ist später auch noch Zeit.

Zum Schluss etwas zum Mutmachen: Drei schöne Geschichten

Dass es sich wirklich lohnt, einem Mann locker und ohne Vorurteile zu begegnen, beweisen diese Geschichten. Ganz unterschiedliche Geschichten. Ganz unterschiedliche Frauen. Aber dreimal ein voller Erfolg. Ich lasse die Frauen ihre Story selbst erzählen.

Ute: »Oh nein, nicht der!«

Nach meinem ersten Freund war ich acht Jahre lang Single. Diese Beziehung war vollkommen schiefgelaufen. Es lag an mir: Ich war wirklich ein Biest. Mein damaliger Freund war (und ist) ein toller Mensch und sieht auch noch gut aus. Warum ich nicht glücklich mit ihm war, konnte ich damals nicht sagen. Das Verhalten, das ich ihm gegenüber an den Tag legte, konnte ich irgendwann selbst nicht mehr ertragen. Ich war wohl nicht reif für eine Beziehung.

Nach der Trennung wurde mir klar, dass ich erst einmal herausfinden musste, wer *ich* denn eigentlich bin. Das war zu Anfang ein schwerer Weg. Je mehr ich mich mit mir selbst beschäftigte, desto mehr wurde mir bewusst, wie furchtbar ich meinen Freund damals behandelt hatte.

Bis ich irgendwann das Gefühl hatte, dass ich mich wieder auf die Männerwelt loslassen konnte, waren einige Jahre vergangen. Inzwischen war ich 32. Und beruflich dermaßen eingespannt, dass mir schon jemand meinen »Mr. Right« als Geschenk verpackt auf den Schreibtisch hätte legen müssen, weil ich so gut wie gar nicht vor die Tür kam, um überhaupt jemanden kennenzulernen. Ich musste mich wohl damit abfinden, solo zu bleiben.

Immer wieder hatte ich gehofft, dass ich irgendwann mal einen Partner finde, der mit mir gemeinsam tanzen würde. Also beschloss ich, mir jetzt gezielt einen Tanzpartner zu suchen. Zum Glück gibt es Internetbörsen für fast alles, eben auch für Tanzpartner.

Jens meldete sich mit einem einzigen Satz über den Internetkontakt. »Bist du flexibel und hast morgen Zeit?« Diese Ansprache war gar nicht mein Geschmack: kein höfliches Vorgeplänkel, nichts zur eigenen Person. Ich war nicht flexibel – aus Prinzip nicht. Außerdem hatte ich ein paar Tage zuvor mit einem anderen potenziellen Tanzpartner Kontakt aufgenommen und war mit ihm bereits am selben Abend verabredet. Also schrieb ich Jens eine höfliche Absage, in der ich ihm wahrheitsgemäß erklärte, dass ich mir jetzt nicht zwei Eisen im Feuer halten wolle.

Aber Jens war hartnäckig. Er blieb per Mail am Ball, und nachdem der andere Tanzpartnerkontakt abgesagt hatte, verabredete ich mich mit ihm.

Ich wartete vor der Tanzschule. Immer wenn sich jemand dem Gebäude näherte, spekulierte ich, ob das nun Jens ist. Als sich dann jemand ganz zielstrebig dem Eingang näherte, war mein erster Gedanke so was wie: »Och nö, nicht der! Der ist zum Tanzen für mich doch viel zu groß und viel zu kräftig.«

Vor dem Start der Tanzparty tranken wir etwas gemeinsam. Ich konnte Jens ganz schlecht einschätzen. Irgendwie hatte er eine recht forsche Art, mit der ich erst einmal nicht viel anfangen konnte. Äußerlich war (und ist) er nicht das, was ich bis dahin als »meinen Typ« beschrieben hätte. Er ist kein schlanker, athletischer Südländer, der in seiner Freizeit als Wäschemodell jobbt. Er hat einen kleinen Bauch, eine breite Nase und eine hohe Stirn.

Das Tanzen mit ihm klappte ganz fantastisch und wir hatten an diesem Abend unglaublich viel Spaß miteinander. Allerdings war ich der Überzeugung, dass Jens keine feste Tanzpartnerin suchte – davon hatte er schon zwei –, sondern dies eine einmalige Aktion sein sollte.

Aber nach dem Abend verabschiedeten wir uns dann doch mit dem Vorsatz, dass wir bestimmt noch mal miteinander tanzen gehen. Im Auto auf dem Heimweg ertappte ich mich dabei, wie ich vor mich hin lächelte und mir ganz fest wünschte, dass es tatsächlich noch mal ein Treffen geben würde. Als ich zu Hause ankam, hatte ich schon eine SMS von Jens auf dem Handy, in der er sich für den schönen Abend bedankte. Da wurde mir ganz warm ums Herz.

Bevor wir uns das zweite Mal trafen, versuchte ich mir noch zu sagen, dass ich jetzt erst einmal froh sein sollte, solch einen netten Tanzpartner gefunden zu haben und ich jetzt bloß nicht alles kaputt machen darf. Nur nicht mehr hineininterpretieren, als wirklich da ist. Schließlich wusste ich nicht mal, ob er eine Freundin hat. Also tat und sagte ich an diesem Abend gar nichts. Aber als wir dann den Weg zum Parkplatz antraten, legte er wie selbstverständlich den Arm um mich. Und ab da war zwischen uns alles klar.

Es ist so unbeschreiblich schön mit ihm. Er tut mir einfach gut. Er bringt mich zum Lachen. Natürlich hat er seine Macken – aber ich kann ihm nicht ernsthaft böse sein. Es ist so schön, sich an ihn kuscheln zu dürfen. Wer sagt, dass Märchenprinzen nicht Bauch und lichtes Haar haben können?

Gitte: »Hallo, ich habe mich in dich verliebt!«

Ich habe ihn bei einem Event getroffen und er hat mir auf Anhieb gut gefallen. Ein Freund von ihm sagte dann noch über ihn: Der Jürgen ist ein toller Typ, aber er hat eine Freundin. Also schier unerreichbar.

Er ging mir nicht aus dem Kopf, ich konnte an nichts anderes mehr denken als an ihn, geschweige denn mehr arbeiten. Das fing an, mich zu ärgern. Am Abend überlegte ich, wie ich damit am besten umgehe. Ich wollte meine Produktivität wiedererlangen. Meine Erfahrung war: Am besten raus mit der Wahrheit! Ich wollte aus meinem Herzen keine Mördergrube machen und mein Geheimnis loswerden. Wenn ich es für mich anerkenne, dann ist es raus und wird besser. Also griff ich um 22 Uhr zum Hörer. Und rief ihn an.

Er war sofort am Telefon und ich hörte mich sagen: »Hallo, ich bin die Gitte. Ich weiß nicht, ob du dich noch an mich erinnerst, aber ich wollte dich wissen lassen, dass ich mich total in dich verliebt habe.«

Jetzt war es raus und nun würde ich meine Ruhe mit dem Thema haben. Jetzt, da er es weiß, würde es mich nicht mehr verfolgen.

Er schwieg. Sagte gar nichts. Pause. Dann fragte er: »Magst du noch vorbeikommen?«

Und ob! Ich setzte mich ins Auto und fuhr hin. So schnell, dass er die Wohnung nicht mehr aufräumen konnte ...

Wir verbrachten einige Nächte miteinander – seine Freundin war gerade für eine Woche in Urlaub. Wenn sie wiederkommt, so dachte ich, ist das Abenteuer zu Ende. Ich hatte nichts erwartet. Die Nächte waren schön und alles fühlte sich komplett an. Ich habe ihm gesagt, wie ich mich fühle. Ich habe es einfach gelebt. Als die Woche um war, saß Jürgen auf meinem Sofa beim Glas Rotwein und fragte unvermittelt: »Willst du mich heiraten?« Ich schwieg für eine Weile, wir tranken beide Rotwein. Dann sagte ich einfach: »Ja!«

Simone: »Du siehst so unglaublich gut aus!«

Vor fünf Jahren hatte ich mich von meinem Mann getrennt. Es gab ein paar andere Männer, aber nichts Ernstes. Ich war auf der Suche nach neuen Kreisen. Für die Freizeit. Zum Beispiel jemanden zum Motorradfahren. Ich liebte meine Harley.

In einer Internetplattform gab ich meine Interessen ein. Es kamen viele Mails von Leuten, die nicht passten. Und dann war da ein männliches Pendant. Mein erster Gedanke: Nie! Der wäre mein Untergang! Der haut mich um, der wird mir zum Verhängnis. Er sah hammermäßig gut aus. Hatte schon auf dem Foto ein fantastisches Charisma.

Ich antwortete etwas zurückhaltend. Zwei Tage später kam eine Mail von ihm. Er lebte in Nürnberg (ich in München), liebte Sprachen (wie ich), sprach Chinesisch. Ich spekulierte, was er für einen Hintergrund hat.

Wir mailten hin und her, über Interessen, Beruf, Hobbys. Wir telefonierten. Er war super sympathisch.

Wir verabredeten uns in einem Café an der Münchner Leopoldstraße. Er kam rein. Und ich war völlig platt: Er sah auch in natura so unglaublich gut aus, dass es mich fast aus den Schuhen warf. Ich konnte nicht mehr sprechen.

Als ich mich wieder gefangen hatte, sagte ich einfach die Wahrheit: »Ich muss mich setzen. Du siehst so gut aus. Das habe ich nicht erwartet. Ich weiß gar nicht mehr, was ich sagen soll ...« Es war ein schöner Abend. Er brachte mich nach Hause. Wir haben nur noch etwas getrunken, dann ist er gefahren. Ich dachte mir immer nur: Bloß nicht anfassen! Dann drehe ich durch.

Wir haben oft telefoniert. Und am nächsten Wochenende stand er einfach vor der Tür. Erst nach drei Monaten blieb er zum ersten Mal über Nacht. Am Morgen danach habe ich mich endgültig in ihn verliebt: Er legte sich in die Sonne auf meinen Balkon. Strahlte eine tiefe Ruhe aus. Was für ein Mann!

Glauben Sie an ihn –
dann wird er sein Bestes
geben!

3

Vertrauen ist die stabile Basis der Partnerschaft. Das wussten Sie schon? Sehr gut. Aber beherzigen Sie diese Einsicht auch? Geben Sie Ihrem Mann das Vertrauen darin, dass Sie ihn für ehrlich, kompetent, verantwortungsbewusst, anständig, charakterstark, kurzum für großartig halten? Kompliment, dann sind Sie eine rühmliche Ausnahme. Den meisten Frauen gelingt das nicht. Diese Frauen gehen von einem negativen Männerbild aus und scheinen regelrecht darauf zu warten, dass er etwas falsch macht.

Es gehört zu den Schwerpunkten in meinem »Männer-flüsterin«-Seminar, diese Sichtweise zu ändern. Das heißt, dem Mann mit einer wohlwollenden Grundhaltung zu begegnen und ihm auch dann, wenn er sich falsch verhält, nicht sofort eine böse Absicht zu unterstellen.

Zur Einstimmung in dieses Thema erzähle ich Ihnen eine Geschichte, die im alten China spielt. Sie ist jedoch so zeitlos, dass sie auch im modernen Deutschland spielen könnte. Überall dort, wo Menschen sich das Leben schön oder schwer machen – nur durch die Art, wie sie die Dinge betrachten.

Ein alter Mönch befand sich auf Wanderschaft. Er hatte eine schwierige Bergregion durchquert, seine Sandalen waren vom Dauerregen ganz nass. Doch nun schien die Sonne, die Vögel sangen. Er lächelte.

Auf dem Bergpfad begegnete der Wandermönch einem anderen Menschen. Dieser hatte ein verkniffenes Gesicht und eine tief gefurchte Zornesfalte zwischen seinen Augen.

»Sei gegrüßt, alter Mann«, sagte der fremde Wanderer. »Sag mir, wo kommst du her?«

»Aus Xiang-Ping«, antwortete der Mönch freundlich.

»Aus Xiang-Ping?«, brummte der Wanderer, »genau da will ich hin! Sag mir: Wie sind die Menschen dort?«

»Das will ich Euch gerne berichten, doch sagt mir zuvor: Wie sind denn die Menschen in der Stadt, aus der Ihr gerade kommt?«

Der Wanderer zischte: »In Po-Wen – ach, hör mir auf: Sie

sind selbstsüchtig und gierig. Ein ekelhaftes Volk, darum bin ich ja weg dort!«

Der Mönch machte ein betrübtes Gesicht: »Es tut mir wirklich leid, guter Mann. Genauso sind die Menschen in Xiang-Ping auch. Ihr werdet dort nichts anderes finden.«

Ohne einen Gruß ging der Wanderer weiter.

Am nächsten Morgen traf der Mönch einen anderen Wanderer. Obwohl es schon wieder zu regnen begonnen hatte, pfiff dieser ein lustiges Liedchen. Um seine Augen herum sah man zahlreiche, fein verästelte Lachfältchen, seine Augen waren hell und klar.

»Hallo, ehrwürdiger Mönch. Möge Buddhas Liebe mit Euch sein!« rief er schon von Weitem.

Der Mönch lächelte und erwiderte: »Und mit Euch, mein Freund.«

»Wo kommt Ihr her, wenn ich fragen darf?«, wollte der Wanderer wissen.

»Ich komme aus Xiang-Ping«, sagte der Mönch.

»Welch ein Zufall. Genau da möchte ich hin! Bitte sagt mir: Wie sind die Menschen dort?«

»Das will ich Euch gerne berichten. Doch sagt mir zuvor, wie die Menschen da sind, wo Ihr herkommt.«

»In Chi-Peh? Klasse Menschen dort. Stets freundlich und hilfsbereit, fröhlich und gutmütig. Es fiel mir sehr schwer, diesen Ort zu verlassen.«

Der Mönch lächelte und sprach: »Ich habe gute Kunde für Euch. Genau solch einen Menschenschlag werdet Ihr in Xiang-Ping ebenfalls finden. Ihr werdet Euch dort wie zu Hause fühlen.«

Diese Geschichte ist ein Paradebeispiel für die Möglichkeiten der Wahrnehmung. Und das hat nichts mit einer rosaroten Brille zu tun. Wenn Sie jemanden in einem bestimmten Licht betrachten, dann wird er sich in die Richtung dieses Lichts entwickeln.

Glauben Sie daran, dass Sie mit Ihrem Mann immer auf der Treppe nach oben sind. Schritt für Schritt, auch dann, wenn Stolpersteine auf den Stufen liegen.

Sie träumen von einem Häuschen im Grünen, aber es ist im Moment nicht finanzierbar? Werfen Sie ihm das nicht vor. Geben Sie Ihren Traum nicht auf, holen Sie Ihren Mann mit in den Traum: »Wenn es machbar wäre, wie sähe unser Haus dann aus? Wo würde es stehen? Du bist ein ideenreicher Mann. Welche Wege gäbe es, diesem Traum näherzukommen?«

So entwickelt sich ein ganz anderes Gespräch. Vermutlich steht am Ende des Gesprächs das Haus immer noch nicht vor Ihnen, aber auf jeden Fall hatte er Gelegenheit, auch seine Träume und Wünsche einzubringen. Allein dies ist Gold wert und bringt ihn in eine kraftvollere Stimmung. Mit Ihnen nicht (nur) Probleme zu wälzen, sondern über Herzensanliegen zu sprechen, verbindet Sie auf viel positivere Weise.

Viele Männer sind schon auf diese Weise von ihren Frauen inspiriert worden. Viele Männer haben aus dieser Kraft heraus ungeahnte Dinge erschaffen.

Frauen neigen dazu, sich selbst immer wieder neue Rollen zu schreiben. Viele dieser Rollen füllen Sie ja auch tagtäglich aus: Businessfrau, Hausfrau, Geliebte, Krankenschwester, Mutter. Die beiden letzten Rollen sind sicherlich die verantwortungsvollsten. Allerdings auch die mit problematischer Wirkung auf die Partnerschaft. Es genügt, Krankenschwester zu sein, wenn jemand krank ist. Es genügt, Mutter zu sein, wenn es um die Kinder geht.

Wenn es um den Mann geht, sind Sie Frau. Unterstützen Sie ihn. Aber nehmen Sie ihm nicht die Verantwortung für sich selbst ab – damit nehmen Sie ihm die Männlichkeit, machen ihn klein. Geben Sie Informationen, wenn Sie damit einen Beitrag zu seinen Entscheidungen leisten können. Aber nehmen Sie ihm nicht die Entscheidungen ab.

Sie meinen es ja gut, wollen ihn vor Schaden bewahren und Probleme für ihn lösen. Wenn Sie dabei jedoch mit einer »Mutterenergie« vorgehen, signalisieren Sie ihm: Ich traue dir das nicht zu, ich glaube nicht, dass du es schaffst. Solche Signale wirken bis ins Intimleben: Wer geht schon gern mit seiner eigenen Mutter ins Bett?

Er braucht Ihr Vertrauen, nicht Ihre Bemutterung. Ob er ein Taschentuch eingesteckt, für eine Reise die Zahnbürste eingepackt oder das Auto betankt hat, ist seine Sache. Falls es ein Problem gibt, kann er es lösen. Auf seine eigene Weise.

Er braucht Ihr Verständnis, nicht erzieherische Maßnahmen. Wenn er zu spät kommt, bestrafen Sie ihn nicht erst mal mit Vorwürfen oder Liebesentzug. Fragen Sie ihn, was geschehen ist.

Er braucht Ihre Inspiration, nicht Ihre Änderungswünsche an seiner Person. Wenn Sie daran glauben, dass er gut ist, so wie er ist, geben Sie ihm Kraft. Die Kraft, Ihnen sein Bestes zu geben.

Mit den vier folgenden Beispielen beschreibe ich, wie es im normalen Leben gelingt, den Glauben an ihn zu stärken.

Er meint's doch nur gut …

Die Familie stand vor einer großen Entscheidung. Für Silke, Thomas und die drei Kinder war es in der Mietwohnung schon lange zu eng geworden. Sie waren sich einig, dass es die beste Lösung sei, ein Haus zu kaufen.

Über ein paar grundsätzliche Anforderungen an dieses Haus hatten sie gesprochen. In groben Zügen jedenfalls. Möglichst viel Platz sollte es haben. Mindestens zwei Badezimmer. Einen schönen Garten natürlich. Es sollte in einer ruhigen Gegend stehen, aber nicht zu weit außerhalb der Stadt. Und solide finanzierbar.

Weil Thomas viel unterwegs war, begann Silke die Angebote zu sondieren. Silke war in ihrem Element. Nach nur drei Fehlversuchen stand sie vor einem Objekt, das sie in pures Entzücken versetzte: ein schönes Haus in einer ruhigen Seitenstraße. Mit einem herrlichen Garten inklusive großen Bäumen. Drinnen wunderschönes altes Parkett. Genug Platz sowieso. Silke war sicher: »Das ist es!« Sie schwärmte Thomas von diesem Haus vor, und nur ein paar Tage später gingen sie gemeinsam zur Besichtigung. Aber was passierte? »Na ja, ganz schön«, sagte ihr Mann. Mehr positive Bemerkungen nahm Silke nicht zur Kenntnis. Thomas hatte nur was zu meckern. Die Stromleitungen seien ur-alt und müssten erneuert werden. Vermutlich auch die gesamte Heizungsanlage. Einige Fenster müssten ersetzt werden. Das Dach mache einen maroden Eindruck. In die Bäder müsse man reichlich investieren. Und, und, und. Ob sich das wirklich lohne?

Silke war sauer. Schlimmer noch: sehr, sehr traurig. Er wusste doch, wie begeistert sie war. Konnte er nicht wenigstens einmal die schönen Seiten, den Charme dieses Hauses erwähnen? Ihr zu-liebe? Oder hatte er gar keinen Blick dafür, was für ein tolles Ob-jekt seine Frau da gefunden hatte? Waren ihre Geschmäcker etwa so unterschiedlich?

Sie fuhren schweigend nach Hause.

Später am Abend kam das Thema auf den Tisch.

»Warum redest du mir mein Traumhaus kaputt?«, fragte sie.

»Tue ich doch gar nicht! Ich habe nur vor den Macken dieses Hauses gewarnt.«

»Ach, die paar Macken. Aber es ist so schön. Allein der Gar-ten, die alten Kastanien!«

»Was nützen uns die schönsten Kastanien, wenn uns das Dach auf den Kopf fällt und die Heizung explodiert?«

Silke wurde still. Sie fand ihren Mann unromantisch logisch und schrecklich vernünftig. Was sie richtig ärgerte: Thomas hat-te sie an einer empfindlichen Stelle getroffen. Er führte ihr vor, dass sie von Technik nichts versteht. Es lief alles so klischeehaft ab – die Frau sieht es emotional, der Mann ist fokussiert auf sach-liche, logische Details.

Viel wichtiger aber war, dass Silke auf einen anderen Gedan-ken kam. Sie überlegte jetzt, ob das, was Thomas über das Haus gesagt hatte, bei ihr einfach falsch angekommen war. Warum sollte er ihr denn etwas Böses tun wollen? Warum sollte er denn das Haus madig machen, nur um sie zu ärgern? Das passte nicht zu ihm.

Zigtausende von Partnerschaftskrisen könnten vermieden werden, wenn Frauen und Männer mehr an das Gute im anderen glauben würden. Vor allem Frauen neigen zu Fehlinterpretationen und verstehen kritische Hinweise zur Sache als Pauschalkritik an ihrer Person, gar als gezielte Lieblosigkeit. Viele Frauen haben über Jahre jede noch so kleine Verletzung gespeichert, die ihnen jemals zugefügt worden ist. Übrigens nicht nur die eigenen Verletzungen. Auch die Verletzungen der Mütter und Großmütter sind als gedankliches Erbe oft beim kleinsten Anlass wieder präsent. Aus Angst vor neuen Verletzungen haben Frauen ein Misstrauen gegenüber Männern aufgebaut und ihren Filter nur auf negative Möglichkeiten eingestellt. Dabei wäre es so einfach, den kleinen Schritt mit großer Wirkung zu tun. Den kleinen Schritt zu einer anderen Perspektive. Wenn sich der Mann bisher nicht als Bösewicht, Supermacho und Unterdrücker aufgespielt hat, gibt es keinen Grund, ihm schlechte Absichten zu unterstellen.

Für Thomas geht es beim Hauskauf um eine Sache. In seiner Gedankenwelt hat diese Entscheidung keine Gefühlsqualität. Betrachten Sie mal die positiven Seiten an einem solchen Fall, wie ihn Silke und Thomas auf dem Plan hatten. Beide arbeiten auf das gleiche Ziel hin. Was sowieso schon ein Wert an sich ist, denn gemeinsame Ziele und Projekte sind ein ganz starkes Fundament für jede Partnerschaft. Ob es um so etwas Großes wie ein Haus geht oder um ein gutes Essen, um ein Hobby oder den nächsten Urlaub: Weibliche und männliche Eigenschaften führen *gemeinsam* zum Erfolg. Weibliche und männliche Fähigkeiten und Sichtweisen ergänzen sich perfekt. Wenn man's zulässt.

Vertrauen Sie einfach darauf, dass er hier und da etwas besser kann als Sie (so wie Sie manches besser können als er). Nutzen Sie also sein Wissen für Sie beide. Lassen Sie ihn all die Entscheidungen treffen, zu denen Ihnen der Zugang fehlt. Oder die Lust.

Lassen Sie ihm die Entscheidungen, die Ihnen schwerfallen. Für die Ihnen die Zeit zu schade ist. Nicht um ihm den Müll zuzuschieben. Sondern als gute Arbeitsteilung.

Frauen quälen sich allzu oft mit dem Anspruch an sich selbst, alles können zu müssen. Müssen sie aber nicht. Es ist nicht unemanzipatorisch und Ihnen bricht kein Zacken aus der Krone, wenn Sie anerkennen: Das kann mein Mann besser. Im Gegenteil: Seine Stärke anzuerkennen, ist ein Zeichen Ihrer Stärke.

Eine klassische Win-win-Situation ist das allemal (nicht nur fürs Gefühl, sondern auch in der Sache). Wenn Sie ihm zeigen, dass Sie ihm vertrauen, lenken Sie seine Qualitäten und Fähigkeiten in die richtige Richtung. Er kann sein Know-how beweisen und hat ein Erfolgserlebnis. So machen Sie Ihren Mann glücklich, sich selbst und Ihnen beiden das Leben leichter. Sie werden sehen: eine hochgradig entspannende Einstellung!

Als Silke sich durchgerungen hatte, ihrem Mann zu vertrauen, war sie heilfroh. Jetzt war es gut, dass er so analytisch, logisch, nüchtern denkt und den Zustand des Hauses richtig einschätzte. Nach bestem Wissen und Gewissen hatte er nach einer sachlich-guten Lösung gesucht. Die lauschigen Kastanien und der schöne Parkettboden hatten für ihn nicht Priorität. Stattdessen hat sein klarer Blick für die defekten Stromleitungen, die veraltete Heizungsanlage und das klapprige Dach die Familie vor einer Investition in sechsstelliger Höhe bewahrt.

PS: Nach zwei Monaten hatte die Familie ein passendes Haus gefunden. Und ein schöner Baum steht auch im Garten.

TIPP Prüfen Sie sehr selbstkritisch die Perspektive, aus der Sie den Mann betrachten. Machen Sie sich klar, wie Sie wirklich von ihm denken.

Sie wittern bei jeder Meinungsverschiedenheit irgendein Unheil? Denken Sie um: Vertrauen Sie darauf, dass er sein Bestes geben will. Seine andere Meinung ist sein gut gemeinter Beitrag zu Ihrem gemeinsamen Leben.

Hat er gesagt, er liebt mich nicht?

Mein jetziger Mann und ich kannten uns knapp zwei Monate. Es war bereits eine heiße Liebe zwischen uns. Eine mit großer Zukunftsperspektive. Ich wollte das Leben mit ihm teilen. Ich wusste: Dieter ist der Richtige! Endlich!

Ich wusste auch, dass Dieter noch verheiratet war. Sein offizieller Status: »getrennt lebend«. Das war ein wunder Punkt bei mir. Denn alle Männer, die bisher in meinem Leben eine Rolle gespielt hatten, waren nicht bindungswillig.

Ich fragte ihn, wann denn die Scheidung stattfindet.

Er sagte: »Gar nicht.«

War auch dieser Mann für mich ein Fehlgriff? Ich fragte nach. Und er sagte sehr deutlich: »Es ist noch nicht so weit, dass wir über Heirat reden. Also gibt es auch keinen Grund für mich, die Scheidung einzureichen. Schon wegen der Steuer nicht.«

Ich rannte ins Schlafzimmer, warf mich aufs Bett und heulte mir die Augen aus. Aber zum Glück hatte ich schon einige Erfahrung mit Coachingtechniken. Deshalb gelang es mir, bald wieder klare Gedanken zu fassen.

Eines der wesentlichen Werkzeuge im Bereich der Kommunikation ist, Realität und Interpretation zu unterscheiden (in einem späteren Kapitel werde ich darauf noch ausführlicher eingehen). Was also war bei uns wirklich passiert?

Dieters Nachricht für mich war: »Es gibt jetzt keinen Grund, die Scheidung einzureichen.« Er hatte *nicht* gesagt, dass er mich nicht liebt. Er hatte *nicht* gesagt, dass er das Leben nicht mit mir verbringen will. Er hatte *nicht* gesagt, dass er mich niemals heiraten werde. Er hatte auch nicht gesagt, dass er sich von mir trennen will. Aber all das war als Botschaft bei mir angekommen. Meine Wahrnehmung orientierte sich nicht an der puren Information. Mein Wert war die Romantik, daran habe ich seine Aussage gemessen. Und meinen Wert auch als den besseren, den wichtigeren empfunden.

Nachdem ich mich wieder beruhigt hatte, ging ich zu ihm. Nun konnte ich ihm begründen, was hinter meiner Reaktion stand: »Weißt du, ich bin frei für dich und möchte, dass du auch für mich frei bist.« Es sei für mich eine belastende Situation, wenn wir zum Beispiel zusammen auf eine Party gehen und jemand fragt ihn: »Wie geht's denn deiner Frau?« Oder wenn er erzählt: »Ich habe mit meiner Frau ein Haus gebaut.«

Er verstand mich jetzt, wollte über die Scheidung nachdenken, sich aber keinen Termin diktieren lassen. »Über welchen Zeitraum sprechen wir dabei?«, fragte ich. Er sagte: »Ende des Jahres.« Damit konnte ich leben. Es war Mai. Und er hat sein Wort gehalten. Wir sind längst verheiratet.

TIPP   Legen Sie seine Worte auf die Goldwaage, aber legen Sie ihm nichts in den Mund. Bewerten Sie nur, was er wirklich gesagt hat. Wenn Sie Zweifel haben, fragen Sie ihn: »Wie meinst du das genau?« Zur Klarheit in der Kommunikation lesen Sie bitte auch das Kapitel 10 »Willkommen in der Realität«.

Ihr Glaube gibt ihm Kraft

Jochen hatte seinen Job verloren. Nach zwölf Jahren als kaufmännischer Leiter eines mittelständischen Betriebs war er arbeitslos. Und mit 48 Jahren standen die Chancen auf einen neuen festen Arbeitsplatz denkbar schlecht. Zwar hatte er eine kleine Abfindung erhalten, mit der die Familie eine Weile über die Runden kommen konnte. Aber über kurz oder lang musste eine neue Lösung her.

Als Iris, Jochens Frau, von dieser Situation erfuhr, war ihre erste Reaktion: Panik! In ihrem Kopf überschlugen sich die Gedanken: Um Gottes willen! Wovon sollen wir leben? Was soll aus uns werden? Ist das der Abstieg in die Armut?

Iris versuchte, ihre Panik nicht zu zeigen. Sie musste ihrem Mann nicht sagen, wie prekär die Lage war. Das wusste er selbst. Warum sollte sie ihn noch zusätzlich runterziehen? Und außerdem: Gemeinsam hatten sie schon einige Stürme durchgestanden. Iris vertraute darauf, dass sie auch jetzt gemeinsam einen Weg finden würden. Nur welchen?

Nach etwa zwei Wochen erzählte Jochen von einer Möglichkeit: Eine kleine Firma stand zum Verkauf. Nicht die Branche, in der Jochen bisher tätig war. Aber ein Bereich, für den er sich schon lange interessierte, mehr noch: begeisterte.

Iris sah das Licht in seinen Augen, als er von dieser Firma erzählte. Jochen war Feuer und Flamme. Er hatte eine Menge Ideen, die er dort realisieren könnte. Und er hatte eine Menge Bedenken.

»Das hört sich doch klasse an!«, sagte Iris. »Das wolltest du doch immer: selbstständig ein Unternehmen leiten.«

»Klar«, sagte Jochen, »nur war ich bisher nie selbstständiger Unternehmer. Das ist ein verdammt hohes Risiko.«

»Stimmt schon. Aber du bist ein guter Geschäftsmann. Das hast du mehr als einmal bewiesen. Du kannst das. Du kannst die kaufmännische Seite. Und du kannst Mitarbeiter motivieren.«

»Und wenn's schiefgeht?«

»Schau dir erst mal den Betrieb an. Wenn du da Einblick hast, kannst du auch einschätzen, ob sich das Risiko lohnt.«

Selbstverständlich war es ein Risiko, das konnte und wollte Iris nicht leugnen. Es gab viele Gründe für die Bedenken. Aber es gab noch mehr Gründe, Jochen zu ermutigen. Iris kannte ihn gut genug, um zu wissen, dass er kein Kamikazetyp war. Er war ein seriöser Geschäftsmann. Und darum ging es jetzt.

Iris hat alles richtig gemacht. Sie hat konsequent auf das Positive seiner Persönlichkeit geschaut, hat ihm Selbstbestätigung gegeben. Sie hat den kraftvollen Mann gesehen. Den, der genug Fähigkeiten und Verantwortungsbewusstsein für eine solche Aufgabe hat. Und der nur noch eins brauchte: das ausdrückliche Vertrauen.

Jochen hat die Firma übernommen. Gemeinsam hat das Paar mit der Bank verhandelt und zu Hause in endlosen Sitzungen die Finanzierung geprüft. Für einige Jahre werden sie hohe Schulden haben. Aber bisher läuft das Geschäft gut.

Hätte Iris in ihrem Mann nur den »Verlierer« gesehen, der jetzt keinen Job mehr hat, dann hätte Jochen diesen Schritt nicht gewagt. Mit dem Glauben an seine Qualitäten hat sie ihn gestärkt. Die Partnerschaft übrigens auch.

TIPP   Beziehen Sie sich auf seine Stärken, ermutigen Sie ihn. Geben Sie ihm ruhig mal Vorschusslorbeeren. Und wenn er Fehler macht? Dann braucht er Ihre Liebe erst recht und den Glauben daran, dass er Fehler auch wieder korrigieren kann.

Was eine Frau beim Date so glaubt ...

Ulla ist attraktiv, hat einen guten Job – nur keinen Mann. Bisher haben Beziehungen höchstens ein paar Wochen gedauert, meist blieb es bei kurzen Affären. Aber Ulla gibt nicht auf. Über ein Flirtportal hat sie im Internet einen Mann kontaktiert, der es offensichtlich wert ist, dass sie ihn in der Realität trifft: Auf dem Foto sieht er toll aus, und was er so schreibt, klingt ziemlich geistreich. Die beiden verabreden sich in einer Bar.

Christian kommt 20 Minuten zu spät. »Entschuldigung«, sagt er, »mein Auto hat gestreikt.«

Ab hier spielen wir die Szene in zwei verschiedenen Versionen.

Version 1

Ulla nippt mit spitzen Lippen an ihrem Drink und sagt ebenso spitz: »Ich sitze hier schon 20 Minuten!« Und denkt: Auto hat gestreikt – wahrscheinlich fährt er irgendeine alte Karre. Ist er pleite?

Christian:»Ja, tut mir wirklich leid. Da war ich machtlos und musste auf ein Taxi warten. Jetzt kann unser Abend ja beginnen.«

Ulla denkt: Er sieht ja tatsächlich gut aus. Aber darauf scheint er sich auch reichlich viel einzubilden. Sie sagt:»Na ja, auf einen Drink kann ich noch bleiben.«

Christian:»Dann haben wir ja etwas Zeit, um ein bisschen mehr voneinander zu erfahren.«

Ulla:»Was willst du denn wissen?«

Christian:»Zum Beispiel, was du beruflich machst.«

Ulla denkt: Vorsicht – der sucht vielleicht eine Frau, die ihn ernährt. Sie sagt:»Ich bin Eventmanagerin.«

Christian:»Hört sich interessant an. Was ist das genau?«

Ulla:»Veranstaltungen planen, Locations suchen, Catering, Künstler und so weiter. Und was machst du?«

Christian:»Ich arbeite im Service.«

Ulla denkt: Service? Bestimmt ist er ein kleiner Verkäufer.

An diesem Punkt des Gesprächs ist sowohl Ullas Drink als auch ihr Interesse zur Neige gegangen. Sie steht auf.»Mach's gut, tschau«, sagt sie und verschwindet.

Zwei Tage später bekommt sie eine Mail von Christian.»Mein Auto ist wieder fit. Nun schaue ich mich nach einer neuen Beifahrerin um.« Als Anhang ein Foto, das Christian in einem edlen Oldtimer zeigt. Christian ist Inhaber einer anscheinend gut gehenden Unternehmensberatung. Dumm gelaufen.

Version 2

Ulla:»Oh, das ist immer Stress. Hast du öfter Ärger mit dem Wagen?«

Christian:»Ärger kann ich das nicht nennen. Ist halt ein altes Modell.«

Ulla:»Wie alt denn?«

Christian:»43 Jahre.«

Ulla:»Waaas? Ein echter Oldtimer?«

Christian:»Ja, ein alter Jaguar. Mein Hobby.«

Ulla: »Das muss ein toller Wagen sein. Darf ich mal mitfahren?«

Es wird ein lockerer, heiterer Abend. Es folgt ein ebenso heiteres Wochenende mit einer Spritztour in dem schönen Auto.

TIPP Legen Sie Vorurteile und schnelle Urteile gegenüber Männern ab. Bleiben Sie neugierig, zeigen Sie Interesse. Männer sind spannende Wesen, seien Sie also offen dafür, dieses Wesen zu entdecken. Fixieren Sie sich nicht darauf, wo seine (verborgenen) Macken sind, sondern erforschen Sie seine Stärken.

In seinem Buch *Männer sind anders. Frauen auch* hat der amerikanische Paar- und Familientherapeut John Gray eine Geschichte konstruiert, die sehr klar nachvollzieht, wie ein Mann den Glauben an seine Fähigkeiten verlieren kann – und wie er ihn wiedergewinnt:

Ein Ritter, in glänzender Rüstung und per Pferd unterwegs, hört die Hilferufe einer Frau. Er eilt in fliegendem Galopp hin, sieht, dass eine Prinzessin in ihrer Burg von einem Drachen bedroht wird. Der Ritter tötet den Drachen mit seinem Schwert. Alle feiern den Helden. Die Prinzessin empfängt ihn voller Liebe und Dankbarkeit. Er verliebt sich in die Prinzessin.

Wochen später. Der Ritter kommt von einem Abenteuer zur Burg zurück. Er hört die Hilferufe der Prinzessin: ein Drache. Der Ritter zieht sein Schwert, will den Drachen töten. Die Prinzessin ruft, er solle lieber die Schlinge nehmen, wirft ihm die Schlinge zu und erklärt ihm, wie's geht. Der Ritter tötet den Drachen mit der Schlinge. Alle jubeln. Aber der Ritter ist deprimiert. Er meint, er habe nichts geleistet.

Als er zum nächsten Abenteuer aufbricht, mahnt ihn die Prinzessin: »Sei vorsichtig, nimm nicht nur dein Schwert, sondern auch die Schlinge mit!«

Wochen später. Der Ritter kommt heim, ein Drache greift die

Burg an. Der Ritter stürmt mit gezücktem Schwert, zögert: Soll ich lieber die Schlinge nehmen? Da ruft die Prinzessin: »Nimm das Gift!«, und wirft ihm ein Fläschchen Gift zu. Der Ritter gießt dem Drachen Gift ins Maul. Der Drache stirbt.

Der Ritter bricht zu neuen Abenteuern auf. Die Prinzessin mahnt: »Vergiss das Gift und die Schlinge nicht!« Unterwegs hört der Ritter die Hilferufe einer Frau. Sie wird von einem Drachen bedroht. Er eilt hin, zieht sein Schwert. Zweifelt: Was würde wohl die Prinzessin jetzt sagen? Lieber die Schlinge nehmen? Oder das Gift?

Dann erinnert er sich an alte Zeiten. Er wirft Schlinge und Gift weg, tötet den Drachen mit seinem Schwert. Alle im Dorf feiern den Helden.

Der Ritter bleibt in diesem Dorf. Und der Autor John Gray sagt voraus: »Irgendwann wird er die Frau, die er hier errettet hat, heiraten. Aber nur, nachdem er sich vergewissert hat, dass sie nichts von Schlingen und Giften versteht.«

Was wir daraus lernen: Pfuschen wir dem Mann nicht in sein Handwerk! Vertrauen wir auf seine Fähigkeiten und darauf, dass er sie richtig einsetzt. Wenn Sie ihm diesen Glauben geben, schlagen Sie ihn zum Ritter. Sie haben es in der Hand: Mit jeder Geste können wir Kraft geben oder nehmen. Mit unserer Art, einen Menschen zu betrachten, gestalten wir die Voraussetzungen für ihn, sich zu entwickeln.

Stellen Sie sich den Mann vor, der er im Idealfall sein kann, und betrachten ihn als diesen. Sprechen Sie zu ihm, als wäre er dieser Mann bereits. Am Schluss des Buches erzähle ich Ihnen eine Geschichte, mit deren Hilfe Sie ihn neu erfinden können!

Runter mit der Rüstung!

4

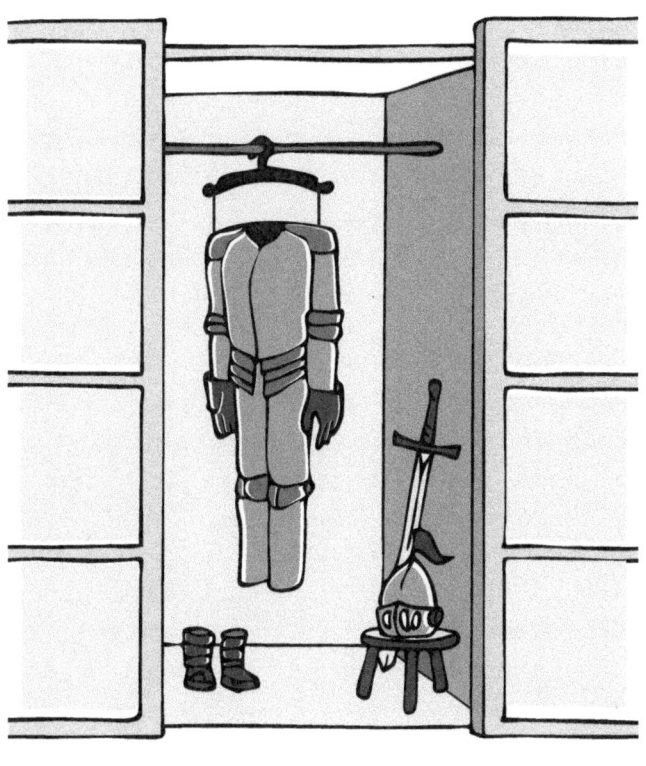

Bestimmt kennen Sie das: Sie haben ein Anliegen und wollen es gerne verwirklichen. Aber der Partner zieht nicht mit. Sie diskutieren und versuchen ihn zu überzeugen. Die Argumente gehen hin und her. Und nach einiger Zeit, vielleicht ist es schon weit nach Mitternacht, sind Sie weiter vom Ergebnis entfernt als zu Beginn des Gesprächs. Sie geben noch mal Gas, weil Sie denken: Ich habe doch sooo gute Argumente, es ist doch alles so schlüssig! Und Sie beginnen noch mal von vorn. Das Ende vom Lied: Streit. Man hat sich nicht zusammengeredet, sondern man hat sich zerredet.

Viele Frauen können hier nicht loslassen. Sie beißen sich fest am Thema wie ein Hund an einem Stück Holz. Meinen Hund konnte man dann mittels des Holzes in die Höhe ziehen und davontragen. So wollen auch wir das Gespräch manchmal unbedingt zu Ende führen, eine bestimmte Antwort erreichen, eine Abmachung erzielen – am liebsten den Sieg. Frauen verlieren sich oft im Kampf mit anderen, vor allem mit Männern. Einmal angefangen, können sie nicht mehr damit aufhören. Wir haben das von unseren Müttern gelernt und geben es an die Töchter weiter. Aber dadurch gewinnen wir nichts. Wir zerstören unsere Beziehungen, unsere Familien, den Geldfluss und die Gesundheit.

Kampfgebahren führt niemals zum Erfolg. Besser: Runter mit der Rüstung! Hören Sie auf zu kämpfen. Lassen Sie los. Geben Sie, wenn es erforderlich ist, sogar nach. Statt sich im Kampf mit dem Mann zu verlieren, tun Sie lieber etwas, das Sie beide wieder näher zusammenbringt. Möglichst mit Leichtigkeit. Sagen Sie: Ach komm, lass uns das Gespräch mal parken, ich komme morgen (oder wann auch immer) wieder darauf zurück. Vielleicht haben wir bis dahin neue Erkenntnisse.

Manchmal wird das ganze Thema auch unwichtig und wir vergessen es. Mal ehrlich: Wissen Sie am Tag nach einem Streit immer noch genau, um was es eigentlich ging? Wie sich der Streit entwickelt hat?

In diesem Kapitel erzähle ich Ihnen vom Unglück durch permanenten Kampf. Und von der Glück bringenden Kunst des Nachgebens.

Schlechte Mode: Warum so viele Frauen eine Rüstung tragen

Frauen versuchen oft Stärke zu zeigen, indem sie das Gehabe der Männer kopieren. So ernten sie aber Kampf und entfernen sich von dem, was sie wollen.

Der indische Philosoph Krishnamurti sagte einmal: »Solange der Erfolg unser Ziel ist, können wir unsere Ängste nicht loswerden, denn der Wunsch, erfolgreich zu sein, bringt unweigerlich die Angst zu versagen hervor.«

Er könnte damit fast Nora gemeint haben, die Teilnehmerin an einem meiner Seminare. Nora ist im oberen Management eines großen Unternehmens tätig, hat sowohl mit den Herren der Geschäftsleitung wie auch mit den Arbeitern in der Produktion zu tun. Über sich selbst sagte sie: »Ich habe Erfolg im Job, weil ich männliche Verhaltensweisen kenne und diese selbst anwende. Ich kann Männer verbal und intellektuell schlagen, ich gehe Konfrontationen nicht aus dem Weg. Die überlegen sich schon gut, ob sie überhaupt eine Konfrontation mit mir wollen. Aber das ist auch sehr anstrengend.« Voller Power erzählte sie das.

Aber als ich sie fragte, wie es denn privat aussehe, brach sie in Tränen aus. Männer unterstellen ihr, dass sie nur Abenteuer wolle und nichts Längerfristiges suche. Dass sie keinen Mann brauche. Sie sei so stark, dass für einen Mann kein Platz sei. Und zu dominant. Dabei, sagte Nora, wolle sie doch nur eine Beziehung, die nicht so seicht ablaufe wie bei den meisten ihrer Freundinnen.

Selten habe ich eine Frau erlebt, die so zerrissen war: Sie trat sozusagen mit klappernder Rüstung auf, sehnte sich nach Liebe

– und wollte ihre Bedingungen dafür mit dem gezogenen Schwert erkämpfen.

Wir sprachen darüber, welches Signal Nora an den Mann sendet. Eindeutig dieses: Mit der ist nicht gut Kirschen essen, das wird schwierig und ständiger Stress! Da fühlt sich ein Mann überflüssig und an die Wand gedrängt.

Ich habe Nora geraten, einem Mann mehr Raum zu geben. Und wenn es ihr mit ihm wirklich ernst ist, soll sie mit ihm über die verschiedenen Möglichkeiten des Zusammenlebens sprechen, statt ihm ihre Bedingungen zu diktieren. Sie könnte ihm zum Beispiel sagen:»Mit so einem netten Kerl wie dir kann ich mir das schon spannend vorstellen, eine gemeinsame Form des Zusammenlebens zu suchen.«

In meinen Seminaren treffen sich ganz unterschiedliche Frauentypen.

Es gibt Frauen, die sich immer benachteiligt fühlen. Die sagen: Das ist ungerecht, immer muss ich alles machen! Warum soll ich ihn loben und ihm immer Honig um den Bart schmieren? Er lobt mich doch auch nicht!

Viele Frauen haben Riesenansprüche an den Mann, sind aber selbst nicht dazu bereit, viel zu geben. Alles wird abgewogen, verglichen. Eine Teilnehmerin in meinem Vortrag vor Geschäftsfrauen sagte, sie könne an ihrem Chef gar nichts Positives finden, nicht eine einzige Sache. Oft sagen diese Frauen, wenn sie aufgefordert werden, ein neues Verhalten auszuprobieren: Ich will mich nicht verstellen, dann bin ich ja nicht mehr authentisch. Oder sie sagen: Ich will nicht zum blöden Dummchen werden, vor dem Männer niederknien. Ich bin eben einfach zu stark für Männer. Diese Frauen haben eine Menge Beweise dafür, wie doof sich Männer gegenüber Frauen verhalten – und eine Menge Geschichten dazu. Sie sind sogar stolz darauf, wie viele Nachteile sie in Kauf nehmen, um Männern eins auszuwischen.

Dann gibt es Frauen, die einfach immer recht haben. Diese Frauen wissen alles besser, sie wissen, dass der Freund nicht in

Flipflops Auto fahren darf, und argumentieren so lange, bis der arme Kerl sich dann trollt und Turnschuhe anzieht. Oder sie wissen genau, welche Möbel in die Wohnung passen, und haben viele Gründe, wieso es genau *so* sein muss und nicht anders. Hier geht es oft gar nicht um die Sache. Sondern darum, herauszustellen, wie gut man ist und dass man die besseren Argumente hat. Ich kenne eine Frau, die ihren Partner mit so etwas vergrault hat. Ihr sind die Tränen geflossen, als sie sagte: »Heute wäre ich mit seinen Möbeln froh, Hauptsache, er wäre noch da!«

Und es gibt einige Frauen, die sind reich und glücklich und sorgen selbst dafür, dass sie das bekommen, was sie wirklich brauchen. Sie halten sich nicht damit auf, wer recht und wer unrecht hat. Sie lassen sich nicht ständig von anderen bemitleiden. Sie machen das, was funktioniert. Sie sind bereit, sich auch mal in unbekanntes Land vorzuwagen und Neues auszuprobieren, und brechen sich keinen Zacken aus der Krone, einen Fehler einzugestehen oder sich zu entschuldigen.

Meist kann ich bereits zu Beginn, spätestens aber am Ende eines Seminars diese drei Typen erkennen:

○ Frauen, die sehr kritisch sind und viel Zeit damit verbringen, zu widersprechen, zu hadern oder alles besser zu wissen.
○ Frauen, die eh schon alles gewusst haben, was wir im Seminar erarbeiten, die schon alle Verhaltenswerkzeuge kannten und überzeugt sind, dass sie diese jederzeit anwenden (tun sie nicht, sonst wären sie glücklich und hätten einen netten Partner).
○ Frauen, die – zum Glück ist das der größte Teil – dankbar sind für das Gelernte und es ausprobieren, bevor sie sich ihre eigene Meinung bilden.

Allein an der Haltung der Dankbarkeit, der Wertschätzung und der Begeisterung kann ich sehen, ob die besprochenen Inhalte und die Übungen auf fruchtbaren Boden fallen. Die Frauen, die den Blick auf das Positive richten, Begeisterung haben, Neugier, Bereitschaft zum Ausprobieren und zum Mitmachen, zum Unterstützen, sind natürlich auch die Frauen, die besser bei anderen ankommen.

Und: Je neugieriger eine Frau ist, je neugieriger sie auf Männer ist, desto neugieriger sind Männer auf sie.

Beantworten Sie Angriff mit Liebe!

Ein großer Fehler ist, wenn die Frau im Konfliktfall auf die männliche, die harte Ebene geht. Besser klappt's, wenn Sie auf die Ebene weiblicher Kommunikation wechseln, einfach vom Herzen her. Ein schönes Beispiel dafür habe ich bei meiner Freundin Heidi erlebt.

Wir saßen in ihrem Wohnzimmer gemütlich bei einer Tasse Tee beisammen. Plötzlich kam ihr Mann herein. Sonst ist er ein sehr ruhiger Typ, aber diesmal war er aufgebracht und aggressiv. Er störte die friedliche Atmosphäre erheblich, indem er sehr laut wurde und grob mit den Dingen umging. Irgendetwas im Job war schiefgelaufen.

Jede andere Frau hätte darauf sauer reagiert oder ihn zumindest spüren lassen, dass das Verhalten alles andere als okay war. Nicht aber Heidi. Sie ging freudig auf ihn zu, nahm seine Hände in die ihren, schaute ihm fest in die Augen und strahlte ihn dabei herzlich an. Dann sagte sie im Ton der Überzeugung: »Ach Schatz, wegen dieser Power habe ich dich geheiratet!«

Er stand kurz ganz starr da. Als würde er aus einem bösen Traum aufwachen. Dann musste er lachen. Sein Ärger war im selben Moment verflogen. Er nahm sie in den Arm und sagte: »Sorry, ich habe meine Wut am falschen Ort abgeladen.«

Welche Kraft in der sanften Tour steckt, hat Lao-Tse wunderbar so beschrieben:

»Es gibt auf dieser Welt nichts Weicheres und Schwächeres als Wasser.

Und doch vermag es die härtesten und größten Felsbrocken zu bewegen und auszuhöhlen.

Es gibt nichts Vergleichbares.

Das Schwache überwindet das Starke, und das Weiche überwindet das Harte.

Das weiß jeder auf Erden, und doch verhält sich niemand danach.«

Das Sanfte kann das Harte bezwingen – nach diesem Kernprinzip funktionieren auch die Kampfkunsttechniken Aikido und Judo. Mitgehen und Verstärken. Mitgehen heißt: keinen Widerstand leisten, sondern sich auf die Haltung des anderen einlassen. Und wenn es hilft, soll man diese Haltung verstärken, ja sogar übertreiben.

Dieses Prinzip würde in einem körperlichen Kampf ungefähr so aussehen: Der Angreifer stürmt auf Sie zu und streckt seine Faust aus, um Sie zu treffen. Sie gehen ein kleines Stück zur Seite, ergreifen die Faust und ziehen sie absichtlich sehr stark in die Richtung, in die sie sich sowieso schon bewegt. So nutzen Sie den Schwung, den der Angriff hat und verstärken diesen noch, sodass der Gegner sein Gleichgewicht verliert. Oder Sie umarmen den Angreifer, dann kann er auch nichts mehr machen.

Diese Art der Abwehr geht auch mit Worten. Zum Beispiel, wenn Ihnen jemand mit Besserwisserei oder gar Befehlston kommt. Als Werkzeug empfehle ich Ihnen: Nehmen Sie ihm einfach den Wind aus den Segeln, indem Sie betont freundlich sind. Ein paar Sätze als Anregung:

»Sie kennen sich damit aber wirklich gut aus. Das merkt man sofort.«

»Ich mag die Art, wie du sprichst.«

»Ich höre dir gerne zu. Du hast so eine angenehme Stimme.«

»Ich bewundere dein Wissen und deine Kompetenz.«

»Am besten gefällt mir deine bestimmende Art.«

Sie können damit den Mann anerkennen, ohne sich selbst dabei kleinzumachen. Sie können ihn wertschätzen und wertschätzen dabei sich selbst. Das Nichtkämpfen liegt auf einer höheren Ebene als das Kämpfen. Die wahre Stärke besteht darin, dass Sie eben nicht auf den (vermeintlichen) Kampf einsteigen.

Zugegeben, das ist nicht immer so einfach, wie es sich anhört. Deshalb eine Hilfe dazu: Konzentrieren Sie sich auf das Positive. Suchen Sie nach etwas, das Sie am anderen wirklich mögen. Oder nach einer möglichen guten Absicht in der Aktion des anderen. Versuchen Sie eben nicht, sich selbst zu verteidigen, sondern dem anderen die Lichter anzuzünden. Dies geht nur, wenn Sie die Aufmerksamkeit auf die andere Person legen, nicht auf sich selbst.

Und was immer hilft: Nehmen Sie sich Zeit. Sie müssen nicht wie aus der Pistole geschossen antworten. Spüren Sie nach, welche Bewegung Ihr Körper machen möchte. Ihre Knie geben nach? Dann geben Sie diesem Gefühl nach und setzen sich erst mal. Dann schauen Sie den anderen an und sagen Sie etwas ganz Einfaches. Zum Beispiel: »Puh, da muss ich mich erst mal setzen. Aus dieser Perspektive fällt mir auf, wie gut du heute aussiehst.«

Die hohe Kunst des Nachgebens

Nachgiebigkeit ist eines der stärksten Werkzeuge im Umgang mit Männern. Wenn Sie nachgeben, können Sie Ihren Weg viel leichter gehen. Und Hindernisse aus dem Weg räumen.

Im normalen Alltag läuft es ja meist so ab: Zwei Partner streiten um eine bestimmte Sache. Jeder versucht sich durchzusetzen. Keiner will aufgeben oder wenigstens nachgeben. Die Fronten verhärten sich. Das Gespräch endet in der Sackgasse. Beide werden verärgert und frustriert, fühlen sich vom anderen nicht gehört. Wie kann er nur so starrköpfig sein! Denkt sie. Warum in aller Welt kann sie nicht mal die einfachsten Sachen verstehen? Denkt er.

Mann und Frau wollen ihre Vorstellungen und Wünsche durchsetzen, indem sie den anderen in eine Richtung drücken und schieben. Statt nach einer guten Lösung für beide zu suchen, rutschen sie in einen Machtkampf hinein. Sie verlieren Energie, hören auf zu kooperieren, und die Beziehung fängt an zu bröckeln.

Nehmen wir die gleiche Situation: Er und sie streiten sich. Diesmal gibt sie nach. Statt auf ihrer Argumentation zu beharren, hört sie hin. Sie beruhigt sich, versucht sich in seine Lage zu versetzen und gibt ihm recht. »Ich verstehe, was du meinst ...« Oder: »Klingt nach einer guten Idee, daran habe ich noch nicht gedacht ...« Nachdem sie einmal seine Aufmerksamkeit hat, kann sie ihm ihre Beweggründe besser mitteilen.

Die Zauberformeln sind also ganz einfach: Beziehen Sie ihn mit ein. Fragen Sie ihn: »Was denkst du darüber? Hast du schon mal daran gedacht, es so oder so zu machen?«

Oft gibt es mehr als einen Weg, Nachgiebigkeit umzusetzen. Gut, wenn Sie nicht an einem bestimmten Ergebnis kleben. Behalten Sie Ihren Humor und lassen Sie sich überraschen von möglichen Ideen und neuen Wegen.

Meine eigene Lieblingsstory zum Thema Nachgeben ist die Geschichte über unsere Hochzeitsfeier.

Endlich hatte ich den Mann fürs Leben gefunden. Der Hochzeitstermin stand fest. Wir hatten eine kleine Feier geplant.

Drei Wochen vor dem Termin traf ich mich mit einigen Freundinnen und wir sprachen auch über das Hochzeitsfest. Plötzlich sagte Jutta zu mir: »Wenn du von einem großen Fest sprichst, hast du deutlich mehr Licht in den Augen!« Aber, antwortete ich, wir haben ein kleines Fest beschlossen und außerdem: Ein großes Fest können wir nicht mehr organisieren. Meine Freundinnen riefen unisono: »Das machen wir!« Sie verteilten sofort die Aufgaben: Einladungen, Deko, Buffet, Bedienung, Fotos – jede übernahm einen Part.

Ich war begeistert, fuhr nach Hause und erzählte meinem künftigen Mann von dieser tollen Idee. Und er? Sagte:»Nein, kommt gar nicht infrage!« Das sei nicht machbar, es werde nur Chaos geben. Ich hielt dagegen:»Das geht doch! Du bist nur beleidigt, weil ich das mit meinen Freundinnen besprochen habe. Du bist borniert!« Es war ein hässlicher Streit, null Nähe, nur Kälte. Die Atmosphäre war so giftig, dass ich nicht mal sicher war, ob wir überhaupt heiraten sollten.

Als ich am nächsten Tag im Auto saß, schoss mir ein Gedanke durch den Kopf: Bin ich denn blöd? Jetzt habe ich den Mann fürs Leben und setze die Beziehung aufs Spiel! Noch aus dem Auto rief ich ihn an und sagte sehr klar:»Ich freue mich, dass ich deine Frau werde und wir zusammen in ein neues Leben starten. Es ist völlig unwichtig, wie groß wir das feiern!« Seine Antwort:»Wir machen das große Fest. Ist schon okay.«

Es war eine wunderschöne Hochzeit mit sehr vielen Gästen. Alles war harmonisch. Und wir waren glücklich.

Mit etwas Abstand konnte ich die erste Reaktion meines Mannes besser verstehen. Es hat ihn natürlich geärgert, dass ich eine gemeinsam getroffene Entscheidung mal eben so umwerfe. Er war gewarnt: Wenn die jetzt schon so anfängt ... Ich bin noch heute froh, dass ich nachgegeben habe – oder es zumindest wollte. Damit konnte ich den Druck rausnehmen, und er konnte ebenfalls nachgeben.

Ganz sicher gibt es Situationen, in denen man nicht nachgeben kann. Weil es um eigene Grundprinzipien geht, um tief verwurzelte Vorlieben oder Abneigungen. Aber in den meisten Fällen geht es anders. Jeder kann mal sagen: Diesmal ist es vielleicht klüger, nachzugeben.

Gibt die Frau mal nach, kann auch der Mann nachziehen. Dann stimmt der Austausch, es entwickelt sich ein souveränes Miteinander. Ich behaupte: Mindestens 90 Prozent der Fälle können friedlich geklärt werden. Um den Rest lohnt es sich zu streiten.

Welche Sache ist Ihnen einen heftigen Streit wert? Und welche ist es wert, die Rüstung abzulegen?

Achten Sie auf die Situationen, in denen Sie mit Männern in Wettbewerb oder Kampf gehen. Es ist schon ein Erfolg, wenn Sie merken, wann Sie besser sein wollen als er, wann Sie gewinnen wollen, koste es, was es wolle. Manchmal geht es nicht um die Sache, es geht nur noch darum, wer sich durchsetzen kann. Natürlich geben wir das nicht zu, wir haben die tollsten und längsten Erklärungen für unsere Sichtweisen. Diesem Rechthaben und Gewinnenwollen opfern wir dann alles: unsere Beziehungen, unser Wohlbefinden, unsere Gesundheit und sogar unser Geld. Beobachten Sie andere: Bei einer Scheidung werden sogar die Kinder als Waffe benutzt.

Ich hatte einmal eine Kundin, deren Partner ihr anbot, die Reifen ihres Autos zu wechseln. Beim Reifenwechsel kam es dann zum Streit. Von diesem Streit hat sie im Seminar erzählt. Es stellte sich heraus, er wollte ihr etwas Gutes tun, indem er ihr diese Arbeit abnahm. Er wollte sie sozusagen auf seine Weise verwöhnen. Sie aber begann ihm vorzuschreiben, wie er die Reifen wechseln und wie er es auf keinen Fall machen soll. Sie beschwerte sich darüber, dass er die Garage nicht sauber genug hinterlassen habe. Und überhaupt habe er die Reifen nicht richtig gewechselt. Das nächste Mal werde sie die Reifen lieber selbst wechseln.

Eine andere stritt sich mit dem Mann über die Wahl der Eingangstür zum eigenen Haus. Sie hatte viele Gründe für den Kauf einer bestimmten Tür und konnte es nicht einsehen, dass der Mann eine andere wollte. Aus ihrer Sicht hatte sie recht und die besseren Argumente. Im Rollenspiel musste sie dann erkennen, dass sie ihren Partner mit diesem unnachgiebigen Verhalten verloren hatte. Im Nachhinein wäre es ihr lieber gewesen, sie hätte irgendeine Haustür, auch eine weniger ihren Vorstellungen entsprechende, dafür aber noch den Lebenspartner an ihrer Seite. Sie hatte die Verhältnismäßigkeit aus den Augen verloren.

Sie meinen, dass Ihnen das nicht passieren würde? Es ist eine grundmenschliche Eigenschaft, recht haben zu wollen. Fragen Sie sich also bei den Dingen, die Ihnen Beschwerden verursachen: Geht es mir überhaupt noch um die Sache oder möchte ich meinen Willen durchsetzen? Seien Sie ehrlich mit sich selbst: Was wäre, wenn ich in dieser Sache nachgebe? Wäre es wirklich so schlimm? Will ich nicht nachgeben, weil ich Angst habe, dann mein Gesicht und meine Stärke zu verlieren? Denken Sie daran: »Er« hat garantiert noch mehr Angst davor als Sie und kann es noch weniger zulassen. Werden Sie vielleicht sogar neugierig auf das Unbekannte, das passiert, wenn Sie nachgeben, sich auf etwas anderes einlassen. Vielleicht erleben Sie ja etwas ganz Neues?!

Im Übrigen: Ich nutze das Werkzeug des Nachgebens besonders oft, wenn ich auf ein Amt gehe, mein Auto zur Reparatur bringe oder von jemandem etwas will.

Kürzlich hat mich ein Polizist in Zivil angehalten. Er hatte gesehen, wie ich falsch abbog, und knallte mir die Vorwürfe in ziemlich rüdem Ton an den Kopf: »Haben Sie das Schild nicht gesehen? Das ist eine Unverschämtheit im Straßenverkehr!«

Mein erster Gedanke: Moment mal, ich hab doch ... Und überhaupt, wie können Sie so mit mir reden, haben Sie keine Höflichkeitsformen gelernt?

Stattdessen habe ich nachgegeben: »Sie haben ja so recht. Ich habe es bemerkt, als ich schon dabei war abzubiegen. Das hätte ich nicht machen dürfen.«

»Ja, wir waren direkt hinter Ihnen. Für so etwas gibt's Punkte und eine Geldstrafe. Das ist rücksichtslos von Ihnen, ein unmögliches Verhalten.«

»Das stimmt. Ich habe es zu spät bemerkt, ich habe den Verkehr gefährdet ...«

»Was heißt hier zu spät! So was darf man nicht machen! Sie haben doch das Schild gesehen!«

»Sie haben recht. Ich kann dem nichts hinzufügen. Ich hätte es sehen sollen! Da habe ich wirklich einen großen Fehler gemacht.«

Der Polizist hat mich am Ende fast noch getröstet und ohne Strafe weiterfahren lassen!

Recht haben oder glücklich sein?

Mit einer Frage entwaffnen Sie fast jeden, der sich in irgendetwas verbissen hat. Ich stelle diese Frage auch hin und wieder im Seminar: »Willst du lieber recht haben oder glücklich sein?« Mit dieser Frage überschrieb der amerikanische Psychologe Dr. Marshall B. Rosenberg seine Arbeit über die Ursachen von Gewalt und die Gewaltfreie Kommunikation (GfK), eine Methode zur besseren Kommunikation und Konfliktlösung. Es geht dabei darum, eine einfühlsame Verbindung zu uns selbst und anderen aufzunehmen. Es geht um Einfühlungsvermögen und Mitgefühl und darum, dieses wertvolle natürliche und zutiefst menschliche Potenzial wieder zu entfalten. Der Prozess von Geben und Nehmen ist fließend und freiwillig. Ziel ist es nicht (nur), andere dazu zu bringen, zu tun, was man selbst will, sondern die Bedürfnisse aller Parteien aufzuspüren und zu berücksichtigen. Rosenberg nennt die GfK auch »language of the heart«: Sprache des Herzens.

Rosenberg erklärt das Prinzip am Beispiel zweier Tiersprachen:

Da ist einerseits die Wolfswelt und die Wolfssprache: Der »Wolf« bewertet alles, er interpretiert, er kritisiert, er analysiert und weiß immer, was andere falsch machen. Er lobt und straft, droht mit Strafen oder Liebesentzug. Er besteht auf Regeln und Normen, fühlt sich meist im Recht und sucht im Zweifelsfall nach Schuldigen. Wenn er kritisiert wird, fühlt er sich verletzt oder nicht respektiert und reagiert mit Gegenattacken. Entsprechend sind Wölfe (und Wölfinnen) meistens mit sich und ihrer Umwelt in einem emotionalen und verbalen Machtkampf.

Ganz anders die Giraffe: Sie spricht und hört mit dem Herzen, achtet auf ihre eigenen Gefühle und die der anderen. Sie bittet und wünscht, statt zu fordern. Sie hat gelernt, hinter Vorwürfen und Kritik nicht persönliche Angriffe zu sehen, sondern unerfüllte Bedürfnisse dahinter zu erkennen. Und wenn sie diese Bedürfnisse nicht erkennt, fragt sie einfühlsam nach.

Die Giraffensprache muss doch für uns keine Fremdsprache sein, oder? In vielen Situationen gelingt die Verständigung ohne viele Worte. Legen Sie Musik auf, tanzen Sie, geben Sie sich gegenseitig eine Massage oder lesen Sie sich etwas vor. Das schafft wieder Nähe und Intimität. Sie schaffen wieder Raum, in dem etwas Neues entstehen kann. Und wenn das Konfliktthema wichtig war, können Sie es in mehr Entspannung und Leichtigkeit wieder aufgreifen.

Zum Schluss noch eine Übung, die hilft, die »Rüstung abzulegen«:

Schreiben Sie Situationen auf, in denen es Streit gab und in denen Sie Ihre Macht ausgespielt haben. Wie entwickelte sich die Situation? Haben Sie bekommen, was Sie wollten?

Nun betrachten Sie die Situation und finden Sie verschiedene Wege, wie Sie der Situation mit Nachgiebigkeit hätten begegnen, sie eventuell sogar damit lösen können. Was hätte sich dadurch verändert?

Spielen Sie in
seinem Team

5

Teamgeist ist Liebe, die sich in einem herausfordernden Umfeld bewegt.

Wir haben alles Mögliche in Schule oder Ausbildung gelernt – aber nicht, wie man gute Beziehungen kreiert. Leider. Die Frauen, die zu mir kommen, sind oft sehr erfolgreich als Angestellte oder Selbstständige. Sie wissen sich zu kleiden, sie pflegen sich und sie trainieren im Fitnessstudio. Sie können ihre Wohnung gut einrichten, können ein leckeres Essen zubereiten und zur Not auch einen Reifen wechseln oder ein Regal allein aufbauen. Sie haben ihr Leben gut im Griff. Im Beziehungsleben sind sie allerdings häufig weniger erfolgreich. Trotz bester Absichten, trotz viel Lektüre zu Beziehungsthemen oder Gesprächen mit Freundinnen sind sie meist enttäuscht vom Verhalten der Männer.

Es gibt aber auch viele Männer, die sich ohne Erfolg bemühen, ihre Frauen glücklich zu machen. Immer wieder bin ich erstaunt: Männer berichten mir das Gleiche wie die Frauen, auch von ihnen höre ich oft den Satz: »Es gibt keine guten Frauen auf dem Markt.«

Was läuft da nur schief?

Glück in der Beziehung ist nicht etwas, das man irgendwann »findet«, wenn man lange genug sucht oder darauf wartet. Es will erschaffen werden. Es braucht Aufmerksamkeit und Know-how. Aufmerksamkeit auf das, was funktioniert und was Freude macht – und nicht auf das, was problematisch ist. Know-how über das, wie es anders gehen kann. Und zu allem braucht es die Bereitschaft, etwas Neues auszuprobieren.

Es ist dann wie mit einer Tänzerin oder Sängerin. Jeder ruft: Wie toll, was hat sie für eine wunderbare Begabung! Wenn ich das nur auch so könnte! Aber in dieser Kunst stecken jahrelange Arbeit, Schweiß und Ausdauer, die andere nicht sehen und ermessen können.

So ist es auch mit dem Glück in Beziehungen: Es braucht Training! Dazu gehört

○ die Bereitschaft, jene Gewohnheiten aufzugeben, die unseren Zielen und der Nähe mit dem Partner im Wege stehen;
○ Training, dem Mann die Wahrheit zu sagen – und zwar auf nette Weise;
○ die Fähigkeit, mit Ärger und Wut umzugehen, ohne diese Gefühle über ihn auszukippen.

Es geht darum, unsere Wünsche mitzuteilen und um das zu bitten, was wir brauchen. Ihn in die Träume und Wünsche mit einzubeziehen. Ihn zu unserem Vergnügen zu nutzen, denn er liebt es, uns glücklich zu machen.
All das ist Teamarbeit. Glück ist Teamarbeit.

Entscheiden Sie sich: Einzelkämpferin oder Teamworkerin?

Am Ende des vorigen Kapitels habe ich von der Methode des amerikanischen Psychologen Dr. Marshall B. Rosenberg über die Gewaltfreie Kommunikation erzählt. Seine Kernfrage »Willst du lieber recht haben oder glücklich sein?« ist auch der Schlüssel, um ein Team zu bilden. Ich bin sicher: Recht haben ist was für Einzelkämpferinnen. Glücklich sein ist die Sache der Teamworkerinnen. Und Team heißt: Jeder bringt seine Qualitäten, sein Temperament, seine Interessen ein. Jeder bemüht sich, den Beitrag des anderen so positiv wie möglich zu sehen, als Gewinn fürs Team. Und beide bemühen sich, die gemeinsame Schnittmenge immer größer werden zu lassen. Das heißt auch: Jeder behält einen eigenen Bereich, eigene Gedanken, eigene Interessen, vieles, was man mit dem anderen nicht teilen kann oder will.

Die Eigenarten des anderen zu akzeptieren und die Gemeinsamkeiten zu finden, ist eine der größten Aufgaben zu Beginn einer Beziehung. In der ersten Phase ist man ja hin und her gerissen zwischen totaler Hingabe und dem Ehrgeiz, die eigenen Räume zu verteidigen. Dass der andere ein paar Macken hat, ist dabei ganz gut zu verkraften. Besonders schwierig ist es jedoch, auch seine Vergangenheit anzunehmen. Denn: Die Vergangenheit gehört auch mit ins Team.

Ein Paradebeispiel dafür ist die Geschichte von Barbara. Sie hatte einen tollen Mann kennengelernt. Einen erfolgreichen Mann mit viel Power und jeder Menge spannender beruflicher Projekte. Einen Mann, wie sie ihn sich gewünscht hatte! Aber: Er hatte mehrere Kinder mit verschiedenen Frauen, und mit all diesen Frauen und Kindern wollte er gute Beziehungen pflegen und natürlich auch Barbara in dieses Leben integrieren.

Barbara kam in mein Seminar mit einer Menge Beschwerden über ihn. Und viel Traurigkeit, denn sie hatte die Beziehung gerade beendet. Sie sagte, er habe ein Problem, die Grenzen zu ziehen zwischen sich und ihr und dem »alten Anhang«. Sie berichtete uns von den vielen Gründen, weshalb es einfach nicht mit ihm gehen konnte, und suchte nach unserer Bestätigung.

Einer der Problempunkte war, dass er noch ein Bild von seiner Ex in Großformat an der Wand im Keller hängen habe. Das, so Barbara, sei eine Zumutung für sie und ein Zeichen, dass er die anderen Beziehungen noch nicht abgeschlossen habe. Außerdem war sie sauer, dass er in ihrer Wohnung eine technische Einstellung verändert hatte. Es gab jetzt warmes Wasser zum Duschen rund um die Uhr – sie hatte es aus Sparsamkeit gerade anders einstellen lassen. Barbara erwähnte stolz, dass eigentlich nur ein echter Fachmann die Einstellung ändern könne. Aber diese Aktion sei eine Missachtung ihrer Person und eine Grenzüberschreitung, die sie so nicht stehen lassen konnte. Schließlich könne er in ihrer Wohnung nicht einfach etwas ändern, ohne sie vorher zu fragen. Aus dem Gespräch der beiden über dieses Vorkommnis kam es zum Streit und schließlich zur Trennung.

Im Laufe des Coachings wurde Barbara klar, dass sie da ein Exemplar von Mann hatte, dessen Potenzial sie bewundern konnte. Endlich, denn all die anderen Männer, die sie vorher traf, hatten dieses Gefühl nicht bei ihr ausgelöst. Aber dieser Mann machte eben einfach, was er wollte.

Wir spielten das schiefgelaufene Gespräch noch einmal durch. Dabei wurde deutlich, dass er enttäuscht war, denn er wollte ihr doch mit der technischen Änderung eine Freude machen. Stattdessen fühlte er sich angegriffen und nicht anerkannt. Für sie ging es nicht ums warme Wasser oder ums Sparen, sondern darum, ihr Territorium zu verteidigen. Und es ging um die Entscheidung für Barbara: Will sie ihn oder will sie ihn nicht? Barbara sagte, dass sie ihn wollte. Den Kontakt wieder aufzunehmen, würde aber Arbeit bedeuten. Für beide: die Arbeit, vom Einzelkämpfer zum Teamplayer zu werden.

Barbara war dazu bereit. In den kommenden Tagen rief sie ihn noch mal an. Er freute sich. Sie sagte ihm:»Mir ist klar geworden, was du für ein toller Mann bist. Ich war sauer, dass du die Änderungen in meiner Wohnung einfach vorgenommen hast, ohne mich zu fragen. Ich habe dir Respektlosigkeit unterstellt. Wenn man lange allein lebt, wird man da empfindlich. Ich habe dich nicht mal gefragt, warum du das getan hast. Und eigentlich finde ich es genial, dass du so was kannst ...«

Ein Gespräch und ein Abendessen später fragte er sie, ob sie bei ihm einziehen möchte. Sie lehnte ab, da er doch immer noch das Bild der Ex da hängen habe, obwohl er doch wüsste, dass sie das als Zumutung empfindet.

Nach einem weiteren Coachinggespräch machte Barbara einen großen Schritt. Sie sagte zu ihm:»Gerne ziehe ich zu dir! Ich freue mich schon darauf! Aber du musst damit rechnen, dass ich das Bild deiner Ex abhänge und durch mein Bild ersetze. Wenn du magst, lasse ich auch ein Aktfoto von mir machen!«

Wie die beiden das Fotoproblem gelöst haben, weiß ich nicht. Aber was ich weiß: Die beiden sind derzeit sehr glücklich miteinander.

Das A und O bei der Bildung eines Teams ist es, immer wieder ein gutes Ergebnis zu erzielen, mit dem Sie beide zufrieden – im Idealfall glücklich – sein können. Das gelingt nur, wenn Sie verstehen, warum der andere etwas tut, will oder nicht will. Gerade in der Anfangsphase, wenn man noch nicht vertraut miteinander ist, sollten Sie ansprechen, was Sie stört. Einfach abwarten hilft da nicht. Und sein Verhalten zu interpretieren, kann auf den völlig falschen Weg führen.

Daniela beklagte sich darüber, dass ihr neuer Freund sich nicht zu ihr bekennt, obwohl die beiden schon ein paar Wochen zusammen waren. Erst einige Tage vor unserem Seminar war es wieder passiert: Daniela ging mit Georg durch die Stadt und sie trafen eine seiner Bekannten. Georg sagte zur Vorstellung nur kurz:»Das ist Daniela.«

Für Daniela war das nicht genug.»Weiß die Frau, dass wir ein Paar sind?«, fragte sie ihn später. Georg meinte:»Das hat sie doch gesehen.« Daniela war davon nicht überzeugt, zumal sie mit Georg weder Hand in Hand noch Arm in Arm gegangen war.

Hat sie ihm gesagt, wie wichtig das für sie ist?»Nein«, sagte Daniela,»da muss er von selbst draufkommen. Sonst ist irgendwann Schluss!«

Es wäre doch schade, so schnell aufzugeben! In der Seminargruppe haben wir dann in verschiedenen Rollenspielen einen Ansatz erarbeitet, den Daniela für sich und Georg passend fand. Es dauerte eine Weile, bis Daniela überzeugt war, dass sie das Thema ohne Vorwürfe anpacken kann. Wir übten einige Versionen, in denen sie ihm eine Brücke baut – und die Sprache der Gefühle benutzt. Sie sollte ihn fragen, warum er sie nicht als seine Freundin vorstellt. Und sie sollte ihm gleichzeitig sagen, wie stolz sie darauf ist, dass er ihr Partner ist.

Daniela war skeptisch. Vor allem war sie unsicher und fürchtete, er könne nun definitiv ihre Beziehung leugnen.

Die Geschichte ging ganz unspektakulär weiter. Daniela mailte mir, wie einfach das Gespräch mit Georg war. Als er hörte, wie wichtig es ihr ist, zu zeigen, dass sie ein Paar sind, sagte er nur: »Das war mir gar nicht so bewusst.« Sie: »Dann machen wir das künftig so?« Er: »Klar, und wenn ich es vergesse, erinnerst du mich dran.«

Das Ego, die Nähe – und das Beste von beiden

Die Klippen auf dem Weg zum Team zu umschiffen, ist oft wirklich so einfach wie in diesen beiden Beispielen. Bei den darin beschriebenen Problemen handelt es sich um wahre Klassiker. Dennoch scheitern viele Paare an solchen Situationen, weil jeder sich in seine Rolle als Einzelkämpfer verbeißt. Aber nur das Gefühl der Zugehörigkeit stärkt die Verbindung. Dieses Gefühl braucht Zeit zum Wachsen. Es braucht Zeit für Erfahrungen. Erfahrungen von Vertrauen und vom Glauben an die guten Absichten des anderen.

Zunächst haben wir eine ganz natürliche Scheu, den anderen nahe an uns herankommen zu lassen und selbst näher an den anderen heranzukommen. Unser Ego, unsere Mechanismen, manche nennen es auch Box, sorgt für Distanz, es schützt uns vor der totalen Nähe. Das Ego hat Angst, in den Hintergrund zu geraten, kleiner zu werden. Es hat Angst vor dem Verschwinden, vor der Auflösung. Das Verschmelzen mit einem anderen Menschen ist der Tod fürs Ego. Das ist bei Männern so und bei Frauen auch.

Wenn wir die Abgrenzungen unserer Box von Zeit zu Zeit öffnen, können wir Nähe und Intensität erleben. So können wir Vertrauen und Vertrautheit aufbauen und erhalten, Gemeinsamkeit spüren und ein Team werden.

»Beziehungen sterben nicht aus Mangel an Liebe, sondern aus Mangel an Intimität«, sagt zum Beispiel der amerikanische Trainer Clinton Callahan. Schaffen Sie also mehr Gelegenheiten für Intimität und Vertrautheit.

Es gibt verschiedene Arten von Intimität. Alle sind wichtig, aber jeder Mensch hat eine eigene Priorität.

Physische Intimität: Sex, Singen, Essen, Aufräumen, Einrichten, Sport, Massagen, Tanzen, Basteln, Werken.
Geistige Intimität: Reden, übers Geschäft sprechen, Schach spielen, Oper, Theater, Kino, Museumsbesuch, Witze.
Emotionale Intimität: Gemeinsame Erfahrungen austauschen, Zuhören ohne Diskussion, Einfühlen, Kontakt, Schwächen eingestehen, Freude teilen.
Spirituelle oder energetische Intimität: Gebet, Ritual, Meditation, Yoga, Wertschätzung.

Diese Unterscheidungen helfen Ihnen vor allem zu sehen, welche Art von Intimität in Ihrer Beziehung vorherrscht und welche Sie noch einbringen und vertiefen können, damit Sie die gemeinsamen Erfahrungen erweitern. Aktivitäten des Alltags gehören genauso dazu wie außergewöhnliche Erfahrungen und Kreativität.

Und: Warten Sie nicht darauf, dass der Mann ein Programm für das Gefühlsleben erstellt. Die Männer sind oft auf eine Sache fokussiert: »Jagen«, sprich den Beruf. Sie sind im Bereich von Kommunikation und Freizeit oft nicht so einfallsreich, kreativ und experimentierfreudig wie die Frauen. Er wird es Ihnen also danken, wenn Sie ihm hier unter die Arme greifen und ihn mitreißen.

In meinen Seminaren erlebe ich es häufig, dass sich Männer wünschen, die Frauen würden sie mehr inspirieren, auch Ideen einbringen und ihnen neue Erfahrungen vermitteln. Sie sind gerne bereit, den finanziellen Rahmen zu stellen, und freuen sich, wenn die Frau das soziale und gesellige Leben managt. Eine gute Aufgabenverteilung im Team also.

Aber bitte: Nehmen Sie ihm nicht jede kreative Leistung aus der Hand. Strikt getrennte Aufgaben sind eine gute Vereinbarung, wenn einer irgendetwas deutlich besser kann als der andere. Teamarbeit heißt jedoch, dass jeder seine Ideen einbringt und die besten Ideen zu einem tollen Ergebnis zusammenfinden. Gerade zu Beginn der Beziehung ist dieser Spielraum wichtig, zum Beispiel bei der Gestaltung eines Dates.

Eine meiner Seminarteilnehmerinnen, eine außergewöhnlich gut aussehende junge Zahnärztin, hatte da etwas zu viel des Guten getan. Sie berichtete von einem Date mit einem Mann, an dem ihr viel lag. Sie hatte alles perfekt geplant: Sie kaufte im besten Delikatessengeschäft Münchens ein, packte einen Picknickkorb voller Spezialitäten, holte den Mann ab und fuhr mit ihm an den Starnberger See, an einen Platz, den sie wunderbar romantisch fand (und natürlich vorher inspiziert hatte). Picknickdecke, schönes Geschirr, das leckere Essen, Champagner – und doch lief das Date nicht so wie gewünscht. Es war irgendwie verkrampft.

Sie erkannte, dass sie den Mann völlig überrumpelt hatte. Er konnte überhaupt keinen Beitrag leisten. Bestimmt gibt es Männer, denen das gefällt. Für diesen Mann aber war es pure »Zwangsbeglückung«. Bevor Sie besondere Aktionen starten, sollten Sie also seine Vorlieben erforschen und ihn mit einbeziehen. Und außerdem: Bitte keine Aktionen beim ersten Date, er sollte doch um *Sie* werben!

Lassen Sie ihn also ein Teil des Teams sein. Begeistern Sie ihn für die Idee, schwärmen Sie davon, wie schön es wäre, mit ihm in der Natur zu picknicken. Er findet das auch? Dann machen Sie ein paar Vorschläge. Sie können ja einen selbst gebackenen Kuchen beisteuern. Er bringt etwas Herzhaftes zum Essen mit und könnte Sie auch zum Picknick abholen. Dann hat er das Gefühl, dass er etwas für Sie tut, und wird glauben, es war seine Idee mit dem Picknick. Und Sie steigen im Wert.

Es ist ein Trugschluss von Frauen, zu glauben, sie müssten viel tun, um den Mann zu bekommen. Frauen meinen sogar manchmal, sie müssten zickig sein, um bei Männern gut anzukommen. Mir ist noch nie ein Mann begegnet, der bestätigt hat, auf zickige Frauen zu stehen – im Gegenteil. Also: Seien Sie kooperativ, aber überlassen Sie dem Mann das Ruder. Er stellt den Rahmen zur Verfügung (Picknick, Restaurant, Wochenendtrip), und Sie füllen den Rahmen mit Ihrer Anwesenheit voller Leichtigkeit, mit Ihrer guten Laune und Wertschätzung für ihn.

Warum Männer das Team so lieben

Für Männer sitzt der Kampfinstinkt tief. Wittern sie einen Gegner, wird dieser bekämpft. Wie in einem Sportspiel wirft der Mann sich dann mit dem ganzen Körper in den Weg und tut alles, was nötig ist, um den Gegner am Weiterkommen zu hindern und ihm den Ball abzunehmen. Wer nicht das gleiche Trikot trägt wie er, gehört nicht zu seiner Mannschaft.

Mit Ihrem Verhalten, mit und ohne Worte können Sie ihm immer wieder signalisieren: Ich bin in deinem Team, ich bin auf deiner Seite und nicht gegen dich. Für ihn gilt: Wenn du in meinem Team bist, hole ich dir, was du willst. Sag mir, was du möchtest, und ich setze alles daran, es zu beschaffen.

Für jemanden aus der gegnerischen Mannschaft hat er eine andere Botschaft: Ich verhindere und vereitle deine Aktionen und werfe mich mit meiner ganzen Person und meinem Leben dazwischen.

Sobald Sie zeigen, dass Sie Wettkampf wollen, geht er auf Distanz. Er zieht seine Rüstung an, zieht sein Schwert und kämpft gegen Sie. Häufig lösen Frauen durch unbedachte Äußerungen oder Verhaltensweisen den Kampfinstinkt der Männer aus, sei es im Beruf oder im Privatleben. Das kann dann ganz schön anstrengend werden! Für beide.

Ein besonderes Rollenspiel um die Gegnerschaft der Geschlechter habe ich auf einem Arroganztraining für Frauen erlebt. Es ging darum, dass viele Frauen im Business (und auch im

Privatleben) das Gefühl haben, von Männern untergebuttert zu werden. Als Lösung wurde den Frauen vom Trainer empfohlen, die »Arroganzschraube« anzuziehen und den Männern, für die Machtkämpfe Alltag sind, Paroli zu bieten. Die Frauen waren begeistert von der Idee, die Männer mit ihren eigenen Waffen zu schlagen. Sie übten also, hart und arrogant aufzutreten und dem Mann ihre Überlegenheit zu zeigen.

Eine Teilnehmerin berichtete von einer für sie sehr unerfreulichen Situation: Sie hatte vor einem Männergremium einen höchst kompetenten und ausführlichen Vortrag gehalten. Als sie endete, beugte sich einer der Männer zu ihr vor und fragte sie lächelnd: »Wissen Sie, wie das Wetter morgen wird?« Für die Referentin war das eine Frechheit und Missachtung ihrer Kompetenz. Sie war so außer sich, dass ihr keine Antwort einfiel.

Im Kurs trainierte sie, mit viel Arroganz zu reagieren. Sie ging langsam auf den Mann zu, schaute ihn abschätzend und herablassend an und antwortete auf die Frage nach dem Wetter: »Für Sie garantiert schlecht!« Die Frauen im Raum freuten sich, wie diese Frau ihm Kontra gegeben hat.

Mich beschäftigte ein anderer Gedanke: Sofern dies als ein Sieg zu werten ist – bekommt sie wirklich von diesem Gremium das, was sie will? Oder hat sie nur langfristig einen Feind mehr, der sie bekämpft? Bei der Frage, wer der bessere Mann ist, kann die Frau nur verlieren. Klüger finde ich die Frage: Wie holt sie ihn in ihr Boot und lässt ihn für sich rudern?

Frauen, die immer nur beweisen wollen, wie toll sie sind, schaffen sich permanent neue Konkurrenz. Der Mann ist motiviert, sich zu messen. Das macht ihm grundsätzlich nichts aus. Aber es macht ihm längst nicht immer Spaß. Weil er lieber *für* als gegen jemanden kämpft.

Viele Frauen haben gelernt, gemein zu Männern zu sein. Nun ist es Zeit, dies wieder zu verlernen. Lernen Sie, Männer wirklich zu mögen.

Frauen wollen vor allem verstanden werden. Ein Mann hingegen will akzeptiert werden. So, wie er ist. Mit seinen charakteristischen Eigenschaften, seinem Temperament, seinen Fähigkeiten und seinen Schwächen. Zeigen Sie ihm immer wieder, dass Sie ihn mögen. Sagen Sie es ihm. Denn wenn er das Gefühl hat, dass es nicht so ist, wenn Sie gar an einem Mann herumnörgeln und herumkritteln, empfindet er Sie als Gegnerin. Er hört auf, für Sie zu kämpfen, und wird sich früher oder später ganz gegen Sie wenden.

Dabei ist es doch so einfach, ihm Zeichen zu geben, dass Sie in seinem Team spielen: Seien Sie liebreizend wie eine Geisha. Wenn er einen Witz erzählt, den Sie nicht so lustig finden, lächeln Sie wenigstens milde. Lassen Sie ihn nie vor anderen schlecht dastehen. Im Gegenteil, äußern Sie in der Anwesenheit von anderen, wie witzig, großzügig oder liebevoll er ist. Sie erzeugen dadurch ein energetisches Feld von seiner Größe, in das er hineinwachsen kann. Was meinen Sie, was passiert, wenn Sie vor seinen Freunden seine Großzügigkeit loben? Wenn Sie erzählen, mit wie vielen kleinen Dingen er Ihnen eine große Freude macht? Natürlich wird er dann bemüht sein, diesem Bild auch zu entsprechen.

Bleiben Sie gelassen bei den kleinen Missgeschicken des Alltags. Er findet die Butter im Kühlschrank nicht, obwohl sie vor seinen Augen steht? Verkneifen Sie sich einen bissigen Kommentar wie »Das sieht man doch!« Zeigen Sie ihm einfach, wo die Butter steht. Er hat sich auf dem Weg zu einer Veranstaltung verfahren? Unterdrücken Sie jeden Ton von Kritik und Besserwisserei. »Erinnern« Sie ihn daran, dass er ursprünglich eine andere Strecke nehmen wollte. Dann kommt er schon auf die richtige Spur und kann sich als Ihr Held fühlen. Das wird er Ihnen danken.

Schadenfreude passt nicht zum Teamwork. Ein Team zu sein, hat immer etwas von einer Verschwörung, auch in kleinen Dingen: Wir gegen den Rest der Welt, wir beide packen das gemeinsam. Du hilfst mir und ich helfe dir. Jeder gibt dem anderen Freiraum, seine Möglichkeiten auszuspielen. Nicht die Häme über Schwächen bestimmt das Team, sondern die Freude über Stärken. Da gibt's keine Eifersucht.

Große Spielverderber: Die hohen Erwartungen

Ein Team zu bilden, ist die eine Sache. Es zu erhalten, die andere. Und es immer weiter zu verbessern, ist das Ziel. Teamarbeit muss man im Alltag üben. Größte Spielverderber sind dabei die Erwartungen. Zu hohe, zu viele, vor allem zu viele falsche und unnötige Erwartungen töten die Beziehung.

Je länger Sie mit ihm zusammen sind, desto mehr Ansprüche und Erwartungen sammeln sich an. Er sollte von diesem mehr tun und von jenem weniger. Er sollte seine Sporttasche nicht im Eingang abstellen, man fällt ja sonst drüber. Er sollte nicht so oft oder eben öfter zum Sport gehen. Er sollte mehr Interesse für Kultur/Esoterik/Gartenarbeit/fremde Länder haben. Was auch immer – Sie werden etwas finden, was er sollte oder nicht sollte.

Da wir Frauen sehr vielschichtig sind und kleinste Details bemerken, sehen wir auch viele Dinge, die aus unserer Sicht nicht funktionieren, und die Schwachstellen des Partners ärgern uns spätestens nach den ersten drei Verliebtheitsmonaten. Meist beginnt es aber schon eher, gleich nach dem Kennenlernen: Er sollte nach dem Treffen sofort eine SMS schicken, er sollte öfter anrufen, er sollte Sie seinen Freunden vorstellen. Es beginnt mit ein paar wenigen Erwartungen, und mit der Zeit werden es immer mehr.

Frauen versuchen oft, seine Wertschätzung – oder Liebe – an seinem Verhalten zu messen. Sie beäugen ihn in jeder Minute. Aber genau das macht sie verkrampft, nicht mehr offen. Besser ist es, die Dinge einfach mal so zu nehmen, wie sie sind.

Ruft er nicht so oft an, wie Sie es gern hätten? Dann machen Sie keine Affäre draus. Vergnügen Sie sich mit einem Hobby, treffen Sie andere Leute, sogar andere Männer – das dürfen Sie nämlich. Nicht, um sich zu rächen oder um es »ihm zu zeigen«. Nein, einfach um mit der Situation umzugehen, die er Ihnen gibt. Wie viele Frauen gingen früher nicht mehr aus dem Haus, weil sie seinen Anruf nicht verpassen wollten (zum Glück gibt es heute Handys)! Wie viele setzen nur auf dieses eine Pferd, sprich diesen Mann, und glauben, dass die Welt untergeht, wenn er nicht alles genauso möchte wie sie! Das geht sie dann auch, weil diese Frauen nichts anderes mehr haben. Ist das etwa erstrebenswert?

Also: Lassen Sie ihn erst mal so, nehmen Sie das, was er freiwillig gibt. Aber ziehen Sie Ihre Konsequenzen. Er ruft nicht an, also nehmen Sie sich etwas vor am Wochenende. Sollte er dann kurzfristig doch Zeit haben – dumm gelaufen. Sie sagen Ihre Verabredung nicht ab! Sie ist Ihnen wertvoll. Aber Sie machen ihm auch keinen Vorwurf. Sie sagen ihm, dass Sie ihn furchtbar gerne getroffen hätten, und bei nächster Gelegenheit solle man sich doch rechtzeitig verabreden. Er sollte wissen: Sie haben Spaß – wenn nicht mit, dann ohne ihn. Das gehört zu den Spielregeln. Es kann ja auch mal umgekehrt sein.

Meine Freundin Simone hat das sehr gut im Griff. Ihr Freund wohnt weit entfernt. Er geht in seinem Beruf auf und hat viel zu tun. Da passiert's schon mal, dass er eine Verabredung kurzfristig absagt. Viele Frauen würden dann jammern oder ihm vorwerfen, dass ihm sein Beruf wohl wichtiger ist als die Beziehung. Aber Simone sagt: »Ach Schatz, ich verstehe, dass du dich um deinen Job kümmern musst. Wenn wir uns dann sehen, machen wir es uns doppelt so schön.« Und er liebt sie für dieses Verständnis. Simone versteht es wirklich, denn sie ist selbst berufstätig. Und sie ist keine, die dann vor lauter Langeweile oder Frust zu Hause bleibt.

Geben Sie ihm zu verstehen: Er ist okay, wie er ist. Auch wenn er eine andere Einstellung hat als Sie, andere Wünsche an Nähe oder Verbindlichkeit, andere Vorstellungen vom Tempo oder von Romantik. Es ist doch spannend zu entdecken, was ihm wichtig ist, was er macht und wie er es macht. Wenn Sie aber im Wunschdenken, in Erwartungen verhaftet sind, sehen Sie gar nicht, was wirklich Sache ist. Vielleicht üben Sie dann Druck auf ihn aus. Und er verhält sich einigermaßen angepasst, weil Sie es so wollen, nicht weil er dahintersteht. Das hält nicht lange und Sie sind nachher enttäuscht. Je freiwilliger Sie ihn kommen – oder auch gehen – lassen, desto eher fühlt er sich mit Ihnen wohl.

Natürlich höre ich nun schon die Einwände vieler Frauen: Ich kann doch nicht alles hinnehmen! Alles natürlich nicht. Aber vieles. Sie wollen doch, dass er freiwillig kommt, und nicht weil Sie es erwarten und sonst enttäuscht sind. Je mehr Sie wirklich akzeptieren, was er macht, desto eher wird er Ihre Nähe suchen. Und wenn es Ihnen dann doch zu wenig ist, was er Ihnen gibt, überlegen Sie, ob es die richtige Beziehung ist. Oder ob Sie nicht besser in Freundschaft auseinandergehen, weil Sie beide unterschiedliche Gefühle oder Vorstellungen haben. Selbst wenn sich herausstellt, dass Sie ihm nicht so wichtig sind, wie Sie es sich wünschen, ist das kein Grund, ihn dafür zu kritisieren. Es ist eben so. Ehrlichkeit gehört zum Fairplay.

Sortieren Sie die Ansprüche

Erst wenn du so und so bist, dann kann ich dich lieben. Wenn du das und das machst, bestrafe ich dich zum Beispiel mit Nörgelei, Ratschlägen, Liebesentzug ...

Ich kann doch erwarten, dass er die Barthaare aus dem Waschbecken entfernt. Ich kann doch erwarten, dass er pünktlich kommt, dass er anruft, einkauft, den Wagen in die Werkstatt bringt.

Ein Berg an Erwartungen steht zwischen uns. Um diesen Wust auf ein Normalmaß zu reduzieren, empfehle ich zwei Übungen:

1. Ihr Partner hört zu, während Sie ihm alles erzählen, was Sie von ihm erwarten. Beginnen Sie jeden Satz mit:»Ich erwarte, dass ...« oder »Ich erwarte, dass du ...« Sagen Sie ihm alles, was Ihnen in den Sinn kommt, was Sie von ihm erwarten, möglichst konkret.
   Nach zehn Minuten tauschen Sie die Rollen. Nun hören Sie zu, was Ihr Partner Ihnen alles erzählt, von Ihnen erwartet. Kommentieren Sie nichts, halten Sie dann einen Moment inne.
   Sie werden feststellen, dass wir unsere Partner unter einem Berg von rechtschaffenen Erwartungen begraben und damit die Beziehung ersticken. Erwartungen sind ein Fantasiebild dessen, was unser Partner für uns sein sollte. Wenn Sie eine Erwartung an Ihren Partner haben, haben Sie nicht Ihren Partner, sondern nur eine leere Fantasie Ihrer Erwartung.
2. Sie entscheiden, eine Erwartung, die Sie bisher an ihn hatten, aufzugeben. Er hört zu, wie Sie diese Erwartung definitiv zurückziehen:»Ich ziehe meine Erwartung an dich zurück, dass du immer pünktlich zum Abendessen erscheinst.« (Oder: »dass du dich am Wäschefalten beteiligst, dass du aufhörst zu rauchen ...«). Wichtig dabei: Sie ziehen diese Erwartung für immer zurück!
   Achten Sie darauf, wie sich eine Erleichterung im Raum breitmacht, wenn Sie eine Erwartung zurückziehen – sowohl bei ihm wie auch bei Ihnen. Der Krieg um diesen Anspruch hat ein Ende.
   Dann tauschen Sie die Rollen: Auch er zieht eine Erwartung an Sie zurück.
   Am besten machen Sie die Übung laut und gemeinsam. Falls Ihre Beziehung aber noch in den Anfängen steckt, können Sie

sie für sich selbst leise tun, am besten schriftlich. Machen Sie sich klar, was Sie vom neuen Mann alles erwarten. Machen Sie sich klar, dass er diese Erwartungen spüren kann, auch wenn Sie sie ihm gegenüber (noch) nicht geäußert haben. Sie können so viele Erwartungen zurückziehen, wie Sie wollen. Erfahrungsgemäß ist es aber besser, Sie konzentrieren sich auf eine, die Sie dann wirklich loslassen. Bemerken Sie, welche Erwartungen Sie leicht loslassen können und welche Sie noch nicht bereit sind loszulassen. Niemand kann Sie dazu zwingen, eine Erwartung aufzubauen oder aufzuheben. Kein anderer ist dafür verantwortlich, wenn Ihre Beziehung unter Erwartungen leidet, die Sie erzeugt haben. Die dauerhafte Rücknahme von Erwartungen kann neue Erfahrungen und innigere Nähe ermöglichen.

Mein Mann hat zum Beispiel die Angewohnheit, benutztes Geschirr einfach in der Küche abzustellen und die Spülmaschine zu ignorieren. Wenn ich die Küche aufgeräumt habe und alles glänzt, ärgert mich das besonders. Aber auch sonst bedeutete es für mich nicht einfach, dass da schmutziges Geschirr steht, sondern auch eine Missachtung meiner Wünsche. Kein Argument hat geholfen, er blieb bei seiner Gewohnheit. Ich habe mich dazu entschlossen, meine Erwartung aufzugeben. Für immer (das ist wichtig!). So habe ich nun einen Frieden damit, wenn ich seine Sachen in die Maschine räume. Ich ärgere mich nicht mehr darüber und lasse es nicht zu, dass dies unser gemeinsames Leben vermiest. Und denke daran, wie viele nicht aufgerollte Zahnpastatuben einen Grund für lebenslangen Ärger bieten. (P.S.: Im Gegenzug hat mein Mann auch einige Erwartungen an mich zurückgezogen.)

Geben und Nachgeben – ein Tanz!

Es hat eine befreiende Wirkung, sich von einem Streit um nichts zu befreien. In vielen Streitfällen geht es ja gar nicht um die Sache, sondern darum, wer mehr Macht hat und sich mehr Recht erkämpft. All diese Fälle auf der Kampfesebene lösen zu wollen, ist unendlich anstrengend. Und erfolglos. Deshalb empfehle ich: Experimentieren Sie mit Nachgeben! Nachgeben ist ein wesentlicher Bestandteil der Teamarbeit.

»Power heißt, das zu bekommen, was man möchte, indem man den anderen gibt, was sie wollen«, sagt der Supervisor Eckhart Tolle. Mit Nachgeben kreieren Sie eine Win-win-Situation: Jeder bekommt, was er braucht. Ohne den anderen zu manipulieren oder zu puschen.

Nachgeben erfordert Timing. Wenn man zu früh und zu leicht nachgibt, wird das Erreichte für den anderen wertlos. Im richtigen Moment nachgeben, ist eine große Kraft. Lassen Sie den Mann also dafür arbeiten. Machen Sie es ihm nicht zu leicht. Eine Frau, die sich sofort dem Mann hingibt, wird uninteressant. Eine Frau, die gar nicht zu haben ist, irgendwann auch. Aber eine Frau, die sich rarmacht, ihn dann wieder kommen lässt und beides gut dosiert, gewinnt das Interesse des Mannes. Eine Frau, die seinem Drängen immer wieder entgegenhält, und im richtigen Moment nachgibt, entfacht die Leidenschaft des Mannes.

Auch im nicht körperlichen Bereich ist das so. Eine Frau, die zu allem Ja und Amen sagt, ist uninteressant. Eine, die versucht, sich in allem durchzusetzen, ebenso. Aber eine, die weiß, was sie will, die ihre Wünsche äußert, und andererseits ihm auch mal entgegenkommt, gibt ihm ein gutes Gefühl. Also: Geben Sie ihm nicht immer, was er will, aber geben Sie ihm, was er braucht. Das ist nicht immer dasselbe. Wie bei einem Kind: Es will Süßigkeiten – und nachher ist ihm schlecht. Was es stark und gesund werden lässt, sind Grenzen, Klarheit, Ehrlichkeit und Anerkennung.

Geben Sie dem Mann, was ihm guttut, und mischen Sie das mit Ihren eigenen Bedürfnissen. So entsteht eine Synergie, auf einmal sind Lösungen möglich, die man sich vorher nicht hätte erträumen lassen.

Im Nachgeben liegt wahre Kraft. Über die Jahrhunderte haben Frauen daraus eine Weisheit entwickelt. Frauen, die es verstanden, im richtigen Moment ihre Wünsche zu äußern, aber auch im richtigen Moment nachzugeben, waren mächtige und wohlhabende Frauen.

In wunderbarer Weise hat die Züricher Sexualexpertin Maggie Tapert beschrieben, was sich beim Wechsel und beim Einklang der Bewegungen während eines Tanzes entwickeln kann. Auf der Tanzfläche, so Tapert, offenbare sich die Essenz des menschlichen Lebens. Gerade der Latin-Tanz Salsa sei ein »extremes« Beispiel des Ausbalancierens zwischen Yin und Yang, dem Männlichen und dem Weiblichen. Diese magische Vermischung von Gegensätzen ist gleichzeitig das, was uns ein Gefühl von Individualität verleiht und uns erlaubt, zu einer Einheit zu verschmelzen. Tanzen kannst du nicht allein. Einer der Partner übernimmt die Führung und der andere folgt ihm. Und da wird es interessant.« Beim Tanz komme Tapert in Kontakt mit sich selbst als einer köstlichen weiblichen Kraft. Es gebe keinen Verlust von Autorität und nichts, was sie aufgeben müsste: »Wenn wir in Balance sind, bedarf unser Tanz keiner Anstrengung.«

Im Alltag ist das Nachgeben meist nicht so romantisch. Aber wenn Sie teamwillig sind und an die Kraft der Balance glauben, wird Nachgeben zu einem sehr effektiven Werkzeug.

Dorothee und Stefan sind hier auf einem guten Weg, wenn auch noch nicht immer perfekt:

Sehr oft gab es früher ein Gerangel, wenn Dorothee ihren Mann bat, die Kinder vom Nachmittagsunterricht abzuholen. Stefans Standardantwort: »Wieso ich?« Damals hat Dorothee in dieser Situation aufgerechnet: »Weil ich heute schon zweimal gefahren bin! Jetzt bist du dran.« Auch Stefan rechnete dann vor:

»Ich habe dafür heute schon ...« Jedes Mal folgte eine Diskussion und am Ende gab es häufig Ärger und Streit.

Inzwischen hat Dorothee eine sanfte Variante gefunden. Sie sagt: »Ach bitte, hole du sie heute ab. Das würde mich super unterstützen. Ich habe dann mehr Zeit, mich um das Abendessen zu kümmern.« Früher hätte sie gedacht: Das ist doch unfair. Wieso muss ich ihn bitten? Er ist doch einfach dran! Heute fragt sie sich: Was will ich erreichen? Und wie schaffe ich es? Ab und zu ziert sich Stefan noch etwas. Aber wenn er mit den Kids nach Hause kommt, freut er sich, dass Dorothee seinen Einsatz anerkennt: »Danke, du hast mir wirklich sehr geholfen.«

Ein anderes Mal lief es anders. Sie kam mit den Einkäufen heim, schleppte tütenweise alles vom Auto ins Haus. Es regnete. Stefan stand in der Küche, er hatte gekocht. Als Dorothee mit einer neuen Ladung auf dem Weg war, dachte sie: »Eigentlich Männerarbeit. Na ja, er kann die Getränke reintragen.« Sie bat ihn, Saft und Milch aus dem Auto zu holen. Aber Stefan hatte einen Einwand: »Ach, du hast doch noch Schuhe an. Ich müsste mir erst Schuhe und Mantel anziehen.« Als erste Reaktion war Dorothee sauer, machte ihm Vorwürfe. Sie merkte aber schnell, dass es nur ums Prinzip ging – sie wollte jetzt »gewinnen«. Nach einer kurzen Weile beschloss sie nachzugeben und trug die restlichen Sachen ins Haus. Und als sie wieder in die Küche kam, nahm Stefan sie in den Arm und sagte einfach: »Danke. Ich bewundere dich. Damit habe ich jetzt nicht gerechnet.«

Das heißt nicht, dass man immer nachgeben soll und sich selbst vernachlässigen. Manchmal ist es auch sinnvoll, eine Grenze zu ziehen oder auf etwas zu bestehen. Aber im rechten Moment nachzugeben, ist eine Kunst. Dorothee hätte auch stur bleiben können. Wahrscheinlich wäre Stefan zum Auto gegangen. Mit leichter Verärgerung und dem wachsenden Gefühl: Immer will sie sich durchsetzen. So hatte sie etwas mehr Mühe. Aber auch seine Anerkennung. Stefan war dankbar, dass sie nachgegeben hat.

Viele Frauen nehmen Männern viel ab, bitten sie um nichts, zeigen ihnen, wie pflegeleicht sie sind – mit dem Ergebnis, nachher auch nicht viel wert zu sein.

Dorothee ist sicher, dass durch ihr Nachgeben seine Bereitschaft gewachsen ist, beim nächsten Mal auch ihr bei etwas ein wenig entgegenzukommen.

Also mäßiger Druck und dann dosiertes Nachgeben. Ganz so wie beim Tanzen.

So werden Sie sein bester Coach

Wie Sie ihn davon überzeugen, dass Sie in seinem Team spielen, haben Sie im vorigen Kapitel erfahren. Jetzt bekommen Sie eine neue Aufgabe in Ihrem Duo: Sie übernehmen das Coaching.

Niemand hat Männer gelehrt, wie sie mit einer Frau umzugehen haben – zeigen Sie es ihm, indem Sie ihn coachen. Coaching bedeutet hier: ein herausforderndes und spannendes Spiel initiieren. Er möchte Ihre Aufmerksamkeit – zeigen Sie ihm, wie und durch was er sie bekommt. Männer lieben ihre Frauen, aber sie verehren ihren Coach. Männer haben riesigen Respekt vor einem Coach, der tough, kompetent und konsequent das Spiel lenkt. Ein Coach pusht den Spieler zur bestmöglichen Leistung. Das weiß der Spieler, und deshalb erkennt er die Regeln selbstverständlich an. Packen Sie den Mann bei seinem Spieltrieb. Männer können diesem Spieltrieb nicht widerstehen.

Stellen Sie sich vor, er kommt von seinem»Kampfschauplatz Büro« nach Hause und befindet sich noch im Kampfmodus. Völlig überraschend kicken Sie ihm einen Ball zu. Was wird passieren? Mit ziemlicher Sicherheit wird er»den Ball aufgreifen« und zurückkicken. Einem Ball hinterherkicken kann Männer jahrelang beschäftigt halten ... (Wenn Sie keinen Ball haben: Auch mit sexy Kleidung ist es möglich, seine Neugier zu wecken ...)

Als Coach definieren Sie die Regeln so, dass der Mann darin das Erfolgsrezept erkennt. Der Erfolg für ihn ist, mit Ihnen glücklich zu sein. Sein individueller Erfolg ist es, Sie glücklich zu machen.

Für meine Arbeit bedeutet Coaching, im anderen eine neue Sichtweise zu erwecken. Meine Kunden sollen erfüllte Beziehungen leben, privat wie beruflich, sowie die eigenen Potenziale in eine interessante und sinnvolle Aufgabe einbringen können. Träume ans Licht holen und Schritt für Schritt umsetzen.

Alle Fortschritte der Menschheit haben sich ergeben, weil es immer schon Leute gab, die sich nicht mit den Umständen abfinden wollten. Oft werde ich gefragt, welche Leute zu unseren Seminaren kommen. Es sind Menschen mit ganz unterschiedlichen

Persönlichkeiten und in verschiedenen Lebenssituationen. Aber sie haben etwas gemeinsam: Sie sind bereit, sich zu verändern und ihren Teil zum Erfolg eines Projektes – sei es im Beruf oder in der Beziehung – beizutragen. Es sind Männer und Frauen, die meist mitten im Leben stehen, ihren Berufen nachgehen und vieles schon gut gemeistert haben. Nun arbeiten sie an der Feineinstellung, sozusagen am gewissen »Sahnehäubchen« des Lebens. Es gibt aber auch Teilnehmer, die vor einem Scherbenhaufen stehen und wach geworden sind und diesen nun sehr kraftvoll angehen. Sie übernehmen Verantwortung für ihre Lebensgestaltung und gehen nicht davon aus, dass sie einfach nur jahrelang »Pech« hatten. Sie heben die Scherben einzeln auf und machen etwas Gutes daraus. Das ist unglaublich mutig: Es braucht Mut, Offenheit und Initiative sowie die Bereitschaft zur Veränderung und Selbstreflexion, um sich einer Coaching- oder Trainingssituation zu stellen. Deshalb habe ich großen Respekt vor allen, die in ein Gruppenseminar oder zum Einzelcoaching kommen.

In diesem Kapitel werde ich Prinzipien, Methoden und Übungen erklären, mit denen Sie besser verstehen, was ein Mann wirklich sagen will, und mit denen Sie so darauf reagieren können, dass die Beziehung erfüllend und produktiv wird oder bleibt. Das geht ohne Jammern, ohne Terror, ohne Selbstaufgabe. Denn Männer wollen nichts lieber, als dass Frauen glücklich sind.

Männerflüstern: Was wir von den Pferden lernen

Beim Thema Coaching beleuchte ich ausführlich jene Methode, die mein Seminar-Konzept »Männerflüsterin« stark beeinflusst hat: das »Pferdeflüstern«. Aus der Arbeit von Pferdetrainern gibt es faszinierende Erkenntnisse, von denen erstaunlich viele auf die

Kommunikation zwischen Menschen übertragen werden können.

Die Grundprinzipien stimmen absolut überein: Interesse am anderen Wesen aufbauen, seine Sprache verstehen, sein Temperament erfühlen, seine Eigenheiten akzeptieren, Vertrauen aufbauen.

Der Pferdeflüsterer nähert sich dem anderen Wesen sanft und geduldig. Und bald folgt dieses Wesen dem Flüsterer. Ohne Gezerre, ohne Knute, ohne Befehle und Befehlston. Ganz leise. Ganz freiwillig.

Mit einem Mann zu sprechen, vor allem, ihm zu zeigen, wie er mit uns kommunizieren sollte – das können wir aus der Kunst des Pferdeflüsterns lernen. Aber erst müssen wir das »wilde Tier« mal »herunterfahren« und uns mit ihm verbinden, bevor wir irgendeine Aktion starten können. Dazu müssen Sie natürlich selbst entspannt sein. Der Löwentrainer und Künstler Siegfried (von Siegfried und Roy) war selbst einmal körperlich angeschlagen und geschwächt, als er in den Löwenkäfig ging. Genau in diesem Moment passierte es: Er wurde von einem Löwen angegriffen und verletzt.

Also: Erst selbst in die Mitte und in die Kraft kommen, dann die Verbindung mit ihm stärken, bevor Sie beginnen, zu ihm zu sprechen. Oder Sie verhalten sich bei (s)einem Angriff wie bei einem Kind: Zeigen Sie ihm etwas Interessanteres. Setzen Sie Ihre Stimme und Ihre Bewegungen ein, um ihn zu beruhigen und seine Neugier zu wecken.

Männer trainieren? Warum kommen sie nicht einfach auf die Welt und sind bereits Prinzen oder Könige? Ist es nicht einfacher, uns gleich einen zu suchen, der so ist, wie wir ihn haben wollen? Das wäre ein unendliches Geduldsspiel.

Bleiben wir in der Welt der Pferde: Wenn Sie warten, bis Sie ein perfekt trainiertes Pferd bekommen, das Sie dann dahinträgt, wohin Sie wollen, werden Sie vermutlich lange warten müssen. Konsequenz: Sie müssen selbst etwas tun.

Besonders beeindruckt bin ich von der großen Bandbreite an sanften Kommunikationsmethoden, die Markus und Andrea Eschbach auf ihrem Reiterhof in Waldshut-Tiengen im Schwarzwald praktizieren. Markus, diplomierter Sozialpädagoge, Reitlehrer und Pferdetrainer, hat durch seine Erfahrungen mit therapeutischer und heilpädagogischer Arbeit ein effektives System entwickelt, um eine neue, harmonische Beziehung zwischen Pferd und Mensch zu schaffen. Vor allem die Prinzipien des Indianischen Reitens gefallen mir.

Ein Gefühl für das Pferd zu entwickeln, steht dabei im Mittelpunkt. Dem Pferd werden nur möglichst kleine Signale oder Impulse gegeben, wenn es zum Beispiel zur Richtungs- oder Tempoänderung nötig ist. Das Indianische Reiten basiert auf der Kenntnis der natürlichen Verhaltensweisen und Bedürfnisse der Pferde. Erst durch dieses Wissen wird Verständigung zwischen Mensch und Tier möglich, auch im Umgang mit »schwierigen« Pferden. Eine enge Beziehung entsteht, indem gegenseitiger Respekt und Vertrauen aufgebaut werden.

Die tiefe Verbundenheit mit dem Lebewesen Pferd, mit und von ihm zu leben, es als wichtigen Teil des eigenen Lebens und der Natur zu erkennen – das sind wichtige Merkmale der alten Reitervölker wie der Indianer und der Mongolen. Sie benutzten oft keine Hilfsmittel zum Reiten, wie Trense, Kandaren und Zügel, auch keine Peitsche. Sie waren sicher, dass sich ein Pferd nicht durch technische Hilfsmittel kontrollieren lässt, sondern nur durch geschickten und artgerechten Beziehungsaufbau. Sie konnten ihre Pferde immer perfekt lenken. Von der Beziehung zum Pferd konnte das Leben des Reiters abhängen.

»Jedes Mal, wenn Sie mit einem Lebewesen zusammen sind, kommunizieren Sie mit ihm. Ob Sie sich dessen bewusst sind oder nicht und ob Sie das wollen oder nicht: Sie geben Ihrem Gegenüber ständig Informationen über Ihren Gefühlszustand, über Ihre Lebenssituation und Ihr Wohlbefinden. Sie kommunizieren auch, ob Sie genügend Führerqualitäten besitzen oder ob Sie lieber hinter jemandem herlaufen und eine Meinung leichtfertig übernehmen«, erklärt Markus Eschbach.

Erfolgreiche Verständigung setzt eine gemeinsame Sprache voraus. Bei der Kommunikation mit Pferden geschieht das hauptsächlich über die Körpersprache. Dabei werden die einzelnen Signale des Pferdes beobachtet, interpretiert und die eigene Körpersprache im Dialog mit dem Pferd geübt. So lernt der Mensch, das Verhalten der Pferde besser zu verstehen und mit der eigenen Körpersprache deutliche Signale, positive wie negative, zu setzen. Respektvoller Umgang, das Belohnen und Führen, auch das Pferd zu sich »herholen« – all das gelingt auf die sanfte Tour.

Selbst für den Umgang mit sehr wilden Typen empfehlen Experten die einfühlsame Art. In ihrem Buch *Tochter des Mustangs* schreibt die amerikanische Pferdetrainerin Carolyn Resnick: »Pferde sollen so geritten werden, wie ein Surfer die Welle reitet. Der Surfer zwingt die Welle nicht, er will sie nicht verändern. Er lernt einfach, wie er sie reiten kann.«

Von dieser Kunst, mit dem anderen Wesen umzugehen, können wir eine Menge lernen. Und die Philosophie auf die Beziehung zu Menschen umsetzen. Das hat auch meine Kollegin Gigi Tomasek getan. Die amerikanische Beziehungstrainerin ist seit mehr als 20 Jahren im Coaching-Geschäft und arbeitet vor allem mit Führungskräften aus Industrie und Wirtschaft. Ich habe mit ihr gemeinsam Seminare gehalten, in denen wir Männern ein besseres Verständnis der weiblichen Kommunikation vermittelt haben – was voraussetzt, dass wir Frauen auch die Sprache der Männer kennen. Denn sonst erreichen wir sie nicht.

Gigi hatte sich direkt vom berühmten Pferdeflüsterer Monty Roberts inspirieren lassen. »Als ich damals den Artikel über Monty Roberts las, fiel es mir wie Schuppen von den Augen: Was, wenn nicht nur Pferde ihre eigene Sprache hätten, sondern auch Männer? Und was, wenn Frauen lernen würden, diese

Sprache zu sprechen?«, erinnert sie sich. Gigi Tomasek ist sich sicher: »Männer sind wie Rennpferde. Sie lieben Herausforderungen – und sie wollen siegen.«

Wenn Sie so ein Rennpferd haben, schauen Sie, was es braucht, damit es auf die Rennstrecke kann. Sie werden es gut pflegen und für seine Siege belohnen. Vielleicht mit einem Stückchen Zucker.

Wie gute Männer gemacht werden

Diese Gedanken sind wesentliche Schritte für Sie, zu einer erfolgreichen »Männerflüsterin« zu werden. Verschwenden Sie nicht Ihre Zeit damit, auf den schon perfekt trainierten Mann zu warten. Ich versichere Ihnen: Gute Männer werden nicht gefunden – sie werden gemacht!

Jede Ihrer Aktionen und Reaktionen, jede Geste und jedes Wort lenken den Mann in eine Richtung. Jedes Mal nähert er sich Ihnen ein Stück an oder entfernt sich ein Stück. Darüber entscheidet Ihre Art, mit ihm umzugehen.

So kann er auch das Selbstbild von sich verändern. Wenn er sich zum Beispiel selbst als schüchtern empfindet und von anderen immer wieder hört, dass er selbstsicher wirkt, wird sich seine Sichtweise wandeln.

Eine der schönsten und rührendsten Geschichten zur Kunst, das Beste in einem Menschen zu aktivieren, erzählt uns sicherlich »Der kleine Lord«:

Jedes Jahr zur Weihnachtszeit erleben wir im Film mit, wie Cedric, der kleine Lord Fauntleroy, das verhärtete Herz des von allen gefürchteten misslaunigen Großvaters erweicht. Egal, wie hart und unfreundlich sich der Großvater verhält, der kleine Junge findet eine positive Erklärung und setzt den Großvater in ein stetig positives, wertschätzendes Licht. Bis der Großvater dann genau so wird, wie der Junge ihn sieht. Viele Tränen der Rührung wurden schon und werden über diese Szenen geweint.

Der kleine Lord Cedric schafft das mit kindlicher Unbefangenheit. Als Erwachsene gelingt uns das meist nicht. Wir denken und grübeln, wie wir uns verhalten sollen. Gut, wenn wir dabei eine positive Grundrichtung verfolgen und uns konsequent am Ziel orientieren: Verstehen, Vertrauen und Respekt aufbauen, die Bindung intensivieren, eine Lösung für Probleme finden.

Eine Freundin von mir hat sich bei ihrem Chef als geschickte Männerflüsterin erwiesen. Sie arbeitete in der Praxis eines jungen Heilpraktikers. Er war ehrgeizig und stand unter starkem Druck, die monatlichen Zielvorgaben zu erreichen.

Steffi sah, dass sein Ehrgeiz und seine Sparsamkeit seinen Erfolg behinderten und den Helferinnen die Arbeit sehr schwer, fast unerträglich machten. Er signalisierte: Immer muss ich alles selbst machen, wenn es so sein soll, wie ich es haben will. Niemand sonst hier ist fähig genug. Dabei wurde morgens besprochen, was zu tun ist, und die Helferinnen bemühten sich gewissenhaft, die Praxis zu managen. Aber er änderte ständig seine Ansagen und hielt sich selbst nicht an die aufgestellten Regeln. Zwar gab er die Devise aus, dass die Stimmung in der Praxis für die Patienten fröhlich sein sollte, aber alle Mitarbeiter waren frustriert.

Steffi überlegte, was sie unternehmen konnte.

Eines Tages bat sie ihn um ein Gespräch. Er reagierte ablehnend, er habe keine Zeit für so was, er müsse schließlich noch Patientenblätter aufarbeiten. Steffi entschuldigte sich dafür, ihn Zeit zu kosten. Sie fragte, ob sie ihn ein andermal sprechen könne, und betonte, wie gern sie bei jemandem arbeitet, der so für seine Aufgabe und die Patienten da ist wie er. Sie entspannte sich, während sie das sagte: Sie stellte sich vor, er sei ihr Sohn und ihr Herz sei voller Liebe für ihn. Entsprechend positiv war ihre Ausstrahlung. Er bat sie, Platz zu nehmen, einen Moment habe er wohl doch Zeit.

Steffi ging konsequent den konstruktiven Weg. Sagte, sie brauche seinen Rat. Das hörte er gerne. Sie begann: »Wissen Sie, ich freue mich sehr, dass ich hier für eine gute Sache mitarbeiten kann. Sie sind ein toller Heilpraktiker und haben den Menschen etwas zu geben. Ich stehe voll hinter Ihren Heilmethoden und empfehle Sie weiter. Wobei ich Sie jetzt um Rat bitte: Wie soll ich mich verhalten, wenn Kunden mit mir ein Gespräch beginnen wollen und ich aber einen Stapel Arbeit auf dem Tisch zu bearbeiten habe? Sie möchten ja nicht, dass im Vorraum viel geredet wird, weil das den Patienten stört, der gerade bei Ihnen im Sprechzimmer ist. Aber es liegt Ihnen doch auch am Herzen, dass sich alle Patienten gut und freundlich betreut fühlen ...«

So kamen sie in ein langes Gespräch über die Arbeitsabläufe der Praxis, und schließlich erklärte er, dass das ganze Team in einem Boot sitze und alle gemeinsam die Herausforderungen meistern werden.

Steffi begann ihn systematisch zu coachen. Sie lobte ihn, wenn er gute Laune verbreitete und die Mitarbeiter in Entscheidungen einbezog, sie entwickelte auch viel Geschick darin, gute Ideen aus dem Team so darzustellen, als seien es seine Ideen gewesen. Die Stimmung in der Praxis verbesserte sich stetig und spürbar.

Coaching ist keine Minutensache. Coaching ist ein andauernder Prozess, in dem Situationen Stück für Stück sichtbar werden und sich die Perspektive ändert. Coaching funktioniert oft leise, ganz dezent.

Lange bevor ich Coach wurde, wurde ich Zeugin eines hervorragenden Coachings. Damals habe ich in einer Redaktion als Journalistin gearbeitet. Wir hatten einen äußerst cholerischen Chefredakteur. Wir wussten zwar, dass er ein Herz aus Gold hatte. Aber das konnte man kaum merken, weil er wie die Axt im Walde durch die Redaktion lief. Sein Radar war unsere Sekretärin, eine sehr weise und großherzige Frau. Sie hatte sein Vertrauen, auf ihre Beobachtungen legte er Wert.

Eines Tages war ich völlig neben der Spur. Ich war schwanger und hatte festgestellt, dass ich mit dem Vater des Kindes keine gemeinsame Zukunft aufbauen konnte. Alles, worauf ich mich verlassen hatte, wurde mir wie der Boden unter den Füßen weggezogen.

In der Redaktion wollte ich niemandem von meiner Enttäuschung berichten. Aber die Stimmung schlug sich in meiner Arbeit nieder, ich schrieb lauter wirre und fehlerhafte Artikel. Mein Chef machte mich nach Strich und Faden fertig. Ich riss mich erst zusammen, dann weinte ich in der Toilette.

Kurze Zeit später wurde der Chef sehr milde mit mir. Er bestärkte mich in meinen Leistungen, sagte mir, dass er meine Arbeit in der Redaktion schätzte und dass ich zu ihm kommen könne, wenn mich etwas belaste. Das öffnete die Schleusen für mich und ich vertraute ihm meinen Kummer an. Er erzählte mir, dass seine Tochter auch ein uneheliches Kind habe, welches die Freude der ganzen Familie sei. Und dass er mich auf meinem Weg unterstützen werde. Ich entspannte mich, konnte wieder freier arbeiten und fühlte mich anerkannt.

Was hatte seinen Sinneswandel bewirkt? Nach einiger Zeit wurde es mir klar. Unsere Sekretärin hatte meine verheulten Augen gesehen, wenn ich in die Redaktion kam, die Gänge auf die Toilette beobachtet und aus vielen kleinen Beobachtungen ihre Schlüsse gezogen. Sie hatte perfekt als Radar gewirkt, dem Chef die Lage dargestellt und ihm auch einige Hinweise fürs Navigieren gegeben. Weil die beiden ein gutes Vertrauensverhältnis hatten, konnte er dieses Coaching auch annehmen.

Werkzeuge, die beim Coaching helfen

Eine Beziehung ist immer so gut wie die Kommunikation der beiden Partner miteinander. Aber: Wir sind uns oft nicht bewusst, welchen Effekt wir auf andere haben. Haben Sie schon einmal bemerkt, dass es Menschen gibt, mit denen Sie im Gespräch wacher und lebendiger werden? Wir fühlen uns angeregt. Andere hingegen hinterlassen uns entmutigt und ausgelaugt, vielleicht sogar angenervt.

Was sind die Zutaten einer wahrhaft tollen und aufbauenden Konversation? Wie können wir unseren Partner durch unsere Worte emporheben, inspirieren, ja sogar zu seiner Muse werden?

Nicht nur Worte haben große Wirkung, sondern auch Gesten, Mimik und Körpersprache. Deshalb nenne ich Ihnen hier eine Handvoll Werkzeuge, mit denen Sie die verbale und nonverbale Kommunikation positiv beeinflussen.

Entspannt zuhören

Zuallererst fahren Sie runter, entspannen Sie sich und lassen die Sorgen los, ob Sie im Gespräch mit dem Mann etwas Interessantes zu sagen haben. Hört sich leicht an, ist es aber nicht immer. Besonders vor ihm wollen wir gerne gut dastehen, unseren Esprit zeigen und liebenswert sein.

Stattdessen: Lassen Sie ihn sprechen und hören Sie einfach hin. Entspannen Sie, lassen Sie alles los und folgen Sie dem Fluss der Konversation. Finden Sie das passende Timing, wann Sie eine Frage stellen, pausieren oder etwas einbringen. Machen Sie Pausen zwischen den Sätzen und seien Sie achtsam, wenn Sie merken, dass Sie beginnen, ihn mit Ihren Äußerungen zu übertrumpfen. Alles ist okay, was er sagt, alles darf sein und ausgesprochen werden.

Zeigen Sie Interesse

Zeigen Sie ihm Ihr Interesse. Bekommen Sie ein Gefühl dafür, wer er ist, was ihn bewegt oder welche Themen ihn lebendig werden lassen. Sie müssen nicht unbedingt viele Fragen stellen, um jemanden kennenzulernen. Manchmal ist es besser, still zu sein. Betrachten Sie ihn, als würden Sie ihn das erste Mal erleben. Schauen Sie genau hin, zum Beispiel: Wie hält er den Füller in der Hand? »Aha, du schreibst mit links. Interessant!« Oder: »Spannend, wie sich dein Gesicht aufhellt, wenn du von dem gelungenen Projekt sprichst. Wie hast du es geschafft, es zu so einem guten Ergebnis zu bringen?«

Jeder ist brillant, und mit Ihrer Aufmerksamkeit können Sie das Beste in ihm hervorbringen.

Seien Sie ehrlich

Stehen Sie zu dem, was ist. Erfinden Sie nichts hinzu und machen Sie sich auch nicht kleiner, als Sie sind. Oft höre ich von Frauen, dass sie sich kleiner machen und tiefer stapeln. Eine Professorin gibt sich zum Beispiel als »Lehrerin« aus oder Frauen mit einer starken Wirkung versuchen ihre eigene Ausstrahlung etwas zu »dimmen«, wenn sie einen Raum betreten. Nur um die Männer nicht zu verschrecken. Die Wahrheit aber ist, dass die anderen ein »Störgefühl« bekommen, denn sie spüren ja, dass da etwas nicht stimmt. Ich rate den Frauen, ihr Licht scheinen zu lassen, denn der Mann verliebt sich gerade in ihre Ausstrahlung und diese Power. Nur dürfen sie sein Licht nicht in ihren Schatten geraten lassen: Das schiebt ihn dann weg. Also seien Sie authentisch, echt. Kein Kleinmachen, kein Tiefstapeln, aber auch keine Eitelkeit und keine Angabe.

Anerkennung

Anerkennung bezieht sich (im Gegensatz zu einem Kompliment) auf eine Handlung, eine Aktion von ihm. Anerkennung ist, genau das zu sagen, was Ihnen an ihm auffällt, was ihn besonders macht, auf positive und wohlwollende Weise. Erfinden Sie nichts, was Sie nicht so meinen. Anerkennen Sie ehrlich, was er sagt oder tut. Zum Beispiel: »Das ist ein wertvoller Gedanke.« – »Die Art, wie du mir das erklärst, hilft mir, das wirklich zu begreifen.« Männer lieben Anerkennung – und wie! Frauen, die Anerkennung in das Gespräch mit Männern einflechten, werden mit Leichtigkeit Harmonie kreieren und die Erfüllung ihrer Wünsche realisieren.

Verzichten Sie auf das letzte Wort

Am Ende eines Gesprächs – oder eines Dates – können Sie dem Mann das letzte Wort überlassen. Sie können ausdrücken, wie schön es war, und ihm sagen, wie viel Spaß die Unterhaltung Ihnen gegeben hat. Und dann lassen Sie ihn die Konversation beenden. Das erzeugt bei ihm ein Wohlgefühl und den Wunsch nach mehr.

Das Muster von Fragen und Feedback

Inzwischen haben Sie eine ganze Sammlung von »Zutaten« für eine gute Kommunikation. Jetzt führen wir diese Zutaten zusammen und schauen, in welcher Situation welche Art von Coaching am ehesten Erfolg verspricht. Absolut unnötig sind Vorwürfe. Unbedingt nötig ist Aufmerksamkeit. Zu den Werkzeugen einer guten Kommunikation gehören Beobachten, Unterscheiden und Feedback: Wir sehen etwas. Wir sortieren es. Wir sagen es.

Das Standardmuster in Kommunikation ist dagegen leider Beschuldigen, Beschweren und Kritisieren. Wir sagen meist das, was uns stört, was wir verbessern oder verändern wollen. Und der andere reagiert mit dem gleichen Muster von Beschuldigen, Beschweren und Kritisieren auf uns. Dadurch wollen wir Aufmerksamkeit und unser Recht bekommen. Das bekommen wir auch. Allerdings nur in der negativen Form, weil sich ein Pingpong-Spiel an Vorwürfen entwickelt. Um eine positive Art der Aufmerksamkeit geht es beim erfolgreichen Coaching: Es geht um das echte Interesse an den Bedürfnissen des Partners. Wenn Sie ihm dieses Interesse entgegenbringen, können Sie auch selbst damit rechnen, dass er Ihnen positive Aufmerksamkeit schenkt.

Wenn sich in einer Beziehung etwas entwickeln soll, müssen wir den Partner immer wieder mit neuen Augen betrachten, mit Neugier und Offenheit. Die Herausforderung dabei ist es, die eigenen Meinungen beiseitezulassen. Sonst sehen wir ihn bald nicht mehr so, wie er wirklich ist, sondern bald nur noch durch die Brille unserer Sichtweisen.

Diese Aufmerksamkeit und Offenheit ist unabdingbare Voraussetzung für ein weiteres Element beim Coaching: das Feedback. Feedback ist messbare, beobachtbare Information. Echtes Feedback bringt die Augen des Gegenübers zum Leuchten. Und wenn Sie dieses Leuchten sehen, können Sie ihm wieder als Feedback melden: »Wenn du vom Sport erzählst, werden deine Augen größer!« Durch Feedback entsteht so ein offener Prozess. Wichtig ist die gute Absicht: Das Feedback soll freundlich und wohlwollend gemeint sein, der Ton positiv und unterstützend. Nur dann kommt etwas in Bewegung.

Und nur dann gelingt es Ihnen auch, eine der größten Fallen zu vermeiden: Ratschläge zu erteilen. Zum Beispiel, wenn er fragt: »Meinst du, ich soll zum Skilaufen nach St. Moritz fahren?« Die Versuchung ist groß, ihm ganz automatisch eine Meinung aufzudrücken. »St. Moritz ist zu weit weg und Ski fahren ist gefährlich.« Oder: »Du hast mehr davon, wenn du zu Hause bleibst und deine Arbeit beendest.« Oder: »Ach, muss ja nicht so ein teurer Ort sein, es gibt doch auch gute andere Skigebiete.«

Ein gutes Feedback wäre: »Wenn du über Skifahren und St. Moritz sprichst, dann leuchten deine Augen! Sieht so aus, als liegt dir wirklich viel dran.«

Der Coachingeffekt: Sie helfen ihm, seine Bedürfnisse zu klären. Beim Feedback geht es immer nur um das aktuelle Geschehen, nicht darum, was Sie nach Ihren individuellen Bedürfnissen bevorzugen. Seien Sie akkurat und aufmerksam, reagieren Sie auf das, was sichtbar ist. Rutschen Sie nicht ab in die Mutterrolle, werden Sie nicht zur Ratgeberin, sondern bleiben Sie spielerisch und lassen die Verantwortung und Entscheidung bei ihm.

Und wenn die Umstände auf Anhieb nicht so positiv sind? Dann bewirken Sie mit einer positiven Reaktion einen Lernprozess. Durch Feedback wird sich der Mann bewusst, was er tut, und kann sich verändern. Mit nichts kann man einen Mann manipulieren, sich zu verändern. Das passiert nur, wenn er es selbst will und einen Anstoß dafür bekommt.

Er hat zum Beispiel beim Kochen ein Chaos in der Küche veranstaltet? Verständlich wäre, wenn Sie in die Vorwurfshaltung gehen: »Wie sieht es denn hier aus, immer hinterlässt du mir so einen Saustall!« Oder Sie werden ironisch: »Na klasse, du hast zwar gekocht, aber ich brauche drei Tage, um alles wieder in Ordnung zu bringen ...«

Sie könnten aber auch eine andere Sichtweise einnehmen: »Wow, was für ein kreatives Chaos! Das Superessen wird den Aufwand bestimmt lohnen!« Er wird strahlen. Wenn Sie Aufmerksamkeit für das Positive bieten, bekommen auch Sie ein positives Feedback.

Das Gleiche kann man auch gut mit Kindern umsetzen: Statt genervt »Wie sieht es denn hier wieder aus!!! Müsst ihr immer so viel Unordnung machen? Ich bin es leid, immer hinter euch herzuräumen!« probieren Sie es mal aus, eine neugierige und bewundernde Haltung einzunehmen: »Hey, *das* ist aber ein herrliches Durcheinander! Wow. Bis zum Abendessen habt ihr Zeit, es so zu lassen, danach wird aufgeräumt.« Das ist viel respektvoller und Sie fordern die Gegenseite nicht zum Machtkampf heraus.

Selbst für Krisenstimmungen gibt es Feedbacks mit gutem Lerneffekt:

Er hat schlechte Laune, ist gar wütend und aggressiv? Sie wollen sich davon nicht runterziehen lassen? Ich empfehle: »Time out«. Gehen Sie in einen anderen Raum. Beenden Sie freundlich, aber bestimmt das Date. Wenn er sich beruhigt hat, sind Sie wieder bei ihm. Seien Sie mit ihm zusammen, wenn es schön und für beide ein Gewinn ist. Machen Sie sich nicht gegenseitig zum Opfer für schlechte Launen.

Zu den häufigsten Fällen im professionellen Coaching gehört die Hilfe bei Entscheidungen und bei der Lösung von Egokrisen. Auch dann ist wohlwollendes Feedback wichtig.

Vor einiger Zeit kam ein Kunde zu mir, der eingeschüchtert und resigniert war. Seine beiden Businesspartner waren drauf und dran, ihm ein Projekt abzujagen, das er entwickelt und zum Erfolg geführt hatte. Er fühlte sich den beiden unterlegen und wollte nun alles aufgeben und nach China auswandern.

Ich hörte deutlich heraus, wie sehr ihm die Situation an die Ehre ging und wie wichtig dieses Projekt für ihn war. Ich erinnerte ihn an seine Fähigkeiten, daran, dass dieses Projekt sein »Baby« war. Deshalb motivierte ich ihn, nochmals alle seine Kräfte für dieses Projekt zu mobilisieren.

Er bewirkte einen weiteren Verhandlungstermin mit den Partnern. Kurz vor diesem Termin rief er mich an und war verunsichert: »Ich weiß nicht, wie ich es anstellen soll. Keine Ahnung, was ich den beiden sagen soll. Ich fühle mich nicht stark genug!«

Mit Nachdruck sagte ich: »Matthias, hör auf zu jammern. Du kannst das. Du hast das geniale Projekt entwickelt und du wirst die richtigen Worte finden!«

Er ging in das Gespräch und hat sein Projekt für sich zurückgewonnen. Selbst wenn es nicht geklappt hätte, wäre der Versuch richtig gewesen.

Lassen auch Sie ihn nicht durch mit Weinerlichkeit, geben Sie ihm ein Coaching.

Eine Motivation durch den Appell an meine Fähigkeiten hat mich auch einmal vorangebracht. Während meines Studiums in den USA hatte ich im College einen Kunstkurs »Textiles Design« belegt und ging mit Leidenschaft daran. Es machte Spaß, mit verschiedenen Materialien etwas zu gestalten, und ich entdeckte ein gewisses Talent für diese Dinge. Allerdings lief das bei mir so nebenbei und ich gab längst nicht alles, was ich geben konnte. Meine Professorin, selbst eine Künstlerin, erkannte dies.

Wir bekamen die Aufgabe, übers Wochenende etwas herzustellen. Trotz knapper Zeit und während eines Besuchs bei meinem Onkel und meiner Tante in einer anderen Stadt hatte ich die Aufgabe geschafft. Ich war stolz und zufrieden mit meinem Ergebnis, hatte ein sehr gutes Teil hergestellt.

Umso mehr war ich überrascht, wie skeptisch die Professorin es beäugte und sagte: »Na ja, ganz nett. Aber weitaus nicht das, was du kannst. Das entspricht nicht deinen Fähigkeiten. Du hast nicht alles gegeben, du hast gerade mal so die Aufgabe erfüllt. Du kannst mehr und ich möchte, dass du die Aufgabe noch mal angehst.«

Ich stand verdattert da. Gleichzeitig beschämt und geehrt. Mein Ehrgeiz war nun angestachelt, ich wollte ihr beweisen, dass sie nicht umsonst Vertrauen in mich setzt, und machte mich ans Werk. Diesmal blieb ich das ganze Wochenende im Campus. Da ich von der Professorin den Schlüssel für die Kunsträume bekommen hatte, konnte ich auch am Wochenende dort arbeiten, Farben mischen und mich ausbreiten. Ich versank in der kreativen Arbeit und vergaß das erste Mal in meinem Leben völlig die Zeit. Irgendwann nachts verließ ich die Räume, überrascht, dass es schon so spät und draußen schon dunkel war. Das Ergebnis war gigantisch. Ich hatte etwas hergestellt, bei dem ich über mich selbst hinausgewachsen war. Gutes, toughes Coaching!

Weshalb ich Ihnen das erzähle: Auch ein kritisches Feedback kann positive Resultate bringen. Ehrlich muss es sein. Es darf nicht wirken wie: Ich will dich runtermachen. Wenn Sie mit Engagement dabei sind, können Sie den Mann in seinen Zielen bestärken, ihn zu Aktionen und zum Handeln herausfordern.

Er braucht Ihr Feedback auch in Bereichen, in denen es um den gemeinsamen Genuss geht. Coachen Sie Ihre Partnerschaft. Lassen Sie ihn wissen, was Sie wollen, wie er Ihre Lichter anmachen kann, was Ihnen Vergnügen bereitet, wie Sie berührt werden möchten und wie nicht. Tun Sie dies nicht nur mit Worten. Schnurren Sie, nutzen Sie Töne, Blicke, Körperkontakt. Wenn er Sie berührt und es ist schön, stöhnen Sie. Gefällt es Ihnen nicht, nehmen Sie seine Hand und zeigen Sie ihm, wie Sie es sich wünschen. Sagen Sie: Schneller, langsamer oder weiter so! Als Privatcoach.

Schenken Sie ihm Anerkennung

7

Viele Frauen haben den Ehrgeiz, die Männer mit Argumenten und mit Logik zu überzeugen. Und reden sich den Mund fusslig. Obwohl sie scheinbar die besseren Argumente haben und alles gut durchdacht ist, bekommen sie keinen Fuß in die Tür. Was ist hier los? Wir wissen ja, dass Männer logisch, sachlich und strukturiert sind – also müssten wir sie auf dieser Ebene doch am besten erreichen.

Aber gerade deshalb erreichen wir die Männer auf dieser Ebene meist nicht. Denn Logik betrachten sie als ihr ureigenes Terrain und setzen bei jedem Gegenargument noch eins drauf. Was sie erreicht – und erweicht – und wo sie keinen Widerstand entgegensetzen, ist die Sprache des Herzens. Aus dem Herzen kommt eines der wichtigsten Werkzeuge im Umgang mit dem Mann: die Anerkennung. Wenn Sie umschalten, wenn Sie weniger vom Kopf her und mehr aus dem Herzen sprechen, zielen Sie auf den ritterlichen Teil in ihm.

Männer wollen uns Frauen glücklich machen, befriedigen. Sie sind verloren ohne unsere Anerkennung, ohne unsere Freude und ohne unsere Bestätigung. Wenn Sie sich in seiner Gegenwart nicht gut fühlen, fühlt er sich als Versager. Er gibt sich ja Mühe, Sie zu erfreuen: Er führt Sie in das nette Lokal aus, aber Ihnen schmeckt das Essen nicht. Er lädt Sie zu seinen Freunden ein, aber die Freunde gefallen Ihnen nicht. Er zeigt Ihnen seinen Lieblingsfilm, aber Sie gähnen dabei nur. Über kurz oder lang bezieht er Ihren Missmut auf sich und hört auf, Ihnen Freude bereiten zu wollen. Er kommt zu dem Schluss: Ich kann machen, was ich will – sie ist sowieso nie zufrieden. So gewöhnen Sie dem Mann ab, dass er Sie verwöhnt. Seine Motivation tendiert gegen null. Wenn ein Mann sich von einer Frau trennt, hat er sich nicht (genug) anerkannt gefühlt. Daher ist Anerkennung eines der wichtigsten Werkzeuge der Männerflüsterin.

Dass Anerkennung die Leistung steigert, ist seit einiger Zeit ein Topthema auch im Business. So ist einer der Schwerpunkte bei Managementseminaren, den Führungskräften zu vermitteln, welche Kraftquelle die Anerkennung für die Mitarbeiter ist. Hier ist Deutschland noch Entwicklungsland. Zudem kommt in Deutschland noch ein Kulturphänomen dazu: Die Deutschen gelten als Perfektionisten und mäkeln gerne an vielen Dingen herum. Bei den Amerikanern zum Beispiel hat Anerkennung im Alltag und Beruf einen viel höheren Stellenwert. Auch die Begeisterungsfähigkeit der Menschen dort ist viel ausgeprägter.

Obwohl den meisten Vorgesetzten bekannt ist, dass sie durch das Anerkennen und Loben bestimmter Verhaltensweisen ihre Mitarbeiter bestärken können, wird dies häufig nicht umgesetzt. Gute Leistung sollte gewürdigt werden. Lob und Anerkennung zur rechten Zeit am rechten Fleck dienen auch dem Betriebsklima. Wenn der Hunger nach Anerkennung nicht gestillt wird, trocknet der Mensch innerlich aus, er resigniert, wird kraftlos und unmotiviert. Wird der Mitarbeiter jedoch gelobt und seine Leistung anerkannt, dann wird er diese Verhaltensweise möglichst weiter verbessern und ausbauen.

Werden Sie zur Führungskraft in Ihrer Partnerschaft. Anerkennung öffnet dabei jede Tür und verdrängt jeden Schmerz. Ich verspreche Ihnen: Es wird ein entspannter und entspannender Weg. Für Sie beide. Anerkennung ist das geheime Ticket in die Welt der Männer und in die Welt der Erfolgreichen.

Loben Sie sich erst mal selbst

»Der Mensch bedarf des Lobes fast wie der Nahrung«, sagte der deutsch-österreichische Philosoph Emanuel Wertheimer. Leider kommt es dabei oft zu Fehlernährungen. Weil wir uns nicht bewusst sind, wie diese »Nahrungskette« funktioniert. Und dass wir uns erst mal selbst mit Lob versorgen müssen.

Im vorigen Kapitel habe ich gezeigt, wie wichtig Aufmerksamkeit ist, um einen Mann zu coachen. Aufmerksamkeit ist die

Voraussetzung für Anerkennung. Jeder will Aufmerksamkeit, jeder braucht Anerkennung. Viele Frauen denken, sie müssten sich vor allem besser anziehen, schöner, schlanker oder witziger werden, um mehr Aufmerksamkeit zu bekommen. Manche bemühen sich sogar, zickiger zu werden, weil sie glauben, Männer finden das interessant.

Aber wenn wir etwas erzwingen wollen, entzieht es sich. Wenn wir krampfhaft versuchen, Spaß zu haben und witzig zu sein, hört der Spaß auf. Genauso ist es mit der Aufmerksamkeit: Je mehr ich haben möchte, desto weniger geben mir andere – und dann werde ich auch noch sauer. Umgekehrt: Je mehr Aufmerksamkeit eine Frau den Männern gibt, desto mehr bekommt sie. Und desto mehr strahlt sie.

Meine Freundin Simone macht das vorbildlich. Sie kann Gold in jedem Mann finden. Daher liegen ihr die Männer zu Füßen und lieben es, in ihrer Gegenwart zu sein. Wie kommt das? Ganz einfach: Sie liebt sich selbst und sie bewundert andere. Sie sieht das Positive an allem, aber zunächst mal an sich selbst. Sie hat auf ihren Spiegel geschrieben: »Ich könnte mich küssen!«

Wenn Sie's nicht so plakativ mögen – wenigstens denken sollten Sie es. Fest dran glauben, dass Sie selbst klasse sind. Dass Ihr Wesen und Ihre Leistungen absolute Anerkennung verdienen. Eine Teilnehmerin der Telekonferenz, die ich regelmäßig mit Kundinnen halte, hat folgendes nette Ritual für sich entwickelt: Sie hat eine Box, in die sie abends gute Gedanken und Anerkennung hineingibt. Sie schreibt an jedem Abend auf Kärtchen eine Anerkennung für sich selbst, etwas, das sie an diesem Tag gut gemacht hat und das sie an sich selbst besonders gut fand.

Nur wenn Sie von sich selbst überzeugt sind, können Sie auch die Anerkennung von anderen annehmen. Mir tut es oft richtig weh, mitzuerleben, wie klein sich viele Frauen machen. Sogar wenn sie Lob und Komplimente bekommen, reagieren sie noch mit Einschränkungen. Klassische Dialoge verlaufen dann so:

»Das ist ja ein toller Rock, den du heute trägst!« Häufige Antwort: »Findest du wirklich? Ist nicht mehr so ganz trendy. Noch vom letzten Sommer.«

»Neue Frisur? Steht dir gut!« Häufige Antwort: »Och, ist hinten vielleicht etwas zu kurz geschnitten.«

»Frau Meier – Kompliment! Sie haben das Projekt perfekt gemanagt!« Häufige Antwort: »Na ja, ich hätte gern mehr Zeit für die Präsentation gehabt.«

Ich finde, diese Antworten würden sich viel besser anhören:

»Danke, diesen Rock liebe ich auch wirklich!«

»Danke, ich fühle mich richtig wohl mit der neuen Frisur!«

»Danke, bei dem Projekt ist tatsächlich alles super gelaufen!«

Stellen Sie also Ihr Licht nicht unter den Scheffel, freuen Sie sich über Ihre Leistungen und zeigen Sie Ihre Freude. Das hat nichts mit Prahlerei zu tun. Wenn Sie einfach das Lob und die Komplimente annehmen oder auch mal von sich aus über einen Ihrer Erfolge berichten, leisten Sie wahre Pionierarbeit. Denn Frauen haben in dieser Beziehung noch viel Nachholbedarf. Manche, weil sie zu bescheiden sind. Manche, weil sie zu selbstkritisch sind. Und manche, weil sie fürchten, andere könnten neidisch sein. Vor allem andere Frauen.

Deshalb sollten wir Frauen erst mal damit beginnen, anderen Frauen mitzuteilen, was gut ist an unserem Leben. Normal ist es leider, darüber zu jammern, was uns nervt, was uns im Wege steht und was schiefläuft. Beim Klagen finden wir leicht Gemeinschaft. Nach einer ungeschriebenen Regel verbinden wir uns eher durch Leid und Negativität. Das lässt uns scheinbar mehr Verständnis und Verbindung spüren – und wir bemerken dies bei anderen viel leichter als bei uns selbst. Wenn sich aber mehrere Frauen zusammenfinden und mit Lob anspornen, ermutigen und inspirieren sie sich gegenseitig.

So lernen Sie, sich selbst zu schätzen

Hier einige Anregungen, die Sie leicht in Ihr Leben integrieren können.

Tun Sie jeden Tag etwas, was Ihnen Energie gibt, Vergnügen bereitet. Tun Sie etwas ganz für sich selbst. Gönnen Sie sich zum Beispiel ein sinnliches Bad, eine Wellnessanwendung oder legen Sie sich einfach für zehn Minuten in die Sonne. Kaufen Sie sich etwas Schönes, wie Blumen für die Wohnung oder ein hübsches Kleidungsstück. Leisten Sie sich ein gutes Essen.

Man kann das in einem kleinen oder in einem großen Rahmen tun oder zwischen Kleinigkeiten und besonderen Aktionen abwechseln. Ich gehe zum Beispiel öfter mit meiner Freundin in die Sauna, wir reiben uns mit Salz und Öl ein und gönnen uns anschließend einen Prosecco. Danach fühlen wir uns wieder gestärkt für den Alltag und sind gut drauf. Oder ich gönne mir eine Massage zwischendurch, mal ayurvedisch, mal Thai, mal Klangmassage oder was auch immer. Gerade in stressigen Zeiten ist das wichtig.

Dazu einige »Hausaufgaben«:

Machen Sie eine Liste mit allem, was Ihnen guttut und Energie gibt, was Sie sich immer schon mal gerne gönnen wollten oder was Sie mal gerne machen wollten.

Erfüllen Sie sich jeden Tag einen (kleinen) Wunsch und verwöhnen Sie sich selbst.

Achten Sie darauf, ob und wann Sie sich »beschweren« und sich in negative Gespräche verwickeln. Wählen Sie gezielt etwas aus, das Sie ändern können.

Erzählen Sie anderen, was Sie Schönes erlebt haben.

Loben Sie sich selbst vor anderen.

Bei allem, was Sie tun, achten Sie darauf: Gibt es Energie oder nimmt es Energie?

Diese kleinen Übungen fördern Energie, Selbstliebe und Inspiration und geben Ihnen mit der Zeit eine positive Ausstrahlung.

Dankbarkeit – die schönste Form der Anerkennung

Wenn es für Sie selbstverständlich geworden ist, sich selbst zu loben, wird es Ihnen richtig Spaß machen, auch Ihrem Mann mehr und mehr Anerkennung zu schenken. Im Alltag geht es zu oft unter, was einer für den anderen leistet. Weil die Aufmerksamkeit fehlt. Entsprechend mager fallen dann Anerkennung und Dankbarkeit aus. Umso mehr freue ich mich, wenn ich eine Szene wie diese erlebe:

Die Inhaberin der Seminarräume im Rheinland, wo ich mein Seminar abhielt, hatte unserer Gruppe davon berichtet, wie sie ihren Mann kennengelernt hat – übers Internet. In der Pause brachte sie uns Kaffee und Kuchen. In der zweiten Pause kam dann der Mann dazu, stand in der Küche und half ihr. Sie rief zu unserer Gruppe raus: »Schaut mal – so was Wunderbares kann man im Internet finden!«, und stellte ihn uns vor. Dann lobte sie ihn vor der Gruppe: »Was habe ich für ein Glück gehabt, diesen tollen Mann zu treffen. Und er hilft auch noch in der Küche mit!«

Wie Sie sehen: Es geht ganz einfach. Jedes Mal, wenn ein Mann etwas für Sie tut, ist es wichtig, dies anzuerkennen. Anerkennung ist ein Dankeschön. Sie können dies mit einer Geste, einem Lächeln, einem Kuss noch verstärken. Wenn Sie etwas anerkennen, das er für Sie getan hat, dann gibt es zwei, die sich dadurch besser fühlen: Sie und er! Wenn Sie aber die Anerkennung versäumen, schneiden Sie sich von dem guten Gefühl ab und reduzieren die Möglichkeit, dass er sein erwünschtes Verhalten wiederholt.

Gerade die Frauen, die häufig nicht bekommen, was sie sich wünschen, sind oft besonders undankbar, wenn sie mal etwas erhalten. Sie haben die Einstellung, dass ihnen dies »zusteht« und immer noch nicht (gut) genug ist. Besser wäre in jedem Fall ein elegantes »Danke sehr« und der Blick auf das, was Sie bekommen haben. Denn das, worauf Sie die Aufmerksamkeit richten, wird mehr.

Ich beobachte diesen Zusammenhang vor allem auf unseren Singleevents immer wieder. Die Frauen, die allem, was sie bekommen, mit Dankbarkeit begegnen, bleiben oft nicht lange allein. Ein nicht so attraktiver Mann bietet ihnen ein Getränk an und sie strahlen: Was für eine nette Geste! Oder ein Mann fordert sie zum Tanzen auf und sie geben ihre ganze Sinnlichkeit in den Tanz mit ihm, unabhängig, ob es der Traummann ist oder nicht. Dann beenden sie den Tanz mit einer Anerkennung: »Du kannst toll führen, es hat Spaß gemacht.« Diese Frauen kommen dann auch zu uns und bedanken sich für die Organisation, das gute Essen oder die aufmerksame Moderation. Sie kommen zu mir und sagen: »Ihre Webseite ist spitze, Ihr Seminar hat mich inspiriert!« Es sind die Frauen, die in einen Raum kommen, und die Sonne geht auf. Es sind die Glücksmariechen.

Und es gibt die Pechmariechen: Die kommen auf ein Event und sagen, dass die anwesenden Männer »unter ihrem Niveau« seien. Sie geben sich, als seien sie Prinzessinnen und daran gewöhnt, hofiert zu werden. Wie selbstverständlich nehmen sie alles Gute an und reden nur über das, was noch besser sein sollte. Wenn ein nicht so attraktiver Mann sie zum Tanzen auffordert, lassen sie ihn abblitzen, um zu zeigen, dass sie »so einen« ja nicht nötig haben – und damit sie noch frei sind, falls ein besserer kommt. Sie wundern sich, dass dann gar keiner mehr kommt, weil auch die »besseren« Männer dieses Verhalten beobachtet haben und davon abgeschreckt sind. Das sind auch die Frauen, die ohne Gruß nach Hause gehen oder sich beschweren, dass die Proseccogläser nicht bis zur Markierung gefüllt waren oder es im Raum zu laut war. Es sind die, die fast immer wieder allein nach Hause gehen, mit dem Gefühl, dass irgendwas in der Welt nicht in Ordnung ist.

»Tadeln ist immer ein dankbarerer Stoff als das Loben«, schrieb Friedrich von Schiller. Wenn wir aber unseren Blick nur auf das richten, was fehlt, was der Mann *nicht* tut und *nicht* bietet, dann sehen wir seine unzähligen, oft liebevollen Beiträge nicht mehr.

Lisa, eine Seminarteilnehmerin, beklagte sich über die mangelnde Aufmerksamkeit ihres Mannes. Sie hatte schon eine Weile lang darauf geachtet und ihre eigene Beziehung mit Beziehungen im Freundeskreis verglichen: Andere Männer bringen ihren Frauen Blumen mit, machen kleine Geschenke oder schicken mal spontan eine nette SMS. Ihrer tut es nicht. Lisa hatte nur noch eine Sichtweise: Er liebt mich nicht, er ist geizig und unromantisch. Eines Tages warf sie ihm all das vor.

Er konterte und machte die Gegenrechnung auf: Er wechselt die Glühbirnen aus, wenn eine kaputt ist. Er bringt den Glasmüll zum Container, damit sie das nicht tragen muss. Wenn er zum Joggen geht, nimmt er ihre Post mit zum Briefkasten. Wenn sie Probleme mit dem PC hat, sitzt er stundenlang und bringt das in Ordnung. Für Lisa waren das Selbstverständlichkeiten, schließlich gehe sie ja auch zum Einkaufen, leiste dies und das fürs gemeinsame Leben.

Er sagte ihr, dass er keine Lust mehr hätte. Weder auf diese Debatte noch darauf, weiterhin seine kleinen Gefälligkeiten zu machen. Es mache ja sowieso keinen Unterschied, sagte er: »Ich kann das alles gerne lassen und dir dafür eine SMS schreiben. Da komme ich besser weg!«

Die beiden haben sich über ihre unterschiedlichen Sichtweisen und die Bereiche, in denen sie Aufmerksamkeit mögen, ausgetauscht und daraus gelernt: Lisa merkte, dass er andere, eher logisch-praktische Maßstäbe anlegte, und konnte nun seine Leistungen anerkennen. Und er wusste jetzt, dass ab und zu eine emotionale Gefühlsgeste statt handfester Taten nötig war, um Lisas Herz zu erwärmen.

Zum Ausklang dieses Abschnitts erzähle ich Ihnen noch eine

im Internet kursierende Geschichte, die mir eine Seminarteilnehmerin weitergeleitet hat:

Der tolle Ehemann

Eine kluge Frau, deren Mann zu wenig Zeit für sie hatte und dessen Augen blind schienen für ihre Schönheiten, wusste sich zu helfen. An einem Abend begab sie sich zu ihrem Mann, der über seinen Büchern brütete. Sie begann: »Sind meine Haare nicht wie Gold?« Der Mann schaute nicht einmal von seinen Büchern auf und sagte: »Ja, du hast recht.« Die Frau fuhr fort: »Sind meine Zähne nicht wie die Perlen einer Kette?«»Oh ja«, war seine Antwort. »Sind meine Hände nicht zart wie der Duft des Morgens?«»Doch, doch!«»Sind meine Füße nicht zierlich wie eine Schnitzerei aus Elfenbein?«»Gewiss, gewiss!«»Ist mein Leib nicht weiß wie Marmor?«»Oh, ja! Du sagst die Wahrheit«, antwortete der Mann, der sich nicht mehr so recht auf seine Arbeit konzentrieren konnte und immer öfter zu seiner Frau hinschaute. Diese fuhr fort: »Bin ich nicht gewachsen wie eine Zeder?« »Doch in der Tat, du bist es.« Die Frau drehte sich leicht und sagte: »Gleichen nicht die Formen meines Pos denen einer chinesischen Vase?« »Oh ja.« »Ist nicht mein Busen so fest, so groß, so frisch und zart wie herrliche Pfirsiche?«»Er ist es«, sagte der Ehemann.

Da fiel seine Frau ihm um den Hals: »Danke! Was bist du für ein wunderbarer Mann! Welch wunderschöne Worte sagst du zu mir!«

Zugegeben, was diese Frau zelebriert, ist maßlos übertrieben. Dennoch ist ein Grundmuster darin, das ganz gut funktioniert: Sie spricht ihn in ein Bild hinein, das sie sich wünscht. Sie stellt heraus, was sie von ihm anerkannt haben möchte. Sie führt ihn darauf hin, ohne Vorwürfe – und macht ihn dabei sogar noch groß.

Fürs normale Leben empfehle ich nicht, vor Ihrem Mann so etwas zu veranstalten. Aber wenn Sie selbst das Gefühl haben, dass Sie zu wenig Anerkennung bekommen, sollten Sie ihn schon ab und zu ermuntern. Sagen Sie: »Schau mal, ich habe das in der kurzen Zeit gut gemeistert. Was ich da aus den Resten von gestern gekocht habe, ist doch ein super Essen!« Er wird Sie gern bestätigen. Er erfährt, worauf Sie stolz sind, und wird künftig mehr darauf achten. Und er wird auch Sie häufiger auf seine eigenen Erfolgsmomente hinweisen. Durch gegenseitige Aufmerksamkeiten wird die Atmosphäre deutlich liebevoller.

Ich gebe Ihnen einen Tipp, mit dem Sie das Grundmuster der Geschichte vom »tollen Ehemann« im Alltag umsetzen können: mit Ihrem Mann und mit den Kindern. Ich mache dasselbe häufig mit meinen Kindern.

TIPP   Am Abend sagt jeder, wofür er an diesem Tag anerkannt werden möchte. Dabei werden viele Themen genannt, die meist von den anderen gar nicht registriert werden. Ziel ist es nicht, eine Leistungsbilanz zu ziehen oder gar aufzurechnen. Nein, damit erfährt jeder, was der andere individuell als Beitrag oder Leistung empfindet, was ihn vielleicht sogar Überwindung gekostet hat und was deshalb besondere Anerkennung verdient.

Machen Sie ihn stark in seinen Stärken

Wenn ein Mann nicht anerkannt wird, zieht er sich zurück. Oder kämpft nur noch. Und zwar verbissen. Obwohl ich hier in vielen Beispielen und Szenen darstelle, auf welche Weise Sie dem Mann immer wieder Anerkennung schenken können, geht es längst nicht nur um vereinzelte Nettigkeiten. Es geht um die grundsätzliche Akzeptanz: zu akzeptieren, dass er so ist, wie er ist. Mit all seinen Schwächen und Stärken. Diese Akzeptanz öffnet sein Herz.

Dass Frauen oft die Mängel und Schwächen eines Mannes ansprechen, ist einer der häufigen Fehler. Und wenn sie einen

Mann loben, liegen sie mit ihrem Lob auch nicht immer richtig. Männer sind oft überrascht, welche Art männlicher Stärken von Frauen beachtet werden.

Alex, ein Kunde, erzählte mir folgende Geschichte:

»Im Rahmen eines Firmenfests haben wir einen Wettbewerb veranstaltet, bei dem die Mitarbeiter aus verschiedenen Bereichen gegeneinander angetreten sind. Es gab mehrere Herausforderungen zu bewältigen. Unter anderem musste ich in einem Bike-Loop antreten. Dort fährt man Loopings mit einem Fahrrad. Es hat gut geklappt. Am nächsten Arbeitstag sprachen mich mehrere Frauen darauf an: Sie fanden das total bewundernswert und mutig und, und, und. Ich fand diese Bewunderung übertrieben, habe mir aber nicht wirklich Gedanken darüber gemacht. Am Wochenende drauf waren wir privat mit befreundeten Familien und den Kindern in einem Freizeitpark. Mein zwölfjähriger Sohn wollte unbedingt mit seinem größeren Bruder in den Tower. Dort wird man auf etwa 40 Meter hochgeschraubt und schießt dann mit Schwung nach unten. Zwei der Mädchen, beide zehn Jahre alt, waren Feuer und Flamme beim Zuschauen. Als die Jungs wieder ausgestiegen waren, wichen die Mädchen unserem Jüngsten nicht mehr von der Seite und feierten ihn für seinen Mut. Er selbst fand diese Aktion nicht sonderlich herausragend.

Durch diese beiden Erlebnisse ist mir klar geworden, dass doch viele Frauen einfach gleich sind, egal ob groß oder klein. Frauen wollen offensichtlich den Mann für sein Tun oder seine heroischen Leistungen bewundern. Erst dann sind Männer in ihren Augen etwas sehr Besonderes. Bisher habe ich das nie so gesehen. Ein Fehler? Muss ich mir jetzt ein Hobby suchen wie Fallschirmspringen oder Steilwandklettern, um bewundert und anerkannt zu werden? Das will ich gar nicht. Solche Profilierungen brauche ich eigentlich nicht. Es wäre schön, wenn Frauen in diesem Punkt doch mal umdenken würden.«

Auf den ersten Blick erscheint Ihnen das vielleicht undankbar: Da bekommt ein Mann große Anerkennung – und dieser hat doch etwas zu meckern. Aber auf den zweiten Blick wird klar: Hier konzentriert sich die Anerkennung auf einen einzigen Aspekt: seinen Mut, sein Heldentum. Darauf sind die meisten Männer zwar stolz, und ich appelliere ja auch eindringlich an Sie, diese Eigenschaften wertzuschätzen. Aber heutzutage will ein Mann nicht ausschließlich als tapferer Kraftprotz wahrgenommen werden. Er will Ihr Held sein, er will sich als Ihr Ritter beweisen. Und darunter versteht er nicht, dass er Ihnen einen Looping vorführt. Sondern dass er gezielt etwas für Sie tut: die Glühbirne einschrauben, den Computer reparieren, den Glasmüll zum Container bringen – das alles gehört dazu. Er erwartet jedoch nicht, dass Sie bei jeder dieser Tätigkeiten in Begeisterung ausbrechen. Er möchte, dass Sie die ganze Bandbreite sehen. Dass Sie die Bandbreite seiner »Soft Skills« erkennen – und anerkennen: seine emotionalen Fähigkeiten, seine Hilfsbereitschaft, seine praktischen Fähigkeiten, sein Einfühlungsvermögen, seine Zuwendung. Dann fühlt er sich wirklich akzeptiert.

Diese Akzeptanz lebt natürlich von Ihrer Aufmerksamkeit. Ein kleines Danke hier, ein Lob da zeigen ihm, dass Sie seine guten Taten registrieren. Und da schließt sich nun der Kreis: Aus der Anerkennung seiner vielen kleinen Beiträge, seiner einzelnen Stärken setzt sich seine Anerkennung als »Gesamtkunstwerk« zusammen.

Achten Sie also aufs Detail. Sie mögen ihn doch, lieben ihn sogar. Nun müssen Sie ihm nur noch sagen, was Ihnen an ihm so gefällt. Wenn Sie ihm nur ab und zu auf die Schulter klopfen und ihm versichern, dass er ein toller Kerl ist, findet er das bestimmt ganz angenehm. Aber irgendwann verpufft die Wirkung. Er hätte es doch gern etwas genauer.

Meine Kinder haben mich vieles gelehrt. Ich habe nie mit Lob gespart, denn das finde ich sehr wichtig. Aber ich merkte, dass es nicht reicht, einfach nur zu sagen: »Das machst du aber gut!« So ein Lob ist zu undifferenziert. Erst als ich anfing, Details lobend zu erwähnen, fühlten sich die Kinder wirklich ernst genommen. Zum Beispiel bei den Hausaufgaben: »In diesem Aufsatz hast du deine Rechtschreibung deutlich verbessert, die Buchstaben sind viel klarer und deutlicher erkennbar. Es ist klasse, dass du für die Linien im Geometrie-Heft verschiedene Farben einsetzt.« Ich lobe nicht mehr nur, dass das Kind fleißig war. Ich sage, wie geschickt es sein Spielzeug neu geordnet hat.

Wir profitieren alle davon. Die Kinder wissen, dass sich ihre Anstrengung in einzelnen Bereichen lohnt. Ich schärfe meinen Blick für die Stärken meiner Kinder und auch dafür, wo sie noch mehr Hilfestellung brauchen.

So wird es Ihnen mit Ihrem Mann auch gehen: Sie werden wieder aufmerksamer für seine Vorzüge. Wenn Sie etwas anerkennen, sprechen Sie einfach aus, was Sie an ihm schätzen. Achten Sie gezielt auf Situationen, in denen ein Lob angesagt ist. Erkennen Sie auch Kleinigkeiten an, die Sie vielleicht bisher für selbstverständlich gehalten haben. Gerade die vielen »normalen« Beiträge, Gesten und Eigenschaften verdienen Anerkennung.

Anerkennung ist ein Werkzeug, das Sie präzise und gezielt einsetzen können: Sagen Sie ihm, was genau Sie so gefreut, was Ihnen imponiert hat. Je zeitnaher dies passiert, desto größer die Wirkung. Sagen Sie etwas, das Sie beobachtet haben, auf positive Weise. Beschreiben Sie Details, damit er nachvollziehen kann, worüber Sie sprechen.

Im Wort Anerkennung steckt »erkennen«. Mit Anerkennung helfen Sie dem anderen, sich selbst zu erkennen, und zeigen gleichzeitig, dass Sie ihn erkannt haben – mit etwas, auf das er selbst Wert legt. Sie können noch ein Sahnehäubchen aufsetzen, indem Sie hinzufügen, inwiefern sein Handeln ein Beitrag für Sie war.

Und vor allem: Beobachten Sie, was bei ihm passiert, wenn Sie die Anerkennung aussprechen – und auch, wie es Ihnen damit geht.

Dazu einige Beispiele:

Nicht nur: »Der Abend mit dir war schön.«

Sondern: »Als du heute Abend beim Essen meine Hand gestreichelt hast, habe ich mich sehr wohlgefühlt.« Oder: »Mir ist aufgefallen, wie klar und respektvoll du mit dem Kellner sprichst. Du bist so souverän. Ich bin richtig stolz auf dich und fühle mich einfach gut mit dir.«

Nicht nur: »Der Vortrag von dir war wirklich gut.«

Sondern: »Du hast beim Vortrag höchste Kompetenz ausgestrahlt. Besonders als du das Beispiel aus deiner Praxis erzählt hast, hingen alle an deinen Lippen. Damit hast du den Kunden gewonnen. Ich habe viel von dir gelernt. Und habe mich sehr stolz auf dich gefühlt.«

Nicht nur: »Du hast ein leckeres Essen gekocht.«

Sondern: »Ich schmecke richtig heraus, wie liebevoll du gekocht hast. Alles ist frisch, das Gemüse noch knackig. Und die Gewürze – ein Gedicht! Es ist schön für mich, so von dir verwöhnt zu werden.«

Nicht nur: »Gut siehst du heute aus!«

Sondern: »Wirklich geschmackvoll, wie du deine Kleidung kombiniert hast. Das blaue Hemd bringt deine blauen Augen richtig zur Geltung. Mit einem so geschmackvoll gekleideten Mann zeige ich mich gerne!«

Nicht nur: »Du hast ja eine komische Meinung!«

Sondern: »Ach, das ist interessant. So habe ich es noch nie gesehen. Erzähl mir mehr davon.«

Sie lieben den Klang seiner Stimme? Sagen Sie's ihm. Sie haben sich gefreut, dass er an den Wein zum Abendessen gedacht hat? Sagen Sie's ihm (auch wenn Sie die restlichen Einkäufe erledigt haben ...).

Werden Sie zur Detektivin in diesen positiven Dingen. Denken Sie daran: Das, worauf Sie die Aufmerksamkeit lenken, wird größer. Davon erhalten Sie mit der Zeit mehr. Sie bringen das Beste in ihm hervor, lenken seine Kraft in positive, produktive Bahnen. Ihre Anerkennung macht ihn stark. Je mehr Sie ihn akzeptieren, desto mehr steigt seine Selbstachtung. Und seine Achtung vor Ihnen. Da er Ihr Held sein möchte, wird er mehr von dem tun wollen, was Ihnen gefällt.

TIPP   Sagen Sie etwas, was Sie beobachtet haben, auf positive Weise. Je zeitnaher dies passiert, desto größer die Wirkung.

Beschreiben Sie Details, damit er das, worüber Sie sprechen, nachvollziehen kann.

Fügen Sie vielleicht noch hinzu, inwiefern seine Handlung wertvoll für Sie war.

Machen Sie das Beste aus seinen Schwächen

Ihn zu akzeptieren heißt selbstverständlich nicht, alles hinzunehmen oder gut zu finden, was er tut oder sagt. Sie müssen seine Schwächen nicht ignorieren. Aber: Beißen Sie sich nicht an seinen Macken fest!

Frauen sehen vieles und finden schnell heraus, wo Männer ihre Schwächen haben. Sie legen gerne ihre Finger in diese Wunden, und manchmal bohren sie auch darin herum. Und mit der Zeit sehen sie in ihrem Mann einen Loser, einen Chaoten oder einen kleinen Jungen.

Sie sehen seine Schwächen und wollen ihn verändern? Das wird ein Fass ohne Boden und führt nur dazu, dass Sie beide in einen Wettstreit eintreten, wer denn wohl mehr Schwächen hat. Und er wird aufgeben, sich Mühe zu geben. Er bekommt das Gefühl: Es ist ihr sowieso nichts gut genug. Wo soll er anfangen, etwas zu ändern?

Lassen Sie ihm getrost seine einsamen Stunden vor dem Computer, seine Anfälle als Radsportler. Machen Sie keinen Stress, wenn er mal wieder später als geplant aus dem Büro kommt. Schenken Sie ihm Anerkennung: »Mensch, dass du so lange gearbeitet hast, ich bewundere deinen Einsatz.« Wenn er merkt, dass Sie Verständnis für ihn haben und ihm seinen Freiraum gewähren, wächst seine Anerkennung für Sie.

Seine Stärken, seine Kraft und seine Fähigkeiten sind ja nicht verschwunden. Er hat das alles noch, was für Sie attraktiv war, als Sie sich in ihn verliebt haben. Frauen verlieben sich in das Potenzial eines Mannes – nur herausholen müssen sie es noch.

Übersehen Sie deshalb, wenigstens für eine Zeit, die Dinge, die nicht so gut funktionieren. Oder suchen Sie nach einem positiven Aspekt. Stellen Sie einer seiner Schwächen auch eine seiner Stärken gegenüber. Nehmen Sie viele seiner Fehler nicht tragisch, sondern mit Humor. Und: Vermeiden Sie Schuldzuweisungen wie »Immer tust du ...« oder »Nie hast du ...«

Ein klassisches Beispiel:

Eine Seminarteilnehmerin klagte darüber, dass ihr Mann zu viel arbeitet und zu wenig Zeit mit ihr und der Familie verbringt. Sie hatte ihm gesagt: »Mir bedeuten unser großes Haus und die teuren Urlaube nichts. Geld ist für mich nicht wichtig. Ich möchte nur, dass du öfter zu Hause bist.« Die Frau war sicher, er würde gerührt sein, weil sie solche Sehnsucht nach ihm hatte. Aber bei ihm kam es ganz anders an. Er, der für die Familie ein tolles Umfeld aufgebaut hatte, hörte den Vorwurf, fühlte sich in seiner Leistung missachtet – und empfand das als Schlag ins Gesicht. Schließlich arbeitete er so viel, um der Familie etwas bieten zu können. Er zeigte seine Liebe auf diese Weise.

In einer solchen Situation sollte erstens kein Vorwurf kommen und zweitens keine Forderung, sondern eher ein Angebot, gemeinsam eine Lösung zu finden. Der Tenor könnte so sein: »Ich finde es toll, wie viel Einsatz du für die Familie bringst. Ich genieße es, wie gut du für uns sorgst und dass wir uns vieles leisten können. Aber ich vermisse dich so oft und brauche öfter deine Nähe. Siehst du einen Weg, dass wir mehr Zeit für uns haben? Ich wünsche mir eine Stunde am Tag, in der wir beisammensitzen und einfach miteinander reden. Was meinst du?

Sprechen Sie positiv und ohne Druck mit ihm. Zeigen Sie ihm Ihre weiche und verletzliche Seite. Dann wird er zu Ihrem Ritter – und kann selbst auch entspannen.

Versuchen Sie mal, auf alles eine Wertschätzung zu geben:

Er ist wütend: Oh, er ist so leidenschaftlich!

Ihm ist das Geschirr runtergefallen: Endlich bekomme ich ein neues!

Er spricht zu laut: Was für eine kraftvolle Stimme er hat!

Mit dieser Strategie nehmen Sie ihm auch den Wind aus den Segeln, wenn er auf Konfliktkurs ist.

Ich erinnere mich an einige kritische Situationen, in denen es mir gelungen ist, mit Anerkennung und Nachgiebigkeit die Lage zu entschärfen. Mein Mann hatte zum Beispiel die Angewohnheit, beim Autofahren immer wieder zu schimpfen: »Was ist das wieder für ein Schnarchzapfen vor uns! Sind heute denn nur Idioten unterwegs? Das macht mich ganz krank!« Ich saß auf dem Beifahrersitz und wurde wütend. Ich sagte ihm, dass mich dieses ständige Geschimpfe nervt, dass er am Verhalten der anderen sowieso nichts ändern kann. Half alles nichts. Bis ich die Strategie änderte. Ich sagte: »Hey, ich finde es toll, wie aufmerksam du Auto fährst. Du hast immer den Überblick, ganz gleich, wie chaotisch die anderen fahren!« Er entspannte sich. Und er schimpfte nicht mehr.

In einer anderen Situation dauerte es etwas länger, bis wir auf einen Nenner kamen. Ich war in der Coachingausbildung. Die dauerte vier Jahre, und jedes Jahres enthielt einen Monat Praxisausbildung in den USA. Um diese Ausbildung familienfreundlicher zu gestalten, wollte ich den Monat auf zweimal zwei Wochen aufteilen. Aber in Austin, Texas, wurde mir klar, dass es effektiver war, den Monat am Stück durchzuziehen. Da ich bereits in den USA war, teilte ich meinem Mann meine Entscheidung telefonisch mit. Er war sauer. Er schrieb mir ein Fax, in dem er mir vorkam wie ein Macho, der seiner Frau nicht zugesteht, dass sie für eine Fortbildung von zu Hause fortbleiben kann. Er erinnerte mich an meine Aufgaben als Hausfrau. Mir ging fast der Hut hoch. In meinen Augen machte es – auch finanziell – einfach Sinn, die vier Wochen in den USA zu bleiben. Das musste er doch einsehen.

Während die Fronten sich verhärteten und die Kommunikation mit meinem Mann ziemlich auf Eis gelegt war, nahmen wir in der Ausbildung das Thema Anerkennung durch. Das nutzte ich als Werkzeug: In meinem nächsten Fax nahm ich allen Angriff, alle Verteidigung raus. Ich schrieb ihm, wie toll es sei, dass er mir den Trip nach USA ermöglichte, indem er sich um die Kinder kümmerte. Ich dankte ihm, dass er mich bei meinen Berufsplänen und meiner Ausbildung unterstützte. Damit war das Eis gebrochen. Er fand es jetzt auch okay, dass ich weitere zwei Wochen blieb.

Probieren Sie es aus: Bewunderung ist unwiderstehlich. Mit gewinnendem Charme und Liebe ziehen Sie den Mann auf Ihre Seite. Es ist wirklich nicht schwer. Und Sie haben immer die Wahl, sich für den einen oder den anderen Weg zu entscheiden.

Dazu zum Schluss eine Indianer-Weisheit:

Ein alter Indianer saß mit seinem Enkel am Lagerfeuer. Nach einer Weile des Schweigens sagte der Alte: »Weißt du, wie ich mich manchmal fühle? Es ist, als ob da zwei Wölfe in meinem Herzen miteinander kämpfen würden. Einer der beiden ist rachsüchtig, aggressiv und grausam. Der andere hingegen ist liebevoll, sanft und mitfühlend.« »Welcher der beiden wird den Kampf um dein Herz gewinnen?«, fragte der Junge. »Der Wolf, den ich füttere«, antwortete der Alte.

Leben Sie leicht und bleiben Sie neugierig

8

Eine Kundin hatte mir ein wunderbares Feedback gegeben. Sie wollte sich von mir darin coachen lassen, im Umgang mit anderen spielerischer zu agieren und mit Männern besser flirten zu können. Zuvor hatte sie sich nicht so recht getraut, sie wollte vor allem immer gut dastehen und stark wirken. Und dann erzählte sie mir von einem gelungenen Flirterlebnis: »Meine Aufgabe war nicht, ihm zu gefallen – meine Aufgabe war, zu spielen. Und ich habe gespielt!!!«

Es hat ihr einfach Spaß gemacht. Und dem »bespielten« Mann auch. Ob aus den beiden wirklich ein Paar wird, wird man sehen. Es gibt keinen Druck und keinen Krampf, sie lassen es entspannt angehen. Wesentlich ist, dass diese Frau ihre neue Leichtigkeit als Stärke erkannt hat.

Für Frauen ist Vergnügen und Freude die Grundlage überhaupt für gute Beziehungen mit Männern. Die Fähigkeit, sich in ihrer Sinnlichkeit und ihrem Körper wohlzufühlen und Lebensfreude zu verspüren, ist die Eintrittskarte in die Beziehungswelt. Wenn eine Frau glücklich und entspannt ist, ist sie der beste Magnet für Männer.

Männer brauchen uns Frauen, um Leichtigkeit, Genuss und Vergnügen leben zu können – deshalb habe ich schon im ersten Kapitel empfohlen, Ihr Herz zu öffnen und Ihre weiblichen Energien zu stärken. Wenn Sie überfließen vor Vergnügen und Sinnlichkeit, bekommen Sie von Männern jede Menge Unterstützung. Männer lieben es, uns vergnügt zu erleben.

Jedoch: Wenn die Frau den Mann als einzige Quelle ihres Glücks und ihrer Lebendigkeit betrachtet, ist die Beziehung von Anfang an belastet, sofern sie überhaupt zustande kommt.

Keine Frau »braucht« einen Mann. Wir mögen uns einen Mann wünschen, ihn begehren, aber »brauchen« kommt von einem Mangel oder einer Unzulänglichkeit. Wenn ich etwas brauche, dann fehlt mir etwas. Diese Energie erzeugt einen unangenehmen Sog, den andere spüren, einen Sog von Bedürftigkeit. Aber niemand gibt Ihnen, was Sie wollen, wenn Sie sich nicht selbst auf den Weg machen. Der gute Umgang mit Männern beginnt damit, dass wir uns unseren Teil von Glück und Sinnlichkeit nehmen.

Ein Gesetz der Energie besagt: Gleiches zieht Gleiches an. Wenn wir also einen Mann suchen, der locker, entspannt und selbstbewusst ist, sollten wir damit anfangen, uns selbst darin zu trainieren, unser Leben mit mehr Vergnügen, Verspieltheit und Entspannung zu gestalten. Dabei tun sich viele Frauen schwer. Für die Frauen ist es nun Zeit, umzulernen. Zu oft blockieren wir uns mit Bedenken und flüchten uns in rationale Betrachtungsweisen: Das kostet Geld, ist nicht sinnvoll und so weiter.

Es ist wichtig, diese Bedenken loszulassen und den Fokus auf das zu legen, was wir wirklich wollen: uns etwas Gutes zu tun und durch Spiel und Vergnügen wieder in die Weiblichkeit zu kommen. Nur dann haben wir den Überfluss und die Freude, die das Leben für uns attraktiv machen – und der uns attraktiv macht für andere.

Zufriedenheit und gute Laune sind unabhängig von den Umständen. Sie beruhen auf einer Entscheidung. Ärger ist eine Wahl, genauso wie Vergnügen eine Wahl ist. Nicht besser, nicht schlechter, nur mit anderen Konsequenzen. In diesem Kapitel begleite ich Sie auf dem Weg, für sich selbst mehr Leichtigkeit zu entwickeln und diese Leichtigkeit in den Umgang mit dem Mann einzubringen.

Zunächst: Weg mit dem Stress!

Wenn Stresshormone durch unseren Körper jagen, beeinträchtigt dies unsere Fähigkeit, klar zu denken. Wir sind unausgeglichen, verhalten uns kratzbürstig – und Männer reagieren auf uns feindselig. In diesem Zustand ist es schwer oder sogar unmöglich, Lösungen, Freunde oder Vergnügen zu finden. Zuerst müssen wir den Stresspegel im Körper reduzieren, bevor wir in der Lage sind, eine klare Entscheidung zu treffen oder effektiv mit einem Mann zu reden.

Welche Möglichkeiten gibt es, den Stresspegel im Körper zu reduzieren? Wissenschaftler haben herausgefunden, dass für Frauen die Gemeinschaft mit anderen Frauen die effektivste Form der Entspannung darstellt. Einer Studie der Universität von Kalifornien zufolge werden als Antwort auf Stress eine Reihe chemischer Botenstoffe im Gehirn freigesetzt, die Frauen anregen, die Gesellschaft anderer Frauen zu suchen. Dr. Laura Klein, eine der Autorinnen dieser Studie, kam zu dem Schluss, dass dies durch das Freisetzen des Hormons Oxytocin bewirkt wird. Die Studie fand außerdem heraus, dass noch mehr Oxytocin freigesetzt wird, wenn Frauen Zeit miteinander verbringen. Bei Frauen wirke das Oxytocin dem Stress entgegen und bewirke eine Beruhigung des gesamten Körpersystems. Diese Reaktion komme bei Männern nicht vor, da Männer unter Stress das Hormon Testosteron produzieren, welches wiederum den Einfluss von Oxytocin verringert. Östrogen, das »Haupthormon« der Frauen, hingegen fördere die Wirkung von Oxytocin.

Diese Studien bestätigen also das, was Frauen schon immer intuitiv wussten: Bei einer Tasse Tee und einem ausgiebigen Gespräch mit der Freundin wird vieles besser. In vielen Kulturen treffen sich die Frauen untereinander und die Männer untereinander, bauen miteinander Stress ab (jeder auf geschlechtsspezifische Weise) und laden ihre »Magnete« auf. Erst danach kommen die beiden Gruppen wieder zusammen.

Um gute Beziehungen mit Männern zu haben, ist es also für Frauen wichtig, auch gute Beziehungen mit Frauen zu pflegen. Umgekehrt ist es für die Männlichkeit der Männer wichtig, die Gemeinschaft mit Männern zu suchen. Wie sexy ist ein Mann, der nur von Frauen erzogen wurde und nicht oder kaum unter Männern ist? Er wird wohl eher den guten Freund verkörpern, bei dem wir uns verstanden fühlen, aber in den wir uns nie verlieben.

Umgekehrt haben Frauen, die sagen, dass sie lieber mit Männern zusammen sind als mit Frauen, die wohltuende, entspannende Gemeinschaft mit Frauen noch nicht entdeckt. Sie haben offenbar nur Erfahrungen mit »Stutenbissigkeit« und Konkurrenz unter Frauen. Diese Frauen werden zwar oft zu Kumpeltypen für die Männer, aber Männer nehmen sie nicht als weibliche, sinnliche Wesen wahr.

Gerade dann ist es wichtig, auch andere Erfahrungen mit Frauen zu machen. Sich ein Netz zu schaffen, in dem sich die Frauen treffen, entspannen, sich liebevoll und kraftvoll Nähe und Unterstützung geben. Der nächste Schritt ist es, auch Männer in diese wohltuende und spielerische Energie mit hineinzunehmen, ohne diese Energie zu verlieren und in den Konkurrenzkampf zurückzufallen.

Frauen erzählen mir häufig, ihre Leben seien so stressig, dass es ihnen schwerfällt, loszulassen und zur Ruhe zu kommen. Ein Teufelskreis. Denn wenn wir gestresst sind oder unter Druck stehen, verlieren wir den natürlichen Fluss in unserem Leben. Das führt oft zu falschen Entscheidungen, schlechtem Urteilsvermögen und allgemeinen Ärgernissen und Frustrationen. Die Dinge werden schwierig und wir fühlen uns überfordert.

Ein taoistisches Sprichwort sagt: »Wir können unser Spiegelbild nicht in wogendem Wasser sehen. Nur in stillem Wasser können wir sehen.«

So vieles im Leben hängt davon ab, den eigenen Umgang mit der Zeit zu finden. Wenn man in eine Bewegung kommt, die einen beruhigt und eine Lebensweise erlaubt, die den eigenen Rhythmus unterstützt, fängt man an, Magie zu erschaffen. Diese Magie erschafft Attraktion. Man wird mit sich selbst im Einklang sein.

Auch Sie haben wahrscheinlich schon einmal diese Erfahrung gemacht: Sie sind entspannt und das Leben bewegt sich mühelos. Ein Parkplatz wird direkt vor dem Gebäude frei, in das Sie gehen wollen, in Ihrem Coffeeshop bekommen Sie den schönsten Platz am Fenster und Sie erreichen endlich den Kunden, den Sie schon die ganze Woche lang erreichen wollten. Sie sind glücklich, alles läuft wie geschmiert und das Leben ist endlich so, wie es sein sollte! An einem solchen Tag sind Sie gut gelaunt und freundlich gestimmt. Wenn Sie diese Stimmung bewahren, können Sie den positiven Rhythmus aufrechterhalten.

Bleiben Sie nachgiebig: Nachgeben nimmt den Stress aus dem Leben. Es ist einfach ein Weg, sich vom innerlichen Druck zu befreien. Anstatt zu schieben, lässt man los. Anfangs hat man damit vielleicht etwas Mühe. Wenn man gewohnt ist, immer die Extrameile zu gehen, hart zu arbeiten und über den Punkt der Erschöpfung hinauszugehen, fällt es schwer, loszulassen.

Tun Sie es dennoch! Machen Sie eine Pause, entspannen Sie sich, besinnen Sie sich auf sich selbst und leben Sie nach Ihren eigenen Regeln. Wer weiß, vielleicht wird das Leben – und auch der Mann – auf einmal zu Ihnen kommen, anstatt dass Sie ihm nachjagen? Übernehmen Sie die Verantwortung für Ihr Glück.

Außerdem: Stressabbau ist eine wahre Verjüngungskur.

Hier einige Lockerungsübungen für Ihr Anti-Stress-Programm:

Beobachten Sie sich selbst

Welche Bereiche Ihres Lebens beinhalten Druck? Wo werden Sie leicht reizbar und ärgerlich? Was gibt Ihnen Energie und wo verlieren Sie Energie? Welches sind dagegen die Bereiche, die mit Leichtigkeit fließen? Betrachten Sie die Stressfaktoren genauer. Wie können Sie diese eliminieren und stattdessen mehr von dem tun, was Ihnen Energie gibt?

Seien Sie ehrlich zu sich selbst

Tun Sie zu viel in zu kurzer Zeit? Gehen Sie häufig die Extrameile, wenn Sie tatsächlich gar nicht möchten?

Handeln Sie

Hassen Sie es, jeden Morgen so früh aufzustehen? Aber Sie müssen es, um Ihre Kinder zur Schule zu bringen? Suchen Sie jemanden, der es tut, arrangieren Sie sich mit anderen Eltern. Seien Sie direkt, wenn es um Ihre eigenen Bedürfnisse geht: Legen Sie Termine und Verabredungen, auf die Sie Einfluss haben, auf Zeiten, die für Sie und Ihren Rhythmus gut sind.

Loslassen

Manchmal geht es darum, nicht mehr, sondern weniger zu tun und zu haben. Stellen Sie sich die Frage: Was ist wirklich wichtig? Was kann ich entbehren? Welche Dinge im Haushalt brauche ich nicht mehr, welche Projekte möchte ich loslassen, welche Pfunde möchte ich loslassen, welche Belastungen kann ich verabschieden? Machen Sie sich das Leben einfacher.

Schaffen Sie Zeit für sich selbst

Das ist essenziell! Warten Sie nicht darauf, dass Sie irgendwann schon eine Stunde Pause haben werden. Planen Sie solche Zeiten ein. Das ist möglich. Und nutzen Sie die Zeit zum Genießen, egal wie: Gestatten Sie sich die einfachen Freuden im Leben – wie eine Weile süßes Nichtstun, Tagträumen, einen Spaziergang, ein Entspannungsbad zwischendurch. Am besten gleich in den Zeitplan eintragen.

Geben Sie es auf, recht haben zu wollen

Nachgeben ist die Kunst, anderen recht zu geben. Das gilt für alle Beziehungen, privat wie beruflich. Es ist schwer, eine Verbindung und einen Fluss mit jemandem am Laufen zu halten, der nicht nachgeben kann und immer das letzte Wort haben muss.

Wenn wir uns gestresst, überwältigt, überarbeitet oder erschöpft fühlen, tendieren wir dazu, die Umstände dafür verantwortlich zu machen, so als ob die Umstände den Stress verursacht hätten. Wir beschuldigen unseren Chef, unseren Partner, unsere Kinder, das Wetter, die Regierung – irgendetwas.

Wir warten, bis die Symptome eines Burn-outs uns einen Grund geben, uns wie die Axt im Walde zu verhalten. Es liegt dann am Stress, dass wir zu viel essen, uns zu wenig bewegen, dass wir die Kinder anschreien oder schlecht mit dem Mann umgehen.

Fazit: Der Bereich, wo wir Stress empfinden, ist genau der Bereich, wo wir keine Verantwortung für uns und unser Leben übernehmen!

Als nächsten Schritt testen Sie bitte Ihren Stressfaktor in Bezug auf Männer. Kreuzen Sie alle Aussagen an, die Sie mit »Ja« beantworten:

○ Sie fühlen sich angenervt oder entwürdigt, wenn ein unattraktiver Mann mit Ihnen flirtet.
○ Wenn Ihnen ein Mann am Tisch gegenübersitzt, der schlechte Tischmanieren hat und Ihnen das Glas nicht nachschenkt, denken Sie etwas wie: »Immer ziehe ich die A-Karte!«
○ Sie werden wütend, wenn ein Mann berichtet, dass er nach Asien gehen will, weil die deutschen Frauen nicht liebevoll genug sind.

○ Sie haben eine Checkliste im Kopf mit Punkten, die ein Mann erfüllen sollte, aber keiner scheint diese Liste zu mehr als 50 Prozent zu erfüllen.

○ Ihre Freundinnen kommen irgendwie besser bei Männern an oder treffen immer auf die netteren Typen.

○ Ihre Beziehung ging in die Brüche, aber Sie sind überzeugt, dass er es zu verantworten hatte, nicht Sie.

○ Wenn ein Mann Ihnen zulacht oder sich Ihre Blicke kreuzen, schauen Sie weg.

○ Sie haben ein Date und ärgern sich, wenn der Mann Kleidung trägt, die Sie wenig geschmackvoll finden (Sandalen, weiße Socken, ungebügeltes Hemd ...).

Sie haben mehr als zwei Aussagen angekreuzt? Dann befinden Sie sich bereits im Ärger-Modus. Sie nehmen viel und schnell übel. Sie empfinden das, was Ihnen nicht gefällt, als gezielte Missachtung Ihrer Person. Schauen Sie sich die einzelnen Situationen noch mal an und überlegen Sie jeweils: Ist es wirklich so unerträglich, dass ich mich darüber ärgern muss? Kann ich es von einer kraftvolleren Seite betrachten? Zum Beispiel: Wenn meine Freundin einen netten Mann findet, kann ich das auch ... Sie zeigt mir damit, dass es möglich ist!

Ich empfehle Ihnen, sich mit all dem zu beschäftigen, was Ihnen Freude, Entspannung und Leidenschaft bringt. Und den Blick auf das zu richten, wofür Sie dankbar sein können. Ganz wichtig ist für Sie auch, eine andere Art der Kommunikation zu pflegen.

Das A und O: Kommunikation, die Spaß macht

Sind wir es nicht gewohnt, uns das Leben schwer zu machen? Jeden Tag tun wir das. Es ist eine Gewohnheit, die wir sehr früh gelernt haben, und es scheint schwer, sie wieder loszulassen.

Aber so schwer ist es gar nicht. Wenn Sie eine konstruktive Art der Kommunikation anwenden, verändern Sie Ihre Beziehungen zu anderen Menschen von schwierig zu einfach. Natürlich auch die Beziehungen zu Männern. Mehr noch: Wenn Sie die Art ändern, mit der Sie auf das Leben zugehen, wird sich das Leben ändern. So einfach ist das.

Ich mache Sie hier mit einem Set von Kommunikationswerkzeugen bekannt, die es Ihnen erlauben, vieles in Ihrem Leben zu verbessern. Während die Werkzeuge simpel und einfach zu lernen sind, wird es etwas Zeit und Übung brauchen, um sie anzuwenden. Das Ergebnis ist jedoch unglaublich: Eine meiner Kundinnen hat ihre Verkäufe innerhalb einer Woche verdreifacht. In dieser Woche hatte sie ihr Kommunikationsmuster von Argumentieren in Richtung Nachgeben verändert. Das ist doch ein toller Erfolg, oder?!

Der erste Schritt, um Veränderungen zu bewirken, ist das Bewusstsein. Seien Sie aufmerksam und nutzen Sie Ihre Beobachtung, um Unterscheidungen zu machen. Den meisten Menschen ist nicht bewusst, wie sie auf andere wirken. Beobachten Sie deshalb Ihre Interaktionen. Was ist Ihr Kommunikationsstil? Sind Sie positiv oder beschweren Sie sich viel? Erkennen Sie andere an oder sind Sie mit sich selbst beschäftigt? Kritisieren beziehungsweise verbessern Sie andere oder gehören eher Ermutigung und Anerkennung zu Ihrem Verhalten? Versuchen Sie, so ehrlich wie möglich mit sich zu sein. Und bewahren Sie Ihren Sinn für Humor!

Wenn Sie gerne schreiben, fangen Sie ein Tagebuch an, um Ihre Erfahrungen zu reflektieren. Vergleichen Sie dabei verschiedene Arten Ihrer Kommunikation. Ist die eine Art zu kommunizieren effektiver als die andere? Versuchen Sie bewusst verschiedene Arten. Und experimentieren Sie: Machen Sie aus einer Beschwerde ein Kompliment. Stellen Sie eine neugierige Frage, anstatt jemandem Schuld zuzuweisen. Wie sind die Resultate? Reagieren Menschen anders?

Um Ihnen die Unterscheidung zu erleichtern, nenne ich Ihnen einige der wichtigsten Kommunikationswerkzeuge.

Positiver Kommunikationsstil: Aus diesen Verhaltensweisen resultieren mehr Spaß, mehr Freunde, bessere Ergebnisse, höhere Energie und Kraft:

○ Anerkennung
○ Bestätigung (anderen recht geben)
○ Neugier (die Antwort nicht wissen)
○ Zuhören
○ Ermutigung
○ Nachgeben (Platz für den Standpunkt eines anderen machen)
○ Humor
○ Bescheidenheit (Fehler zugeben, gleichberechtigt, menschlich sein)
○ Und vor allem: ein tiefes Interesse und Respekt für andere

Negativer Kommunikationsstil: Diese Verhaltensweisen sind ineffektiv, weil sie nicht helfen, das zu bekommen, was man will:

○ Widersprechen (diskutieren, streiten)
○ Beschweren
○ Schuld zuweisen
○ Kritisieren
○ Besserwissen
○ Rechthaberei
○ Ungleichheit (sich aufspielen oder kleinmachen)

○ Desinteresse
○ Respektlosigkeit
○ Arroganz

Die negativen Muster wirken störend, führen oft zu Vertrauensbruch, Angst und Isolation. Trotzdem passiert es schnell, in die Falle zu tappen, besserwisserisch und rechthaberisch aufzutreten und mit anderen zu streiten, um sich durchzusetzen.

Widerspruch zum Beispiel ist eine Form von Argumentieren oder Streiten. Aber wenn man streitet, nur um sich durchzusetzen, verliert man fast immer seine Macht und das Vertrauen, das man mit dem Gesprächspartner aufgebaut hat. Denn einer muss »falsch« liegen, damit der andere »recht« haben kann. Man isoliert sich, und in den meisten Fällen tut das wirklich weh. Ich habe Kunden, die Freunde, Geschäfte und Ehen verloren haben, nur wegen ihrem permanenten Bedürfnis, recht haben zu wollen.

Hier werfen Sie vermutlich ein: Was aber, wenn man tatsächlich recht hat? Was, wenn man einen Standpunkt hat, den man verteidigen muss?

Die meisten Menschen übersehen, dass man nicht automatisch selbst Unrecht hat, nur weil man jemand anderem recht gibt. Um die Meinung eines anderen zu akzeptieren, muss man die eigene nicht aufgeben. Ich wage zu sagen, dass wir alle recht haben (natürlich aus der jeweiligen Sicht gesehen).

Macht es diese positive Sichtweise nicht um einiges einfacher? Wenn Sie die konstruktiven Kommunikationswerkzeuge eine Weile anwenden und beobachten, wie Sie jetzt mit anderen Menschen umgehen, werden Sie eine Menge Spaß haben.

Das Leben mit ihm: Nehmen Sie's doch mal locker!

Ich kann immer wieder beobachten, dass Frauen, die lebendige, tiefe und starke Beziehungen mit Männern leben, über eine gewisse Art zu kommunizieren verfügen – sie geben sich klar, ehrlich, entspannt und energiegeladen. Das sollte Ihnen nun auch gelingen, wenn Sie wissen, wie Sie Stress abbauen und Ihre Kommunikation auf »positiv« umschalten können.

Jetzt wenden wir diese Werkzeuge in der Beziehung zum Mann an. Dazu liefere ich eine Reihe von Beispielen. Vorab aber fünf Tipps, mit denen Sie mehr Leichtigkeit in die Beziehung bringen:

Akzeptieren Sie die Unterschiede

Wir gehen davon aus, dass andere so sind wie wir selbst, und werden unruhig, wenn sie es nicht sind. Akzeptieren Sie, dass wir verschieden sind. Vor allem Mann und Frau. Er redet am Morgen nicht gern? Reden Sie am Morgen nicht mit ihm. Er möchte nicht dieselben Filme sehen wie Sie? Finden Sie jemanden, der diese Filme gerne mit Ihnen anschaut. Nur wenn wir die Unterschiede akzeptieren, können wir den Raum schaffen, um einander zu verstehen.

Seien Sie interessiert

Neugier ist eine wunderbare Sache, und Kinder haben sie in Fülle. Wer ist diese Person, die uns solche Freude und solchen Herzschmerz bereitet? Was mag er, was sind seine Träume, wie können wir ihm näherkommen? Wenn Sie neugierig bleiben können, wenn Sie nicht in allen Details schon wissen, wer der andere ist, wird das Leben magisch.

159

Seien Sie ehrlich

Ehrlich zu sein, ist nicht so einfach, wie es scheint. Als Erstes seien Sie ehrlich mit sich selbst. Was wollen Sie wirklich? Hören Sie auf, nett zu spielen, verstellen Sie sich nicht. Wir können einander sehr schlecht anerkennen, wenn wir Spiele der Täuschung spielen. Sie müssen nichts vorspielen, um das zu bekommen, was Sie wollen. Fragen Sie einfach danach.

Lernen Sie weiter

Leider lernen wir in der Schule oder beim Aufwachsen nicht, wie man eine tolle Beziehung hat. Holen Sie Ihre Hausaufgaben nach. Buchen Sie ein Seminar, nehmen Sie sich einen Coach, lesen Sie und lernen Sie online oder aus Büchern. Es gibt da draußen einiges an großartigen Informationen, die Ihnen wirklich helfen können, die Geheimnisse des Zusammenlebens zu verstehen.

Frauen, gönnt den Männern eine Pause!

Männer tun das, was sie tun, und zwar nicht, um uns aufzuregen. Sie tun, was sie tun, weil sie einfach so sind. Arbeiten Sie mit Ihrem Mann anstatt gegen ihn. Er hasst es, den Müll rauszubringen? Machen Sie es selbst oder heuern Sie gemeinsam eine Zugehfrau an. Er liebt es, Ihnen Frühstück ans Bett zu bringen? Lassen Sie ihn das tun – und sagen Sie nichts, wenn er die Serviette vergisst.

Sosehr ich Männer liebe und mich für sie stark mache, bemerke ich auch eines: Männer reden manchmal Dinge, die sie nicht wirklich überlegt haben. Wenn Sie darauf einsteigen, sind Sie verloren und gehen mit ihm sozusagen immer weiter in den Keller. Was stattdessen besser funktioniert: Überhören Sie es. Oder lenken Sie ihn einfach ab. Oder plaudern Sie über etwas, das Ihnen gerade spontan durch den Kopf geht.

Zum Beispiel so:

Ein Bekannter sagt: »Findest du nicht, dass du in letzter Zeit zu viele Beziehungen hattest?«

Antwort, ohne darauf einzusteigen und in langen Erklärungen zu versinken: »Oh, wovon ich in letzter Zeit zu viel hatte, war diese Eiscreme. Ich liebe diese Sorte einfach. Wenn ich nicht bald damit aufhöre, werde ich noch süchtig.«

Er: »Also, du bist endlich mal eine, die nicht so anstrengend ist wie die anderen Frauen, mit denen ich mich in letzter Zeit getroffen habe.«

Antwort, ohne gleich zu denken, man sei langweilig: »Ach, du hast wirklich eine interessante Art, deine Beobachtungen mitzuteilen. Ich frage dich jetzt nicht, mit wie vielen anderen Frauen du dich in letzter Zeit getroffen hast.«

Er: »Der Tag heute war wirklich nicht erbaulich. Den kann ich getrost abhaken.«

Antwort, statt ihn nach den schlimmen Details zu fragen: »Oh, das tut mir leid. Gab es denn auch etwas Positives heute?«

Geben Sie dem Positiven mehr Aufmerksamkeit. Damit bestimmen Sie selbst die Richtung, die das Gespräch nehmen soll. Selbst wenn es um ernsthafte Angelegenheiten geht: Reden Sie lieber über etwas, das Sie näher zusammenbringt. Das erspart viele ergebnislose Diskussionen. Er wird es Ihnen danken, dass Sie nicht jedes Wort auf die Goldwaage legen.

Im Seminar spielen wir viele Szenen durch. Manchmal gebe ich die Ausgangslage vor. Häufig beschäftigen wir uns aber auch mit Situationen, die von den Teilnehmerinnen eingebracht werden. Ein beliebtes Thema: Wie bekommt man Männer dazu, dass sie uns gerne unterstützen? Vor allem: Wie schafft man das ohne Meckerei und ohne Anstrengung?

Christine erzählte von diesem Fall: Sie war, wie so oft, die ganze Woche auf Dienstreise und kam am Freitag spätnachmittags zurück. Ihr Mann Rainer ist Freiberufler, arbeitet zu Hause und erwartete sie schon. Nach der Begrüßung schaute Christine in den Kühlschrank: Gähnende Leere! Kein Essen eingekauft für den Abend, geschweige denn für das Wochenende.

Christine schilderte uns, wie sie reagiert hat: »Warum hast du nichts eingekauft? Ich habe die ganze Woche gearbeitet und muss jetzt auch noch selbst einkaufen. Nicht einmal das konntest du erledigen!« Rainer verließ den Raum. Hungrig und wütend ging sie selbst noch einkaufen.

Da dies bei Christine und Rainer kein Einzelfall war, haben wir im Seminar verschiedene Möglichkeiten durchgespielt, mit denen Christine reagieren kann. Eine davon hat sie beim nächsten Mal genutzt – und das Szenario entwickelte sich so:

Christine: »Oh, nichts zu essen? Der Kühlschrank ist ja total leer! Na gut, ich lasse mir Wasser einlaufen und lege mich erst mal in die Wanne.«

Sie blieb lange im Bad. Sehr lange. Als sie herauskam, stand ein Abendessen auf dem Tisch. Christine lobte ihren Mann dafür. Und beide waren glücklich.

Bei Rainer hatte sich, wie er ihr gestand, doch das Gewissen gerührt. Und nach diesem Abend ist es nicht mehr vorgekommen, dass Christine vor einem leeren Kühlschrank stand. Irgendetwas außer Chips und Bier hatte er dann doch immer herangeschafft.

Spielen: Spontan sein macht das Leben leichter

Stellen Sie sich vor, alle sitzen auf einer Party und langweilen sich. Auf einmal springt einer auf und wirft einen Ball auf Sie zu. Mit einem Mal sind Sie hellwach. Etwas Unerwartetes ist geschehen. Oder: Ihr Partner verbindet Ihre Augen und flüstert Ihnen ins Ohr:»Ich habe eine Überraschung für dich ...«Kommt im falschen Moment? Die Bügelwäsche wartet? Sie wollten eigentlich etwas im Fernsehen anschauen? Lassen Sie sich auf Ihren Partner ein! Freuen Sie sich, dass er Sie mit etwas überrascht. Egal, was es ist. Genießen Sie die wundersame Wirkung der Spontaneität.

Streit ist nicht die größte Gefahr für die Partnerschaft. Der größte Liebeskiller ist die Langeweile. Alles im Gleichschritt tun nach dem Motto: Wir machen das doch immer so – so schläft jede Beziehung ein. Überraschungen halten die Beziehung dagegen wach: wenn beide Partner neue Impulse einbringen und die bekannten Verhaltensschienen verlassen.

Sie haben eine Idee? Sie würden gern mal dieses oder jenes für ihn tun? Mit ihm tun? Tun Sie's! Überraschen Sie Ihren Partner mit etwas. Und fragen Sie nicht danach, wann er Sie das letzte Mal überrascht hat.

Spielen Sie Theater. Wählen Sie sich neue Charaktere für sich aus, die Ihnen Spaß machen. Seien Sie mal die Verruchte, die Schlampe, die Wilde oder die Königin. Sie meinen, Sie wollen sich nicht verstellen? Ihr Mann soll Sie so nehmen, wie Sie sind? Ja, aber der Charakter, den Sie normalerweise darstellen, ist nicht alles von Ihrer Persönlichkeit. Sie spielen ihn nur schon so lange, dass Sie ihn mittlerweile für die einzige Möglichkeit halten. Spielen Sie also mal nicht den Charakter, der sich für Sie bekannt und gewohnt anfühlt, sondern den, der Sie lebendig macht, der Sie lieber sein wollen oder der besser in den verschiedenen Situationen funktioniert. Schlüpfen Sie in eine neue Rolle und genießen Sie es, anders zu sein.

Als Seminarleiterin spiele ich bewusstes Theater mit vielen Kunden, Frauen wie Männern. Es ist wichtig, wenn man aus alten Sichtweisen aussteigen und über sich selbst hinauswachsen möchte. Der Unterschied zwischen »bewusstem Theater« und Lügen ist die Absicht. Beim Lügen geht es um Täuschung und das Vermeiden von Verantwortung. Beim »bewussten Theater« geht es um Wahrnehmung (bewusster sein) und darum, mehr Verantwortung zu übernehmen, wohin ein Geschehen steuert oder nicht steuert.

Spontan sein heißt, die – positive – Spannung zu erhalten. Neugierig zu bleiben. Zu spielen. Wenn sich eine Situation nicht in Ihrem Sinne entwickelt, probieren Sie etwas anderes aus. Übertreiben Sie! Spielen Sie Leichtigkeit! Spielen Sie Verführung! Und bleiben Sie offen und neugierig auf seine Reaktion.

Ein Beispiel:

Rita, eine Klientin von mir, war entnervt darüber, dass er das Streichen des Wohnzimmers nicht so wichtig nahm und von einem Wochenende auf das andere verschob. Je mehr sie nörgelte und schimpfte, desto weniger zeigte er Kooperationsbereitschaft. »Es ist schon fast so, als ob er es jetzt extra nicht macht«, meinte sie.

Nach einem Seminartag überraschte sie ihn mit einem anderen Vorgehen:

Sie übertrieb ihr Verhalten maßlos. Sie rief: »Weißt du, mich macht das so wütend, wenn hier nichts geschieht! Ich kann diese Wände nicht mehr sehen!« Und warf ein Kissen dagegen. Dann setzte sie sich auf seinen Schoß und legte die Arme um ihn: »Bitte, bitte, gib mir einen Rat, was muss passieren, damit du den Pinsel in die Hand nimmst?«

Er lachte: »Wusste gar nicht, dass du so ein Temperament hast! Aber wenn du mich so fragst: Wie wäre es mit einem Striptease als Belohnung?« – »Aber nur, wenn das Wohnzimmer dieses Wochenende gemacht wird!«

Im Anschluss verriet sie uns: Ich habe mich so richtig lebendig gefühlt mit meinem Vorgehen.

Wir trauen uns oft nicht, andere Verhaltensweisen zu zeigen als die, die unsere Nächsten von uns gewohnt sind. Wir meinen, wir sind eben so (ernst, schüchtern, zurückhaltend, vernünftig etc.), und bleiben das dann auch. Um wie viele andere Möglichkeiten und um wie viel Lebendigkeit bringen wir uns damit? Wir sollten den Mut haben, den alten Trott zu verlassen. Auch der Partner wird dadurch angeregt, einmal andere Rollen zu spielen. So geben wir uns und ihm die Erlaubnis für Veränderung.

Seien Sie aufmerksam: Welche Ansichten, welche Gewohnheiten, welchen Geschmack ändert er? Es ist gut, wenn er sich verändert. Es wäre schrecklich, wenn er über Jahrzehnte das Gleiche denkt, tut, isst und trinkt, dieselbe Kleidung trägt. Lassen Sie ihm den Freiraum, sich zu verändern. Fragen Sie ihn, wie es zu dieser Änderung kam. Zeigen Sie Interesse. Loben Sie ihn dafür. Aber werfen Sie es ihm nicht vor. Bevormunden Sie ihn nicht.

Nach einer Zeit des Zusammenlebens ist es ganz selbstverständlich, dass man voneinander weiß, was der andere gern mag und gar nicht mag. Und dennoch sollte er immer wieder neu und selbst entscheiden dürfen. Auch und gerade in Kleinigkeiten.

Marietta, eine Seminarteilnehmerin, ist mit dieser Einstellung einmal ziemlich angeeckt. Sie war mit ihrem Mann Konrad zu einer Party eingeladen. Gegen Ende der Party kam die Gastgeberin zu Marietta und fragte, ob Konrad jetzt wohl lieber noch einen Kaffee oder einen Tee trinken wolle. Obwohl Konrad so gut wie immer Tee trinkt, hat Marietta geantwortet: »Ich weiß es nicht, frag ihn doch bitte selber.«

Sie wurde mitleidig angeschaut. »Du wirst doch wissen, was dein Mann lieber trinkt!«, sagte die Gastgeberin in spitzem Ton. Darauf erwiderte Marietta: »Ich weiß natürlich, dass er gerne Tee trinkt. Aber ich weiß nicht genau, was er *jetzt* mag. Es könnte sein, dass er heute etwas anderes wählt. Ich betrachte ihn immer so, als hätte ich ihn eben erst kennengelernt, und entdecke ihn neu.«

Mir hat Mariettas Reaktion sehr gut gefallen.

Wenn wir alles etwas locker nehmen, flexibel bleiben und uns nicht in starre Muster quälen, wird der Alltag deutlich fröhlicher. Manchmal braucht es eine Weile, bis man sich traut, echte Leichtigkeit zu leben. Leichtigkeit wird leider oft für oberflächlich gehalten. Ich jedoch finde: Leichtigkeit ist souverän.

Bis ich zu dieser Sichtweise kam, musste ich aber erst eine Entwicklung durchmachen. Als ich noch Single war, habe ich mein Leben verschoben auf die Zeit, in der ich einen Partner haben würde. Ich lehnte sogar ein Angebot zu meiner Traumreise ab, weil ich diese nur mit meinem Partner gemeinsam erleben wollte. Ich sah mich und ihn gemeinsam am Grand Canyon stehen, natürlich Hand in Hand, und gleichzeitig vor Rührung seufzen. Ich aß von altem Besteck, weil ich befürchtete, wenn ich ein neues kaufen würde, könnte es »ihm« nicht gefallen. Ich hielt alles offen, sodass genug Platz für ihn da sein würde. Erst als ich diese Haltung aufgab, konnte mein Partner in mein Leben treten. Ironischerweise gerade, nachdem ich mir ein 24-teiliges Besteck gegönnt hatte.

Übrigens: Das Besteck gefällt meinem Mann bis heute nicht. Aber das halten wir locker aus.

Und schließlich gehört zur Leichtigkeit auch die Begeisterung. Spontan zeigen, dass man sich freut. Nicht alles tierisch ernst nehmen.

Zu Beginn meiner Arbeit als Coach hatte ich ein Coachingzimmer unter dem Dach unseres Hauses. Dort fanden die Gespräche statt. Mein Mann spielte Hellseher: Er begann mir nach den Coachingstunden jeweils zu sagen, ob der Klient weitere Coachings gebucht hat. Er hatte immer recht!

Wie konnte er das wissen? Er sah die Kunden doch höchstens noch das Haus verlassen!

Des Rätsels Lösung war: Wenn unser Lachen oben im Raum so laut war, dass mein Mann es unten hören konnte, dann wusste er, der Kunde würde weiterhin kommen. So einfach war das, der Spaß war sein Indikator!

Wir glauben, wir müssten uns immer mehr anstrengen, mehr leisten, mehr lernen, mehr erforschen, mehr, mehr, mehr ... Das Gegenteil ist der Fall. Oft ist weniger mehr: loslassen, in die Leichtigkeit gehen, kommen lassen, relaxen, die Freude genießen, offen sein für Menschen. Dann kommt mehr Spaß von ganz allein.

Nach einem Seminarwochenende in Hamburg habe ich auf meinen Flieger gewartet. Im Wartebereich telefonierte ich mit meiner Freundin und berichtete ihr begeistert von dem gelungenen Wochenende. Das tolle Seminar wirkte noch nach, die lobenden Feedbacks der Teilnehmer noch im Ohr, sprach ich lauter als sonst und deutlich lebhafter. Irgendwann sagte ich so etwas wie: »Die Teilnehmer haben mir am Ende sogar Standing Ovations gegeben!«

Als wir zum Einsteigen aufgerufen wurden und ich mich auf den Weg machte, kam ein Herr auf mich zu und sprach mich an: »Ich habe Ihr Gespräch teilweise mitgehört, Sie haben ja laut gesprochen. Ihre Begeisterung und Freude schwappte richtig auf mich über. Sie haben Standing Ovations bekommen? Sagen Sie mal, was machen Sie eigentlich beruflich?«

Ich lachte und wir kamen in ein angeregtes Gespräch. Er sagte: »Ich möchte gerne weiter mit Ihnen reden, ich fühle mich inspiriert durch Ihre Freude. Wo sitzen Sie denn, ich möchte fragen, ob ich den Platz tauschen und auf dem Flug nach München neben Ihnen sitzen kann.«

Wir stellten fest, dass wir bereits Plätze nebeneinander hatten!

Also führten wir unser Gespräch während des Fluges fort und hatten viel Spaß. Als er fragte: »Darf ich Sie zu einem Glas Champagner einladen?«, sagte ich zwar Ja, aber fragte mich, ob dies in eine Anmache übergehen würde. Wir stießen miteinander an, kamen auf Sternzeichen zu sprechen und fanden heraus, dass wir beide Löwen sind und Töchter haben, die Skorpione sind. Ich bin August-Löwe, er auch. Welcher Tag? 12. August. »Na, das gibt es doch nicht!«, rief er aus und holte seinen Ausweis hervor.

»Damit Sie nicht meinen, ich würde das nur erzählen, um Sie zu beeindrucken.« Er hat am gleichen Tag Geburtstag.

Die Zeit ging schnell vorbei bis zum Landeanflug. Dann sagte er: »Darf ich Sie zum Essen einladen?« Oh Gott, jetzt doch eine Anmache, dachte ich.

Ich schaute auf die Uhr: »Es ist 22:30 Uhr, jetzt gehe ich nicht mehr zum Essen.« Er wehrte ab: »Nein, doch nicht heute. An einem anderen Abend.«

Jetzt kam ich ins Stottern. Ich redete etwas von »Ich bin verheiratet« und kam mir selbst ziemlich unbeholfen vor. Er unterbrach mich: »Heißt das etwa, dass Sie nichts essen? Was ihr Frauen immer gleich denkt!« Bingo! Das hat die kleine Verkrampfung gelöst. Wir haben beide gelacht.

Wir sind tatsächlich essen gegangen – und zwar zu viert.

Jede Frau hat es schon mal erfahren: Auf dem Höhepunkt von Begeisterung, Vitalität und Lust sind wir am gewinnendsten. Also: Versuchen Sie, Ihre Begeisterungsfähigkeit neu zu erwecken!

TIPP Wenn Sie eine Zeitschrift durchblättern, achten Sie darauf, was Sie anspricht: Welche Länder, welche Outfits, welche Einrichtung, welches Auto, glückliche Paare, Frauen beim Wellness, Bilder von Sportarten oder von Tieren? Reißen Sie diese Bilder heraus und sammeln sie in einem Wünschebuch. Sie können dann nach und nach einen dieser Wünsche auswählen, herausnehmen und in Erfüllung gehen lassen. Wie Luftballone, die Sie aufblasen und steigen lassen und die dann bunt an der Decke hängen. Und dann und wann ziehen Sie an einem der Fäden und holen einen Luftballon – einen Wunsch – in Ihr Leben.

Sie werden sehen: Einige der Wünsche gehen in Erfüllung ohne viel Arbeit, einfach so. Andere können Sie einfach liegen lassen. Sie haben kein Verfallsdatum und werden nicht schlecht.

Zünden Sie seine Lichter an!

9

In diesem Kapitel geht es um Energien, die Ihr Leben verändern: Ihre eigenen Energien und die Ihres Partners. Positive Energien natürlich. Sie setzen diese Energien frei, indem Sie nach dem Licht suchen. Nach Ihrem eigenen und dem Ihres Partners. Sie zünden die Lichter an, indem Sie einfach nur gut beobachten. Sich selbst und Ihren Partner.

»Mancher Mensch hat ein großes Feuer in seiner Seele, und niemand kommt, um sich daran zu wärmen«, sagte Vincent van Gogh. Das klingt nicht nur traurig, sondern ist es auch. Dem großen niederländischen Maler, der uns mit so vielen lichtdurchfluteten Bildern beglückt hat, fehlte ganz offensichtlich ein menschlicher Spiegel für sein eigenes inneres Licht.

Vielen Menschen geht es so, auch heute. Vielleicht geht es heute sogar viel mehr Menschen so. Es fehlt an Aufmerksamkeit. Wenn wir jemanden kennenlernen, sehen wir schon bald nicht mehr genau hin. Wir haben bereits ein Bild vom anderen, wie er ausschaut und wie er ist, was er kann und was nicht. Wir sehen dann nur noch dieses Bild und nicht mehr die andere Person mit ihren Geheimnissen, Wünschen, Sehnsüchten und Glücksmomenten. Die Energie schwindet, für beide übrigens. Die Lichter gehen langsam, aber sicher aus.

Deshalb werde ich in diesem Kapitel aufzeigen, wie Sie die Energien erhalten und sogar stärken können. Und wie Sie die Lichter (wieder) anzünden.

Um das zu erreichen, gebe ich Ihnen Werkzeuge und Tipps an die Hand und zeige mit Beispielen, wie es konkret funktioniert. Als Vorgeschmack schon mal die Richtung, in die wir hier gehen: Beginnen Sie, den anderen zu betrachten und zu erleben, als würden Sie ihn zum ersten Mal sehen, als wäre es Ihr erstes Date. Beginnen Sie Unterschiede wahrzunehmen und Unterscheidungen zu treffen. Das bringt Sie aus Ihren festgefügten Konzepten, aus der Langweile, aus der Welt des Grübelns und der Zweifel. Gehen Sie raus aus der Welt der Vermutungen, Meinungen und Interpretationen und hinein in die Welt der Events und des Geschehens. Das bringt Sie in die viel spannendere Welt des Erlebens.

Wie bei den meisten Themen dieses Buches finden Sie auch hier den Weg, indem Sie Erfahrungen am eigenen Leibe machen. Nur wenn Sie selbst erleben, wie bei einem bestimmten Gedanken, einer Idee, einer Entscheidung Ihre inneren Lichter angehen und Sie in Sekundenschnelle vor Energie sprühen, können Sie diesen Effekt auch bei einem anderen auslösen.

Früher habe ich gedacht, gute Stimmung, gute Verbindung und Beziehung seien Zufall, sozusagen chemisch bedingt. Wenn ich verliebt war, war die Energie hoch, und irgendwann fiel sie dann wieder ab und ich wartete hoffnungsvoll auf Besserung. Ich gab mir Mühe, versuchte mich nett anzuziehen und war in Opferhaltung wie das sprichwörtliche Kaninchen vor der Schlange, in der Hoffnung, dass die Stimmung wiederkäme. Keine gute Voraussetzung!

Heute weiß ich, dass wir nicht Opfer sind, dass wir das Wetter für unsere Stimmung selbst machen können. Mit jeder Bewegung, mit allem, was wir sagen oder nicht sagen, und mit der Art, wie wir etwas tun, verändern wir das Barometer.

Stellen Sie sich eine Treppe vor, auf der Sie mit Ihrem Partner stehen: Achten Sie darauf, ob Sie energetisch die Treppe nach unten gehen oder nach oben steigen. Und dann braucht es nur noch den einen Schritt: die Bereitschaft, den Blick nach oben zu wenden und in die Blickrichtung zu gehen. Damit entscheiden Sie sich für Lebendigkeit und Vitalität.

Zeigen Sie also Ihre Lichter, geben Sie anderen die Chance, Ihnen beim »Anzünden« zu helfen. Und helfen Sie dann anderen, ihr Licht leuchten zu lassen.

Zu der Dimension, die ich meine, passt ein Zitat von Marianne Williamson aus ihrem Buch *Rückkehr zur Liebe*:

»Unsere tiefste Angst ist nicht, dass wir unzulänglich sind, unsere tiefste Angst ist, dass wir unermesslich machtvoll sind. Es ist unser Licht, das wir fürchten, nicht unsere Dunkelheit. Wir fragen uns: Wer bin ich eigentlich, dass ich leuchtend, hinreißend, begnadet und fantastisch sein darf? Wer bist du denn, es nicht zu sein? Du bist ein Kind Gottes.

Wenn du dich kleinmachst, dient das der Welt nicht. Es hat nichts mit Erleuchtung zu tun, wenn du schrumpfst, damit andere um dich herum sich nicht verunsichert fühlen.

Wir wurden geboren, um die Herrlichkeit Gottes zu verwirklichen, die in uns ist. Sie ist nicht nur in einigen von uns: Sie ist in jedem Menschen. Und wenn wir unser eigenes Licht erstrahlen lassen wollen, geben wir unbewusst anderen Menschen die Erlaubnis, dasselbe zu tun. Wenn wir uns von unserer eigenen Angst befreit haben, wird unsere Gegenwart ohne unser Zutun andere befreien.«

Selbsterkenntnis: Licht, das Ihr Leben verändert

Was uns am meisten lebendig macht, sind oft Dinge, die wir uns nicht zu- oder eingestehen. Wir denken, etwas sei unvernünftig, unanständig oder maßlos. Daher denken wir solche Gedanken gar nicht weiter oder probieren etwas auch gar nicht erst aus. Oder ein Wunsch macht für unsere Logik keinen Sinn, und daher geben wir ihm gar nicht erst Raum. Da kommen Einwände wie: Ich bin zu alt, zu jung, nicht schön genug, nicht gut genug. Dies oder das steht mir nicht zu.

Ich empfehle Ihnen: Machen Sie sich frei von Bedenken und wagen Sie wenigstens die Gedankenspiele. Sehr oft werden Sie dabei merken, dass viel mehr möglich ist, als Sie sich vorgestellt und sich zugetraut haben.

Ich hatte nebenbei eine Ausbildung zur Kinesiologin gemacht und schon verschiedene Seminare im Persönlichkeitsbereich hinter mir, als ich zum ersten Mal in einer Coachingrunde mit Frauen saß. Es wurde darüber gesprochen, sich zu trauen, Geld mit dem zu verdienen, was man gerne macht. Ich war gerade schwanger mit meinen Zwillingen, bereits dick wie eine Kugel und hatte viele Einwände: Zeit für Mutterschaft und ehrgeizige berufliche Pläne – das geht doch nicht. Dann berichteten die anderen über ihre Träume und Vorhaben. Die eine fühlte sich zu jung, die andere zu alt, eine fand, dass sie benachteiligt sei, weil sie keinen Mann habe, die Verheirateten fühlten sich nicht frei genug. Und alle hatten das Gefühl, noch immer nicht gut genug zu sein und noch warten zu müssen. Worauf auch immer.

Als ich zu Hause ankam, holte ich mein kleines Studienbuch mit den absolvierten Kursen hervor. Ich hatte doppelt so viele Stunden absolviert, wie man brauchte, um mit der Ausbildung fertig zu sein. Und ich fühlte mich immer noch nicht so weit!!!

Mir wurde klar, dass sich dieses Gefühl wohl nie einstellen würde und ich einfach mal beginnen sollte. Denn ich hatte ja gesehen: Gründe, nicht zu beginnen, hatten wir alle. Also gab ich mir einen Ruck und startete mit Einzelsitzungen.

In dieser Zeit, kurz vor der Geburt der Zwillinge, nahm ich an einem Seminar teil, in dem es um Talente ging. Jede Frau der Gruppe stellte sich vor. Als ich vor der Gruppe stand, rief die Seminarleiterin aus: »Du bist eine Trainerin!« Meine erste Reaktion: Ich – eine Trainerin? Nein, ich werde jetzt nur Mama sein. Aber ich spürte förmlich ein Kribbeln im ganzen Körper. Die Seminarleiterin merkte das natürlich. Sie war erfahren genug, es zu deuten: Wenn wir von einer Idee begeistert sind, läuft die Haut rosig an, wir sind total angeregt. Was mir die Lichter angezündet hat, war, dass jemand etwas Besonderes in mir erkannt hatte. Ein Potenzial, ein Talent, eine noch verborgene Leidenschaft. Kurzum: Das war ein Volltreffer. Ich begann mit der Coachingausbildung und gab nicht mehr nur Einzelsitzungen, sondern erste Seminare.

Bald hatte ich drei Kinder, neugeborene Zwillinge und eine Neunjährige. Ich widmete mich meiner neuen Ausbildung als

Coach und begann ein eigenes Unternehmen aufzubauen. In dieser Phase wurde ich wieder schwanger! Was nun? Ich sprach mit Jutta, meiner Freundin, über meine Unsicherheit, wie es weitergehen solle. Sie sagte: »Du hast kein Licht, wenn du darüber sprichst, dein Business einzustampfen. Und du hast auch kein Licht, wenn du an ein viertes Kind denkst.« Das war ja genau mein Problem: Ich konnte mich nicht zwischen den beiden Welten entscheiden. Ich wollte es auch nicht. Ich sah nur unlösbare Probleme.

Jutta fragte mich: »Und wenn alles möglich wäre?«

Ich: »Dann will ich alles!«

Jutta sah das Strahlen in meinen Augen. Ganz schnell hatte ich nur den einen Gedanken: Es wird gehen! Beides. Kinder *und* Geschäft. Plötzlich hatte ich die Begeisterung, die Energie, das Selbstvertrauen. Ja, es würde gehen. Irgendwie würde ich es schaffen.

Zu oft versuchen wir, ausschließlich mit dem Verstand an eine Lösung zu kommen. Aber in vielen Fällen wäre es besser, uns daran zu orientieren, was uns wirklich am Herzen liegt. Stellen Sie sich selbst die Frage (oder gehen Sie zu einem Coach): Was würde ich am liebsten tun? Wenn ich mal die Bedenken ausklammere, die praktischen, organisatorischen, finanziellen Hindernisse – wonach sehnt sich mein Herz? Welche Idee, welcher Plan löst bei mir Leidenschaft aus? Dieser Plan ist es, der Ihnen Energie gibt.

Nun hatte ich also drei Wickelkinder. Und steckte noch in der Ausbildung und im Aufbau meines eigenen Unternehmens. Als Hilfe engagierten wir ein Au-pair-Mädchen. Oxana kam aus Russland, war jung, zart und zierlich. Sie war eine nette Person. Natürlich klappte vieles am Anfang nicht im Haushalt. Aber oft, wenn ich Oxana kritisierte, bezog mein Mann Position für sie. Das ärgerte mich.

Es kam noch ein Problem hinzu: Wir fühlten uns in unserem Familienleben gestört. Wir hatten es falsch eingeschätzt, was es bedeutet, eine fremde Person im Haushalt zu haben. So konnte es nicht weitergehen.

Ich sprach mit meinem Coach. Sie bestätigte mir, dass sie auch nicht den Funken eines Lichts bei mir sah, wenn ich von Oxana erzählte. Und sie stellte mir die entscheidende Frage: »Was willst du?«

Ich wusste, dass ich zu Hause eine Hilfe brauchte. Was für eine, das konkretisierte sich jetzt ziemlich schnell: »Ich möchte lieber einen Oma-Typ. Eine Frau von mindestens 50. Eine, die mitdenken kann. Eine, bei der mein Mann keinen Beschützerinstinkt entwickelt.«

Aber konnten wir uns eine solche Angestellte auf Dauer überhaupt leisten? Mein Coach sagte: »Du kannst es dir nicht leisten, alles so zu lassen, wie es jetzt ist. Im Endeffekt kommt dich das teurer. Trau dich! Geh für das, was du willst. Es ist Zeit, etwas zu ändern, denn wenn du von Oxana redest, gehen bei dir alle Lichter aus.«

Mein Mann war dagegen, dass wir uns von Oxana trennen. Aber er spürte, dass es für mich nur diese Lösung gab. Selbstverständlich setzten wir Oxana nicht einfach vor die Tür. Sie bekam für einige Zeit Geld und blieb bei einer Cousine in München.

Ich ging zum Arbeitsamt und sagte, welchen Typ Frau mit welchen Fähigkeiten ich suchte. Nach kurzer Zeit kam sie – und die Sonne ging auf! Karin, Mitte 50, mütterlich, kuschelig, einfach nett. Auch unsere Kinder waren auf Anhieb von ihr begeistert.

Karin bekam deutlich mehr Lohn als Oxana, und ich konnte nicht absehen, wie lange wir das zahlen konnten. Karin schlug vor, dass wir einfach beginnen. Und ich wusste: Wenn's mir gut geht, kann ich mich auf meine Arbeit konzentrieren und es würde schneller vorangehen.

Aus diesen Erfahrungen habe ich viel gelernt. Ich habe gelernt, einen Schritt nach dem anderen zu machen. Das setze ich heute auch in meinem Beruf um. Ich helfe Menschen, einen Anfang zu machen. Besonders Frauen sind hier sehr zurückhaltend. »Das kann ich nicht« oder »Das darf ich nicht« höre ich von Frauen viel häufiger als von Männern. Es macht mir dann richtig Spaß, den Frauen Mut zu machen. Ihr Licht zu suchen und es anzuzünden.

In einem meiner »Männerflüsterin«-Seminare saß mir Franziska gegenüber und erzählte, was sie gerne macht. Spazieren gehen, essen gehen, sich mit Freundinnen treffen, lesen. Alles nette Tätigkeiten, aber die Augen leuchteten wenig oder gar nicht, wenn sie so sprach. Franziska war Anfang 30, eine nette Schweizerin italienischen Ursprungs. Sie hatte ein ganz angepasstes Leben und zu ihrem Leidwesen noch nie einen Freund.

Ab und zu ging sie tanzen. Hier war schon etwas mehr Bewegung und Begeisterung. Was sie beim Tanzen am schönsten findet, fragte ich sie. Ganz verschämt sagte sie: Wenn sie sich weiblich bewegt, ihre Leidenschaft ausleben kann und die Männer sie bewundern.

Alle Lampen gingen an! Und sie fühlte sich auf einmal lebendig, strahlte und sah sexy aus. Sie merkte, dass sie nicht beurteilt oder verurteilt wird, die anderen Frauen freuten sich über ihre Ehrlichkeit und Lebendigkeit. Auf einmal offenbarte sie uns, dass sie den heimlichen Wunsch habe, einmal Pole Dancing zu machen. Sie lief rot an und glühte nun richtig. Aber sie habe einfach ein paar Pfunde zu viel und das gehe ja nicht so einfach. Die anderen Frauen wurden nun auch lebendig und gaben ihr Tipps: Da gibt es Studios und warum nicht mal ausprobieren?

Franziska hat es ausprobiert. Sie hat nun eine Pole Dancing-Stange in ihrer Wohnung und übt. Sie hat herausgefunden, dass es sie anturnt, sich weiblich und sexy zu zeigen. Sie besucht weitere Workshops, macht eine Coachingausbildung und hält sich nicht mehr zurück. Auf einmal kommen auch die Männer in ihr Leben, die bisher fehlten.

Sie arbeitet noch immer gerne als Stewardess, aber sie weiß: Sie wird die eigene Weiblichkeit entwickeln und alles tun, was ihr

Spaß macht, und dann will sie es andere Frauen lehren. Sie hat sich vom zurückhaltenden, schüchternen Pummelchen zur strahlenden, temperamentvoll-selbstbewussten Frau entwickelt. Oft schämen sich Menschen für das, wonach sie sich sehnen. Oft sind es genau diese versteckten Wünsche, die man nur antippen muss, um jemanden zum Strahlen zu bringen. Ein Kunde sagte auf meine Frage, was er wirklich gern tut, nach einigem Zögern: Sex! Und ein ganzes Feuerwerk an Lichtern sprühte aus seinen Augen. (Er ist dem Licht nachgegangen. Vor kurzem hat er ein gut verkauftes Buch über das besagte Thema herausgegeben.)

Das Zögern stelle ich vor allem fest, wenn es um Wünsche geht, die gemeinhin als oberflächlich angesehen werden. Luxus zum Beispiel.

Eine Geschäftsfrau stand auf sportliche Autos. Sie träumte schon lange von einem bestimmten Flitzer. Im Coaching fragte ich:»Was willst du?«Sie erzählte von diesem Wagen.

Ich sagte zu ihr:»Du leuchtest, wenn wir über dieses Auto reden. Gönne es dir!«

Ihr Mann war dagegen, das Auto zu kaufen. Sie hat es geleast, fuhr damit und blühte auf. Sie strotzte nur so vor Spaß, Energie und Power. Innerhalb kurzer Zeit gingen dann die Verkaufszahlen in ihrem Geschäft hoch ...

Bei Rita war es ähnlich. Im Seminar berichtete sie, was ihr Energie gibt. Ein wenig der Sport, ein wenig das Reisen, aber alles im gemäßigten Bereich. Eigentlich arbeite sie viel, und das mache ihr durchaus Spaß. Ich fragte nach, was sie am meisten bei der Arbeit freut. Sie wurde knallrot und die Lampen gingen an: Geld. Das Tollste ist für sie, dass sie so richtig viel Geld verdient. Es war ihr nun wirklich peinlich, sie wollte auf keinen Fall für geldgierig gehalten werden. Wir sprachen darüber, dass Geld Lebensenergie ist und daher etwas Positives. Erleichtert berichtete sie über ihren Spaß mit dem Geld und besonders auch den Möglichkeiten, sich dafür Luxus zu leisten, tolle Hotels, schönes Shopping. Immer wieder schaute sie mit dem unsicheren Blick in die Runde, ob wir sie für materiell halten. Die anderen Frauen berichteten, dass sie auch Luxus mögen, dass es schön ist, sich zu verwöhnen. Und nun strahlte Ritas Begeisterung so stark, dass es alle Frauen in der Runde nachhaltig inspirierte.

Daraufhin trauten sich auch die anderen, ihre Lichter zu offenbaren: Beate strahlte bei Sinnlichkeit, bei Sex und Berührungen. Und Iris wiederum bei Bewegung, bei sich Auspowern und an die Grenzen gehen, zum Beispiel beim Klettern. Gefährliche Situationen geben ihr Energie, noch abends im Bett vibriert jede Zelle ihres Körpers. Birgit mag alles Südländische, am liebsten lateinamerikanische Tänze, träumt von Reisen nach Südamerika, Leidenschaft und Temperament. Sie hat dem nachgegeben und einen Tangokurs in Argentinien gebucht. Und sich getraut, von dort ihren neuen Lover gleich mit nach Deutschland zu bringen.

Eine Teilnehmerin schickte mir einen netten Vergleich: Singles sind wie die Taxis in den USA – wenn sie kein Licht anhaben, wird sie niemand anheuern. Also sorgen Sie dafür, dass Ihre Lichter an sind!

Und jetzt stelle ich viele einzelne Werkzeuge vor, mit denen Sie gezielt die Energien bewegen können. Bei sich selbst und bei Ihrem Partner.

So können Sie sein Licht hören, sehen und spüren

Sie erinnern sich, wie wichtig das Feedback ist. Darüber habe ich im Kapitel »So werden Sie sein bester Coach« geschrieben. Und auch, wie wesentlich die Aufmerksamkeit ist. Nun möchte ich mit Ihnen eine besondere Form der Aufmerksamkeit erarbeiten. Diese Aufmerksamkeit richtet sich immer in eine Richtung: dorthin, wo das Licht ist. Wenn ich im Coaching mit Kunden spreche, lasse ich mich von diesem Licht leiten.

Hier also einige Werkzeuge, um das Licht zu erkennen:

Beobachten und Messen

Beobachten Sie ihn. Achten Sie auf Gesicht, Gesten, Atem etc. Zum Beispiel: Ist ein Auge größer als das andere? Fröhlicher, wacher, offener?

Beim Beobachten geht es um Messen. Wir messen, um das Ergebnis so objektiv wie möglich zu machen. Dabei bemühen wir uns, Urteile, Meinungen und Interpretationen zur Seite zu stellen. Denn wenn wir Urteile und Meinungen mit hineinmischen, kommt die Person (der Mann) in eine Schublade, und es wird schwierig, diese wieder zu verlassen. Am Ende wird er so, wie wir ihn sehen.

Wichtig also: Hinsehen und nah drankommen an das, was wirklich da ist – keine Interpretation, keine Intuition, die einen fehlleiten kann.

Neugier und Beobachtung

Hören Sie mit den Augen zu, weniger mit den Ohren. Oft hören wir verstärkt inhaltlich zu, aber nun trainieren Sie sich darin, auch die Körpersprache wahrzunehmen.

Beziehen Sie sich auf sein Licht, sein Strahlen, und interessieren Sie sich für ihn: Wann wird sein Gesicht dunkler, weniger lebendig, wann lebendiger und lebhafter? Kommt eine Aktion oder eine Idee auf, dann gehen die Lichter an oder aus. Wird er bei einem Thema neugierig, werden Sie dann selbst angesteckt von seiner Lebendigkeit?

Ein Kunde hat in einer Coachinggruppe erzählt, dass er seinen Beruf toll findet. Er begründete uns in langen Ausführungen, was er alles daran gut findet. Aber niemand von uns sah Licht oder Begeisterung. Als er dann berichtete, dass er sich wünscht, mehr mit Menschen zu arbeiten und weniger am Computer zu sitzen, sahen wir seine Begeisterung. Indem wir Feedback gaben, wurde er sich klarer über das, was er wirklich will. Er sprach mit seinem Chef und bekam von diesem die Unterstützung für eine Karriere in einem anderen Tätigkeitsfeld in der Firma.

Die Zeichen von Lebendigkeit

Achten Sie auf seine Stimme, die Spannung und die Farbe seiner Haut. Achten Sie auf die physischen Veränderungen. Wenn Sie mit ihm reden, können Sie dies alles beobachten. Achten Sie auf alles, was Sie bemerken können: Ist er niedergeschlagen, leuchten die Augen? Wenn Sie etwas sagen: Wird er leichter, offener, oder zieht er sich zusammen?

Ich kann sagen: »Wir müssen reden« – mit einer Schwere, dass er sofort ein schlechtes Gefühl bekommt. Das Gleiche kann ich aber auch mit Leichtigkeit und Verspieltheit ausdrücken und dabei an seinem Ohr spielen. So wird er neugierig auf das, was folgt.

Nähe aufbauen und Kontakt halten

Reden Sie mit einem Mann erst, wenn seine Lichter an sind. Schaffen Sie erst eine Atmosphäre von Ruhe, Entspannung und bauen Sie die Beziehung auf. Ein guter Weg, die Beziehung aufzubauen, ist zum Beispiel die Anerkennung.

Sie können in jedem Moment im Kontakt mit dem Mann entscheiden, ob die Energie zwischen Ihnen steigt oder fällt. Energie bleibt nie gleich, sie bewegt sich immer. Auch wenn wir es nicht bewusst wahrnehmen, bewegt sie sich entweder nach oben oder nach unten.

Alles, was Sie sagen, tun und zeigen, hat einen Einfluss. Achten Sie auf diese Details:

Sagen Sie einmal verschiedene *Wörter* wie Sommertag, Sturm, Regen, Bergwiese, Krankheit, Verkehrsstau, Flughafen, Wasser,

Prüfung, Orchidee und fühlen Sie die Unterschiede in Ihrer Stimmung. Beachten Sie, was jedes Wort bewirkt.

Ebenso haben die *Themen* einen Einfluss, über die Sie sprechen. Und der Umgang mit diesen Themen. Im ersten Kapitel habe ich Ihnen vom ersten Date mit meinem Mann erzählt:

Wir saßen beim Dinner und er fragte, wieso ich alleinerziehend sei. Ich begann, ihm lange Erklärungen zu liefern, mich zu rechtfertigen. Die Energie zwischen uns war schon ziemlich im Keller. Dann fragte ich ihn, woran denn seine erste Ehe gescheitert sei. Als er mir das berichtet hatte, war die Energie am Tiefpunkt angelangt. Aber als wir das Lokal verließen, schlug er vor, im Café gegenüber noch etwas zu trinken. Dort bat er mich, doch mehr von dem Seminar zu erzählen, das ich erwähnt hatte. Er fragte, was mich daran so begeistert und inspiriert hatte. Endlich! Die Energie ging wieder in die Höhe, ich berichtete mit leuchtenden Augen, auch über meine Visionen und Wünsche. Natürlich fragte ich dann auch, wofür er denn brennt, was er denn im Leben erreichen möchte. Es entwickelte sich ein Gespräch, bei dem sich gemeinsame Gedanken und Visionen zeigten und das uns beiden sehr viel Spaß und Inspiration brachte.

Auch der Klang Ihrer *Stimme* bewegt die Energie. Streicheln Sie ihn mit Ihrer Stimme, ist sie freundlich, leicht, positiv und anerkennend? Oder ist sie nörgelnd, manipulierend, fordernd, hört sie sich nach Vorwurf und Enttäuschung an? Klingt Ihre Stimme hell und leicht wie ein Glöckchen? Oder eher bedrückt und beschwert? Sie können die gleiche Sache sagen, aber wie es ankommt, hängt davon ab, ob Sie etwas mit Leichtigkeit ausdrücken oder mit Härte. Der Ton macht die Musik.

Mit Ihrem *Atem* können Sie die Energie auch bewegen. Wenn Ihr Atem ruhiger wird, können Sie auch seinen beeinflussen. Mit meinen Kindern habe ich dies früher oft gemacht: Wenn sie nicht einschlafen konnten, habe ich mich neben sie gelegt. Meist war ihr Atem zunächst aufgeregt, unruhig. Sie drehten sich hin und her. Indem ich mich entspannt und ruhig geatmet habe, wurden auch die Kinder ruhiger. Ihr Atem passte sich meinem an, wir wurden müde und schliefen oft zusammen ein.

Auch kleine *Töne* bewegen Energie. Ein »Ah« aus der Kehle, ein »Mmh« aus dem Bauch, ein Summen berühren die Chakren des anderen und bewirken etwas. Genauso wie Sie einen bestimmenden und herrischen Ton im Solarplexus wahrnehmen können, wie einen Schlag in die Magengrube.

Und schließlich bewegen wir mit dem *Körper* Energie. Sitzen wir reglos oder sind wir lebendig? Bewegung und Begeisterung stecken immer an. Lebendige und freudige Menschen bewegen andere durch ihre eigenen Vibrationen. Nervöse Menschen übertragen ihre Nervosität auch auf andere. Stellen Sie sich vor, Sie gehen zum Zahnarzt und er ist nervös ... Der Pferdeflüsterer geht auch nicht angespannt und genervt zum Pferd. Es würde kein Vertrauen zu ihm entwickeln. Im Gegenteil: Es wittert Gefahr.

Wenn Sie nervös, angespannt sind, können Sie den Mann nicht entspannen. Erst wenn Sie selbst entspannt und heiter sind, können Sie dies auf ihn übertragen. Wenn Sie sich in Ihrem Körper sinnlich und erotisch fühlen, kann er dies auch spüren. Er wird wacher werden und von Ihnen angezogen.

Jetzt drehen Sie am Schalter: Lichter aus – oder an

Zur Einführung in die Praxis gebe ich einen Tipp, wie Sie die positive Energie in die Kommunikation mit dem Partner bringen.

Normalerweise versuchen wir eine Argumentation zu gewinnen oder zumindest unseren Standpunkt klarzumachen. Wir sind stolz auf eine eigene Meinung. Aber mal ehrlich: Die eigene Meinung stammt doch auch von den Ideen und Argumentationen, die wir vorher gehört haben – wie viel davon ist also tatsächlich von uns?

Wir möchten gerne, dass unser Partner uns zustimmt, uns zumindest versteht. Vor allem wollen wir aber eines: recht haben (ob wir es zugeben oder nicht). Wenn der andere nicht mit uns übereinstimmt, fühlen wir uns verletzt, enttäuscht oder gar wütend. Nun versuchen Sie eine andere Vorgehensweise:

TIPP Stellen Sie sich vor, das einzige Ziel in einer Kommunikation wäre es, dem anderen Freude zu bereiten, ihm die Lichter anzumachen. Wenn dies das Ziel ist, brauchen Sie sich nicht mehr damit zu beschäftigen, wer recht hat. Es tut nichts zur Sache. Auf einmal macht man einen Wandel durch: Man versucht niemandem mehr seine Meinung klarzumachen, sondern man schaut, wie man dem anderen dienen und ihn in seinen Wünschen unterstützen kann.

Versuchen Sie es einmal und spielen Sie damit. Statt den Fokus auf sich selbst zu haben, legen Sie den Fokus auf ihn: Wer ist er, was interessiert und was inspiriert ihn?

Wenn Sie ihn und seine Sichtweise auf diese Weise akzeptieren, kommen neue Möglichkeiten ans Tageslicht, an die Sie beide vorher womöglich gar nicht gedacht haben.

Unser Ziel sollte es sein, von der Niedergeschlagenheit des Alltags, der Spannung und Enttäuschung zu mehr Lebendigkeit und Lebensfreude zu kommen. Es geht nie darum, jemanden zu bestrafen oder zu manipulieren. Betrachten Sie alles, was er sagt und tut, als einen Ausdruck von Brillanz. Dies ist es auch immer, nur sehen wir es meist nicht.

So hat meine Tochter es einmal geschafft, eine wie ich meinte sehr interessante Beziehung zu vermasseln. Anstatt ihr die Schuld dafür zusammen mit einem direkten Vorwurf in die Schuhe zu schieben, habe ich bewundernd gesagt: »Wow, wie hast du denn das geschafft?« Sie musste lachen und sagte: »Mama, du weißt doch, ich bin gut in so was.«

Beobachtung sortiert den Geist. Beobachten Sie, wie sich Ihr

Partner verändert. Sie werden von den Veränderungen fasziniert sein. Wenn Sie wahrnehmen, was sich verändert, wird es sehr spannend. Es ist spannend, weil Sie nicht manipulieren, sondern mit ihm und seiner Lebendigkeit mittanzen. Keine Kritik, keine Ratschläge, keine Technik – spannender ist es, ins Unbekannte einzutauchen, keine Ahnung zu haben, was sich entwickelt. Ich stelle Ihnen dazu einige Gesprächsmuster vor.

Ein Gespräch mit ihm könnte zum Beispiel so laufen:
Sie:»Wie war dein Tag?«
Er:»Ach, nicht so toll. Mein Chef bremst mich aus in meinen Vorhaben. Er will mich klein halten, statt mich zu fördern.«
»Ach, du Armer. Das tut mir leid. Was hat der Chef denn gemacht?«
»Er hört mir gar nicht erst zu. Und dann ist da noch mein Kollege, der sich auch immer wieder in den Vordergrund drängt ...«
Die Energie sinkt ins Bodenlose.

Das Gespräch könnte aber auch so laufen:
»Wie war dein Tag?«
»Ach, nicht so toll. Mein Chef bremst mich aus in meinen Vorhaben. Er will mich klein halten, statt mich zu fördern.«
»Oh, erzähl mal von deinem Vorhaben. Was würdest du denn gerne machen?«
Er erzählt ...
»Toll, wie du vor Ideen sprühst. Wenn du davon berichtest, leuchten deine Augen! Wie könntest du dein Ziel denn erreichen?«

Ein anderes Beispiel:
Sie:»Was wünschst du dir für die nächsten Jahre?«
Er:»Ich wünsche mir ein eigenes Haus mit einer kleinen Werkstatt dabei.«
»Und, warum kaufst du es dir nicht?«

»Na ja, ich habe mich ja scheiden lassen und muss noch einige Jahre Unterhalt zahlen. Dann werden die Kinder studieren und ich habe wenig finanzielle Mittel. Außerdem läuft mein Geschäft gerade schlecht, wegen der Finanzkrise. Und ich habe kaum Zeit ...«

Wenn Sie an dieser Stelle weiterhin nach den Hindernissen und Schwierigkeiten fragen oder ihm Ratschläge geben, sinkt die Energie wieder ins Unermessliche. Die Spirale dreht sich nach unten. Fragen Sie stattdessen in die Richtung, wo Sie schon sein Licht gesehen haben:

»Was wünschst du dir für die nächsten Jahre?«
»Ich wünsche mir ein eigenes Haus mit einer kleinen Werkstatt dabei.«
»Das ist ja spannend! Erzähl mal mehr davon: Was für ein Haus wäre das?«
»Ach, das Haus, was ich gerne hätte, werde ich mir wohl nicht leisten können ...«
»Erzähl trotzdem ...wie sieht dieses Traumhaus aus?«
»Also das Traumhaus läge an einem See ...«

Eine große Bitte: Versuchen Sie nicht, sein Problem zu lösen! Sich um jemanden zu sorgen, bedeutet eine Last zu tragen. Ein kraftvoller Mann ist in der Lage, seine Herausforderungen selbst zu meistern. Er braucht keine Mama, keine Krankenschwester, keine Lehrerin. Er möchte eine Frau, die ihn inspiriert. Seien Sie seine Muse, und er wird sich von selbst in Bewegung setzen, wenn er etwas wirklich will.

Wenn ich zum Beispiel in einem Coaching das Gefühl bekomme, ich müsse einen Kunden »irgendwohin bringen« oder ihm gar »helfen«, geht bei mir eine rote Alarmlampe an. Dann erinnere ich mich daran, dass er selbst Experte in seinem Leben ist. Und ich mache mich wieder frei von meinen Meinungen, wie der Kunde sein und was er tun sollte. Ich schaue wieder neu, ohne (m)eine Story, ohne zu manipulieren. Ich schaue mit tiefem Interesse und Bewunderung und mit der Annahme: Er ist brillant. Auch wenn ich seine Gedankengänge und Entscheidungen nicht verstehe. Er folgt einer eigenen Intelligenz. Wenn ich den Kunden mit dieser Haltung beobachte, nicht dazwischenfunke, nichts verändern will, dann wird er auf einmal sehr kreativ und großartig. Ich höre auf, mich auf das Bild zu beziehen, das ich von ihm habe, sondern betrachte ihn immer neu. Neu-gierig. Durch dieses »Nichtstun« sind kraftvolle Veränderungen möglich.

Bringen Sie also ein, was seine Stimmung hebt, statt sie zu senken. Durch Spiel, durch Tempo, durch Leichtigkeit. Beobachten Sie seine Energie und folgen Sie seiner Lebendigkeit.

Hier einige Beispielfragen, mit denen Sie sein Feuer finden und ihn auf die Seite des Lichts führen:

»Was machst du gerne?«

»»Was liebst du zu tun? Wobei vergisst du die Zeit?«

»Was machst du am liebsten? Was genau fasziniert dich daran?«

»Was ist der schönste Moment dabei, dein schönstes Erlebnis?«

»Was würdest du gerne mal machen?«

»Wie hast du das geschafft?«

»Wenn jetzt die Fee käme, was würdest du dir wünschen?«

»Erzähl mehr davon!«

»Erzähl mir ein Beispiel.«

»Was hast du dort Positives erlebt?«

Und geben Sie ihm ein Feedback, mit einem positiven Aspekt natürlich. Bleiben Sie dabei objektiv, also immer darum bemüht, der Wahrheit näherzukommen – im Bewusstsein, dass dies vielleicht nicht die Wahrheit ist. Sagen Sie nicht: »Du bist traurig«, sondern: »Ich sehe Traurigkeit in deinen Augen.« Was Sie sehen, hat immer auch etwas mit Ihnen selbst zu tun.

Gehen Sie nicht in Interpretationen wie: »Das macht dir keinen Spaß, das sieht man dir an.« Sagen Sie lieber: »Wenn du darüber sprichst, wird deine Stimme kraftlos und leise.«

Sagen Sie nicht: »Du machst den Job scheinbar ungern, vermutlich willst du etwas ganz anderes machen.« Sagen Sie lieber das, was augenscheinlich zu sehen ist: »Wenn du von deiner Arbeit als Fotograf berichtest, bewegt sich dein ganzer Körper. Ich kann deine Begeisterung für diese Tätigkeit spüren.«

Jeder hat etwas ganz Besonderes. Schauen Sie nach dem, was besonders an ihm ist. Was ist speziell an ihm? Bewundern Sie es: »Wow, du schreibst mit der linken Hand!« »Interessant, deine Stimme verändert sich, wenn du von deinem Pferd sprichst.« »Das ist ein interessanter Kommentar.« Menschen lieben Bewunderung, weil sie ihnen ein tolles Gefühl gibt.

Beobachtung gibt Ihnen die Möglichkeit, einfühlsam mit ihm umzugehen. Hier beginnt ein Tanz mit dem Mann, einfach durch die Beobachtung. Licht ist eine Welle oder ein Partikel – je nachdem, wonach der Beobachter sucht. Wenn ich jemanden als Person betrachte, die ein Problem hat, werde ich dies finden. Wenn ich ihm mit der Einstellung begegne, dass er Größe hat, dann werde ich diese auch finden.

Die Liebe im richtigen Licht

Geschichten aus dem richtigen Leben kann man üben. Eine der klassischen und auch beliebtesten Übungen im Seminar bei uns heißt »Herne«. Nichts gegen Herne und ihre Bewohner. Aber diese Stadt muss hier als Klischee herhalten für einen Ort, von dem man nicht viel Glamour, Glitzer, pralles Leben erwartet.

Die Ausgangssituation: Der Mann kommt begeistert nach Hause. Er hat einen Traumjob bekommen. Der Nachteil: Sie müssen von Hamburg nach Herne umziehen.

Im Seminar spielen wir zwei Versionen durch, eine Teilnehmerin stellt die Frau dar, eine andere den Mann.

Erste Version: Sie macht ihm die Lichter aus.

Das läuft im Seminar mit viel Gelächter ab. Die Frau lästert in vernichtender, wirklich gemeiner Weise über die Stadt Herne. Ablehnung auf der ganzen Linie, keine Diskussion. Das Thema Traumjob ist schnell vom Tisch.

Zweite Version: Sie macht ihm die Lichter *nicht* aus.

Es ist mucksmäuschenstill im Raum. Alle Teilnehmerinnen hören fasziniert zu, wie die Frau ihre spontane Ablehnung zügelt. Stattdessen ist es ihre Aufgabe, neugierig zu bleiben: »Erzähl mal, was ist das genau für ein Job, was reizt dich daran? Ich freue mich, dass du ein so tolles Angebot bekommen hast.« Sie bleibt offen für die Situation. Die beiden unterhalten sich über die Möglichkeiten, die es jetzt gibt: Er könnte erst mal allein nach Herne reisen, schauen, ob der Job wirklich ein Traumjob ist. Sie könnten abwechselnd an den Wochenenden hin- und herfahren, für eine Weile würde das doch klappen. Auf jeden Fall könnte er die Chance nutzen und die Beziehung würde nicht abreißen.

Aus dieser Übung nehmen die Teilnehmerinnen die Erkenntnis mit, dass es sich lohnt, neugierig zu bleiben und nach dem Licht zu schauen. Sozusagen ein »Ja« zu sein. Die Möglichkeiten wachsen. Die Verbundenheit wird stärker. Und manchmal bekommt das ganze Leben eine glückliche Wendung.

Besonders freut es mich, wenn ich von Erfolgen höre, die aus der neuen Sichtweise entstanden sind. Zum Beispiel bei Susanne:

Sie berichtet im Seminar von ihrem Thema: Sie hatte Pech mit Männern, alle entpuppten sich als miese Typen.

Nach ein paar Monaten bekamen wir eine Einladung: zu unser aller Überraschung zu Susannes Hochzeit. Und wider Erwarten begrüßte uns ein gut aussehender, erfolgreicher und netter Bräutigam. Wie hatte Susanne sich den geangelt?

Ich fragte den frisch angetrauten Ehemann, wie sie sich kennengelernt hatten und wie sich die Beziehung entwickelt hat.

Er erzählte: »Sie war die erste Frau, die nach meinem Licht geschaut hat! Sie tut, was ihr Spaß macht, und das gefällt mir.«

Sie hat ihn unterstützt und entdeckt, wofür er sich begeistert. So hat er wieder in seinen früheren, tollen Job gefunden – der ist zwar nicht so gut bezahlt, aber er blüht in dieser Tätigkeit auf. Susanne steht morgens auf und freut sich auf den Tag, und er lernt das von ihr. Sie ermutigt ihn darin, den Weg seiner Lebendigkeit zu gehen.

Hier bestätigt es sich: Sie bekommen nicht mehr Liebe, indem Sie mehr für ihn tun. Sie bekommen mehr Liebe, wenn Sie ihn inspirieren und in ihm mehr positive Gefühle wecken.

Auch Corinna ist ein gutes Beispiel:

Im Seminar hatte sie von ihrem Wunschmann berichtet. Sie selbst war Aerobiclehrerin, hatte einen durchtrainierten, schönen und schlanken Körper. Sie wisse ja, dass Äußerlichkeiten nicht das Wichtigste sind, sagte sie, aber ein Mann, der keinen Waschbrettbauch hat, komme für sie nicht infrage. Und schon gar nicht einer mit Bauch oder Bauchansatz.

Corinna war sehr angetan von der Technik, die Lichter anzuzünden. Es machte ihr Spaß, wie ein Forscher dem Licht nachzugehen und sich überraschen zu lassen, welche Schätze sie da entdeckte. Und eines Tages schickte sie mir diese Mail:

»Eines meiner Dates kurz nach dem Seminar war ein Mann mit Bauchansatz. Früher hätte ich ihn sofort stehen lassen oder hätte gelangweilt meinen Kaffee getrunken, hätte höflich ein paar Sätze Konversation gemacht und dann nach einem Vorwand gesucht, schnell wieder zu gehen. Doch diesmal bin ich deiner Empfehlung gefolgt: ›Wenn er dir nicht gefällt, kannst du ja wenigstens das Gelernte üben. Dann hast du immerhin ein spannendes Gespräch für die Zeit des Dates.‹

Also setzte ich im übertragenen Sinn meine Grubenlampe auf und suchte nach dem Licht bei meinem Date.

Ich wurde fündig: Er berichtete, wie sehr er seinen Beruf liebt. Ich fragte ihn, was genau da seine schönsten Momente seien. Er sagte, am schönsten finde er es, Vorträge zu halten. Seine Augen leuchteten, die Hände sprachen lebendig mit. Als ich fragte, was für ihn bei den Vorträgen am aufregendsten sei, meinte er: ›Am besten fühlt es sich an, wenn ich merke, dass ich die Zuhörer in meinen Bann ziehen kann!‹ Er redete weiter, völlig begeistert, flackernd und kraftvoll. Ich sah sein Charisma, spürte seine Kraft, seine Inspiration. Was für ein Mann! Toll. Auf einmal war mir der Waschbrettbauch nicht mehr wichtig. Ich sah nur noch diesen ausdrucksstarken Mann und verliebte mich.

Jetzt sind wir zusammen und ich bin froh, dass ich tiefer geschaut habe.«

Ob die Chemie stimmt, damit sich zwei Menschen verlieben, darauf haben wir keinen Einfluss. Mit der hier beschriebenen Technik halten Sie aber einen Zauberstab in der Hand, um jedes Gespräch von einer gewöhnlichen, vielleicht sogar langweiligen Unterhaltung in eine außergewöhnliche Begegnung zu verwandeln, in der Lebendigkeit, tiefes Mitteilen und Erkennen Raum bekommen – und eine Chance fürs Glück.

TIPP Üben Sie Beobachtung an sich selbst:
Schauen Sie in den Spiegel. Entspannen Sie Ihr Gesicht und lassen Sie jeglichen Ausdruck hinwegschmelzen. Jetzt schauen Sie Ihr Gesicht und vor allem Ihre Augen so objektiv an, wie es Ihnen möglich ist. Beobachten Sie einfach. Bedecken Sie die rechte Seite Ihres Gesichts mit der rechten Hand und betrachten Sie die linke. Dann wechseln Sie und betrachten die rechte. Was sehen Sie? Ist ein Auge größer als das andere? Ist eine Seite Ihres Gesichts tiefer, heller oder mehr oder weniger einladend als die andere? Sind beide Seiten Ihres Gesichts ausdrucksstark und in Balance?

Sehr wahrscheinlich werden Sie einige Unterschiede bemerken. Diese mögen kaum zu erkennen sein. Sie können aber auch erstaunlich offensichtlich sein.

Willkommen in der
Realität

10

Beziehungen sind komplex und haben unzählige Facetten. Viele Facetten passen zusammen, andere nicht. Ich würde lügen, wenn ich sage, dass es nicht so ist. Es gibt Zeiten, in denen es fast unmöglich erscheint, eine Beziehung jemals zum Funktionieren zu bringen, und dann gibt es diese Momente, in denen es die großartigste Sache der Welt ist, bei unserem Partner zu sein! Es gibt Einigkeit und Freundschaft, Harmonie, Liebe und Intimität, und wir können nicht genug davon bekommen. Ich glaube, dass es diese Erfahrung der Gemeinsamkeit ist, die uns dazu bringt, beim Partner zu bleiben, immer wieder zu ihm zurückzukommen, wieder und wieder und wieder.

Wie kommt es, dass es oft so schwer ist, diese Nähe zu haben und zu behalten? Warum kann das nicht die ganze Zeit funktionieren?

Einer der Gründe sind die vielen kleinen Missverständnisse, die sich, wenn sie nicht ausgeräumt und geklärt werden, als Berge zwischen uns auftürmen. Hinzu kommen unrealistische Erwartungen, mit denen wir die Beziehung beginnen. Wir glauben, dass es uns tatsächlich bestimmt ist, auf immer und ewig glücklich zu leben, und sind nicht bereit, die Unterschiede des anderen zu akzeptieren.

Der letzte Grund ist groß! Männer und Frauen sind *nicht* gleich. Ziehen Sie in Betracht, dass wir nicht von zwei Planeten stammen, sondern auf zwei Planeten leben. Wir sind unterschiedlich gebaut, denken unterschiedlich, wir sprechen nicht dieselbe Sprache und wir verstehen Dinge mit Sicherheit nicht auf dieselbe Weise.

Im nächsten Kapitel werde ich darauf noch intensiver eingehen. Trotz dieser Unterschiede – und obwohl wir davon wissen – versuchen wir ständig, den anderen uns ähnlicher zu machen. Das verursacht eine enorme Menge Konflikt, Schmerz und Missverständnisse.

Dabei fängt es meist so gut an. Am Anfang der Beziehung wollen wir so viel wie möglich beisammen sein und finden seine kleinen Macken sogar sexy. Er hat einen Fleck auf dem Hemd und wir finden ihn damit lässig. Wir reden, er hört zu. Man entdeckt gemeinsame Interessen und lebt sie aus. Sogar der Abwasch wird gemeinsam erledigt. Wenn es hier und da kleine lästige Eigenheiten gibt, ändern diese sich bestimmt in der Zukunft. Oder zumindest glauben wir das. Im Lauf der Zeit verfliegt die Romantik und ein Alltags-Partner zeichnet sich ab. Dies kommt als Überraschung:»Früher haben wir stundenlang geredet und er hat mich wirklich verstanden. Aber jetzt hört er mir nicht einmal mehr zu.«»Ich dachte, dass sie gerne mit mir Fußball schaut. Jetzt ist sie jedes Mal eingeschnappt, wenn ich den Fernseher anmache.«

Viele Frauen leben in Fantasien oder in Erinnerungen. Eine Fantasie ist es, zu hoffen, dass alles von selbst besser wird. Frauen warten darauf, dass jemand kommt und sich um sie und ihr Glück kümmert. Die Wahrheit ist: Erst wenn Sie sich selbst darum kümmern, kommt ein Mann, der sie dabei unterstützt.

Wenn Frauen nicht bekommen, was sie wollen, werden sie missmutig und lassen das an den Männern aus. Sie werden dann wütend auf die Männer, weil ihr Leben unerfüllt ist. Wütend, dass sie uns ignorieren oder uns nicht glücklich machen. Mein Leben ist nicht aufregend? Es muss an ihm liegen! Wenn Leere da ist – es muss an ihm liegen. Er sollte mir doch meine Wünsche von den Augen ablesen. Allerdings: Viele Frauen wissen selbst nicht genau, was sie wollen. Und wenn, dann sagen sie es nicht.

Die Zauberformel lautet: *Klartext reden und Wünsche äußern!*

Sie wünschen sich eine Massage? Frische Brötchen zum Frühstück? Oder dass er mit Ihnen shoppen geht? Beginnen Sie einfach und fragen Sie ihn. Entdecken Sie Ihre Sehnsüchte und äußern Sie Ihre Wünsche! Sie können nie bekommen, was Sie wollen, wenn Sie ihn nicht fragen.

Woher weiß ich, dass Männer uns gerne unsere Wünsche erfüllen? In unseren Frauenflüsterer-Seminaren erzählen die ausschließlich männlichen Teilnehmer, weshalb sie da sind: Sie wollen die Frauen auf Händen tragen, ihnen die Wünsche von den Augen ablesen, verstehen, wie Frauen ticken, für sie der Fels in der Brandung sein, die Frauen verwöhnen und so weiter. Sie sind froh, wenn Frauen ihnen sagen, wie sie das bewerkstelligen können. Wenn Sie ihnen Hinweise geben. Klar, wohlwollend und direkt.

Viele Frauen, die zu mir kommen, beschäftigen sich stattdessen hauptsächlich damit, herauszufinden, was er mag und wie sie sein sollten, um ihm zu gefallen. Diese Frauen verfolgen die falsche Fährte: Je mehr sie ihn bedienen und je mehr sie sich vermeintlich anpassen, desto weiter rückt er weg. Da mag sie noch so attraktiv sein.

Erinnern Sie sich: Männer lieben es, eine Frau zu erleben, die mit sich und der Welt zufrieden ist, die sinnlich und glücklich ist. Und sie möchten derjenige sein, der zu ihrer Lust beiträgt.

Ein Mann erfüllt einen Wunsch nicht deshalb, weil die Frau tolle Argumente bringt, zum Beispiel, dass etwas gut für die Gesundheit ist oder voll im Trend liegt. Ein Mann erfüllt Wünsche, weil er einer Frau gerne einen Gefallen tut. Sein Lohn ist ihre Freude, ihre Dankbarkeit, ihr Genuss.

Gehen Sie also raus aus der Fantasie der Grübelei und direkt rein in die Aktion! Fragen Sie sich: Was brauche ich? Was braucht es, um es zu bekommen? Wie bringe ich ihn dazu, meine Wünsche zu erfüllen? Lassen Sie sich vielleicht auch darin coachen, Ihre Wünsche an den Mann zu bringen.

Wünsche äußern: Männer können nicht Gedanken lesen

Auch wenn es uns die Hollywoodfilme so zeigen: Männer lesen uns nicht die Wünsche von den Augen ab. Nicht weil sie es nicht wollen, sondern weil sie es nicht können! Wir beharren aber oft darauf, dass die Männer dies tun sollten. Und wenn wir unsere Wünsche schon benennen müssen, dann ist der Mann für uns nichts wert.

Wir warten stattdessen auf den wahren Seelengefährten, der uns versteht, unsere Gedanken kennt und weiß, was uns glücklich macht. Wir sind dem Märchen verfallen, dass der Prinz uns rettet, uns aus einem unerfüllten Leben reißt und uns mitnimmt in ein Königreich des endlosen Glücks.

Völlig falsch. Mit dieser Erwartungshaltung programmieren Sie Enttäuschung und Abhängigkeit. Und der Mann rutscht in die Kraftlosigkeit ab. Er hat überhaupt keine Chance. Wünsche zu äußern heißt auch, dem anderen die Gelegenheit zu geben, uns einen Wunsch zu erfüllen, uns glücklich zu machen. Und natürlich auch, zu uns selbst und unseren Bedürfnissen zu stehen.

Zum Start in einen neuen Umgang mit der Realität gebe ich Ihnen die wichtigsten Werkzeuge:

Verbindung schaffen

Ein »Hallo«, eine Anerkennung, eine Berührung, eventuell erst mal ein Glas Bier oder eine Tasse Kaffee bringen Sie in positiven Kontakt. Mein Lehrer hat das etwas deftiger ausgedrückt, indem er sagte: »If you talk to a man, talk in the microphone!« – Wenn du mit einem Mann sprichst, sprich ins Mikrofon. Ein Mann hört uns am besten zu, wenn wir uns in seine Welt begeben, wenn er »an« ist.

Klar ausdrücken, was Sie wollen

Er soll wirklich klar wissen, was genau Sie wollen. Kein Drumrum reden, nicht nur vage Andeutungen. Wer in meinem Seminar war, weiß, welche Begabung Frauen darin haben, sich um mehrere Ecken herum auszudrücken oder sich auch schon vorab für einen Wunsch zu entschuldigen. Zu sagen: »Ich will mehr Nähe«, ist für einen Mann noch lange nicht klar. Was genau ist es, was Sie hier wollen? Wie sieht Nähe für Sie aus? Was genau soll er machen? Sie in den Arm nehmen, zweimal die Woche treffen, Sie seinen Eltern vorstellen? Sprechen Sie es deutlich aus, sonst weiß er nicht, wovon Sie reden, und fühlt sich hilflos oder überfordert oder beides zusammen.

Vom Herzen her reden

Also nicht: »Mach doch mit mir mal einen Tanzkurs. Die Tanzschule hat gerade ein super Sonderangebot.« Oder gar vorwurfsvoll: »Der Peter geht mit der Biggi auch zum Tanzen ...« Sondern eher: »Ich wünsche mir schon lange, mit dir einen Tanzkurs zu machen. Ich weiß, dass du nicht so gerne Standard tanzt. Aber wenn wir zusammen auf der Tanzfläche ein paar Schritte miteinander machen, fühlt es sich für mich einfach klasse an.«

Seine Antwort annehmen

Er muss die Möglichkeit haben, Ja oder Nein zu sagen. Ungestraft. Er muss spüren, dass er – egal wie er reagiert – von Ihnen geschätzt und geliebt wird. Wenn er nicht mag, gehen Sie halt allein zum Tanzkurs, aber nicht zur »Bestrafung«, sondern weil Sie für sich sorgen. Sie kommen vom Tanzkurs, sind beschwingt und nehmen ihn in den Arm. Wenn er Ihrem Wunsch entgegenkommt, anerkennen Sie ihn und bedanken Sie sich. Sonst ist er nicht mehr motiviert, Sie glücklich zu machen!

Anderen unsere Wünsche mitzuteilen, erzeugt Intimität, sofern es ohne Druck und Erwartungen geschieht. Es braucht eben Mut, sich zu offenbaren, weil man ja auch Ablehnung kassieren könnte. Gehen Sie dieses Risiko bewusst ein und machen Sie sich klar: Ein Nein heißt nicht, dass Ihr Wunsch unsinnig ist oder dass Sie zu anspruchsvoll sind. Ein Nein kann der Anlass für ein interessantes Gespräch sein, bei dem Sie viel über den anderen erfahren – wenn Sie offen bleiben.

Wenn Sie nicht beleidigt reagieren, können Sie neugierig bleiben und fragen:»Was würdest du denn lieber tun?« Oder:»Unter welchen Umständen wärst du denn bereit, dies oder jenes zu tun?«Wenn wir den anderen nicht schlechtmachen, tun sich auch oft andere Möglichkeiten auf.

Ganz wichtig: Sie haben immer eine Wahl. Wenn Ihnen eine Situation nicht gefällt, sind Sie kein Opfer, das etwas hinnehmen muss. Sie können die Situation bewusst wählen oder aber sie verlassen. Nur zwischen den Stühlen wird es unbequem. Schlucken Sie also nicht jede Kröte, nur weil Sie ihm keinen Druck machen wollen. Manche Frauen sagen, sie wollen ihm auf keinen Fall das Messer auf die Brust setzen – falsch!

Wenn Sie zu ihm zum Beispiel sagen:»Ich möchte gerne heiraten«, und er sagt, er möchte gerne eine lockere Beziehung beibehalten, dann ist es kein Druck, wenn Sie ihm anschließend mitteilen, dass Sie sich trennen wollen. Es wäre nur dann Druck, wenn das als Drohung ausgesprochen wird, um ihn zu manipulieren. (Übrigens eine Drohung, die meist gar nicht eingehalten wird.) Wenn Sie es aber mit der Absicht sagen, dass Sie für sich sorgen und ihm Ihre Entscheidungen mitteilen, ist es ein Akt der Fairness beiden gegenüber.

Es kann natürlich sein, dass er Ihnen vorwirft, Sie wollten ihn damit erpressen. Viele Frauen lassen sich dann Sand in die Augen streuen und verunsichern, nehmen einen sehnlichen Wunsch zurück – und machen den Mann später für ihr Leiden verantwortlich.

TIPP Üben Sie sich darin, andere bewusst um etwas zu bitten. Ziehen Sie dabei in Erwägung, dass Sie damit anderen die Möglichkeit geben, zu helfen. Wenn es derzeit keinen Mann in Ihrem Leben gibt, probieren Sie das mit Frauen oder Kollegen aus.

In unserem Keller wurde zum Beispiel seit Jahren nicht mehr aufgeräumt. Schon einige Male stand ich mit guten Vorsätzen vor den Regalen, sah das Chaos und gab das Vorhaben völlig entmutigt wieder auf. Eines Tages überlegte ich, wie es mit dem Aufräumen endlich funktionieren könnte. Meine Freundin Rosina hat genau für solche organisatorische Angelegenheiten ein Händchen. Mein erster Gedanke war: Das kann ich ihr nicht zumuten. Da muss ich allein durch. Dann rief ich sie dennoch an und schilderte ihr die Situation. Sie sagte sofort: »Ich komme und übernehme das.« Es war eine tolle Erfahrung für mich zu sehen, dass es leicht gehen kann, wenn wir Hilfe annehmen. Und es hat uns als Freundinnen nähergebracht.

Überlegen Sie, ob es kleine oder große Wünsche gibt und schreiben Sie sie auf. Schreiben Sie auch die Wünsche auf, die Sie vermutlich nicht äußern werden – ganz gleich, aus welchem Grund. Wenn Sie keine konkreten Wünsche haben, denken Sie an Fantasien oder Wünsche beim Sex. Da gibt es ganz sicher etwas ...

Wünsch dir was: Lösungen finden und das Leben ändern

Männer haben die Fähigkeit, den Frauen die Sterne vom Himmel zu holen. Und sie haben den festen Willen, das zu tun. Instinktiv spüren sie, dass sie davon profitieren, wenn sie die tiefen Bedürfnisse der Frauen bedienen. Also helfen Sie ihm: Geben Sie deutliche Zeichen. Schauen Sie, was ihn herausfordert. Bringen Sie ihn in Aktion. Erfinden Sie ein Spiel.

Meine Tante hat ein tolles System erfunden. Als ich Onkel Helmut und seine Frau Susan in den USA einmal zur Adventszeit besuchte, sah ich, dass überall in der Wohnung Prospekte lagen: mit Mode, Schmuck oder anderen Geschenkartikeln. Einige der Prospekte waren aufgeschlagen, um einige Teile waren fette Kringel gemalt oder dicke Ausrufezeichen gesetzt. Ich fragte Susan, was das bedeutet. Sie erzählte, Helmut habe ihr immer wieder Geschenke gemacht, die ihr nicht wirklich gefallen haben. Wenn sie so tat, als freue sie sich über das Geschenk, fühlte es sich nicht gut an, und die ehrliche Reaktion »Danke, aber das gefällt mir nicht so gut, können wir es umtauschen?« trug auch nicht zur besseren Stimmung bei. Sie suchte eine Lösung, mit der sie sich beide wohlfühlen.

So kam sie auf die Idee mit den Prospekten. Nun wählt er etwas von den markierten Sachen aus. Für sie ist es immer noch eine Überraschung, welches der Geschenke sie wohl auspacken würde, und er ist froh, dass er sicher die richtige Wahl trifft. Seitdem seien die Feiern sehr entspannt, sagt Susan. Damals dachte ich: Wie unromantisch! Heute weiß ich: Susan ist eine weise Frau.

Manchmal kostet es nur eine kleine Überwindung, einen Herzenswunsch zu äußern. Bremsen Sie sich nicht selbst aus, nur weil Sie meinen, Ihr Mann will irgendetwas nicht. Wenn Sie nicht danach fragen, werden Sie es nie erhalten. Es ist immer einen Versuch wert.

Mein Mann findet es zum Beispiel sehr praktisch, dass wir von unserem Wohnort südlich von München bequem mit der S-Bahn direkt zum Flughafen fahren können, unabhängig davon, wie der Verkehr in der Stadt tobt. Mit dem Auto müssen wir entweder ganz um die Stadt herumfahren oder quer durch die City. Zweifellos ist die Fahrt mit der S-Bahn praktisch. Daher habe ich mich immer gescheut, ihn zu bitten, mich vom Flughafen abzuholen. Immer gab es diesen Stich, wenn die anderen Fluggäste erwartet wurden und ich mit meinem Gepäck allein zur S-Bahn ging. Ja, er hatte recht, aber ...

Irgendwann ermunterte mich meine Freundin: Sag ihm, was du dir wünschst, einfach so. Ich probierte es aus. Vor dem Abflug schickte ich ihm eine SMS. »Hole mich bitte um 20:30 Uhr bei der Lufthansa ab. Freue mich riesig auf dich und auf unseren gemeinsamen Abend. Smiley.« Seine Antwort: »Komme gerne, freue mich auch auf dich!« Es wurde ein sehr, sehr schöner Abend.

Wenn eine Frau Nein sagt zu ihren Wünschen, leidet jeder in ihrem Umfeld. Wenn sie Ja sagt zu dem, was sie will, profitiert jeder davon. Erst recht, wenn es um die gesamte Lebensplanung geht, sollten Sie Ihre Bedürfnisse deutlich machen.

Clara, eine meiner Kundinnen, hatte den Wunsch, in eine andere Stadt zu ziehen. Aber weil ihr Mann eine Praxis am jetzigen Wohnort hatte, sprach sie zu Hause nicht über ihren Wunsch. Sie war sicher, dass es sinnlos sei. Nur ein paar vage Andeutungen hatte sie gemacht. Nach dem Seminar fand sie den Mut zur Klarheit und sagte zu ihrem Mann: »Ich weiß, du hast dir hier vieles aufgebaut und lebst gerne hier. Aber bei mir wird der Wunsch immer größer, in meine Heimatgegend zu gehen und dort unser Nest zu bauen. Ich möchte gerne bei dir sein, aber fühle mich in dieser Stadt nicht glücklich. Was können wir tun?«

Zuerst reagierte der Ehemann sehr verhalten. Statt Enttäuschung zu zeigen, blieb Clara mit ihm freundlich und verbunden. Am nächsten Morgen kam er und nahm sie in den Arm. Er sagte: »Wenn es dir so am Herzen liegt, dann geh doch schon mal auf Erkundungstour in deiner Wunschgegend, schau dich um, wo du dich wohlfühlst und welche Möglichkeiten es für uns gibt. Ich baue hier die Praxis so um, dass wir sie im nächsten Jahr gut verkaufen können. Und du hilfst mir mit dem Neustart in deiner Stadt.« Sie weinte noch immer vor Glück, als sie davon berichtete.

Wie sehr die Männer sich Einblick in die Wünsche-Welt der Frauen wünschen, war auch Thema bei unserem Singlewochenende »Gardasee-Geflüster«.

Ich saß mit Männern und Frauen am Frühstückstisch und wurde gefragt, was ich den Frauen im »Männerflüsterin«-Seminar denn so beibringe. Ich sprach davon, dass sich Frauen oft für Männer nicht verständlich ausdrücken, oft nicht klar sagen, was sie sich von den Männern wünschen, und beschrieb eine Situation als Beispiel: Stellt euch vor, er und sie sind etwa Mitte/Ende 30. Sie sind schon drei Jahre zusammen und alles läuft gut. Und dann fängt sie an, darauf zu warten, dass er den nächsten Lebensschritt mit ihr geht, und zwar soll *er* diesen Schritt einleiten. Die meisten Frauen würden an dem Punkt vielleicht nebulöse Bemerkungen machen, sich ärgern oder sich nach und nach zurückziehen – aber sie würden nie klar sagen, was sie wollen. Weil sie sich wünschen, dass er es herausfindet.

Die Frauen saßen am Tisch und nickten zustimmend. Die Männer schauten hilflos drein und fragten: Ja, was wünschen sich denn die Frauen? Was würden sie nie selbst fragen wollen?

Alle Frauen mussten lachen, es war wie eine Erkenntnis. Konnte es sein, dass die Männer gar nicht wissen, was in uns vorgeht? Eine Frau sagte dann zu den Männern: »Das ist doch ganz klar. Ende 30, da will man eine Familie gründen, vielleicht heiraten oder Kinder bekommen. Aber wir wollen doch den Mann nicht fragen, dass muss doch er tun!«

Ein Mann fragte ganz erstaunt: »Aber warum denn nicht? Wie sollen wir denn das sonst wissen? Und wir kommen doch gar nicht darauf, dass ihr das wollt. Wir denken: Never change a running system.«

Oft ticken die Uhren der Männer langsamer als die der Frauen, und die Männer bemerken nicht, dass es Zeit ist für Veränderungen. Häufig braucht es auch etwas Nachhilfe, damit eine Frau erkennt, wonach sie sich sehnt.

Wie bei Julia und Markus. Die beiden waren seit Langem ein Paar. Beide waren geschieden und arbeiteten im medizinischen Bereich. Er verstand sich mit ihren Kindern gut, sie mit seinen. Besser konnte es also nicht sein.

Beim Interview im Seminar schauten wir nach Julias Wünschen. Sie zählte einiges auf: tolle Reisen, neue Herausforderungen, ein Seminar auf Hawaii veranstalten. Bei all diesen Wünschen sah ich nur moderates Licht in ihren Augen. Dann fragte ich, ob sie sich eine Heirat mit Markus wünscht. Sie verneinte spontan, mit klaren Begründungen, warum das nicht nötig sei. Aber: Ich sah viel, sehr viel Licht beim Thema Heirat.

Nach dem Feedback, dass sie einfach bei diesem Thema strahlt, hatte Julia Tränen in den Augen. Eigentlich habe sie diesen Wunsch als albern, als nicht angemessen für eine reife Frau abgetan. Und außerdem: Markus habe schließlich nicht gefragt, und da wolle sie ja auch keine Schwäche zeigen.

Im Rollenspiel haben wir dann maßlos übertrieben, einfach aus Spaß und um den Ernst mit dem Thema zu verlieren. Julia kniete sich im Rollenspiel vor ihren Markus hin, schaute ihm in die Augen und hielt um seine Hand an. Die Rollenspielpartnerin, die Markus spielte, war völlig überrascht und ergriffen.

Wie Julia das Gespräch in Wirklichkeit geführt hat, weiß ich nicht. Aber beim nächsten Coaching berichtete sie uns vom Ergebnis: vom Hochzeitstermin mit Markus.

Ein geplatzter Traum ist besser als lebenslanges Grübeln

Wenn wir schon über Klartext reden, sage ich auch ganz klar: Es geht nicht immer so aus wie in den bisher beschriebenen Beispielen. Wenn Sie einen Wunsch äußern, müssen Sie damit rechnen, dass er nicht erfüllt wird. Das ist bei kleinen Alltagswünschen ganz gut zu verkraften, und ich nenne Ihnen später einige Dialogtechniken, mit denen Sie das Blatt meist doch noch wenden können. Schwieriger wird es bei Herzenswünschen, an denen die gesamte Lebensplanung hängt. Aber ich sage auch: Wenn Sie in einem solchen Fall eine Absage bekommen, hat sogar das etwas Gutes. Denn eine bittere Realität zu akzeptieren ist allemal besser, als sich auf ewig mit falschen Vorstellungen zu quälen.

Frauen warten oft lange, zu lange, auf die »richtige« Gelegenheit, dem Mann einen Wunsch nach Veränderung zu präsentieren. Vor allem wenn es um etwas Einschneidendes geht wie die gemeinsame Zukunft, um das Thema Zusammenziehen oder Heiraten. Manche Frauen sagen gar nichts, andere wälzen mit ihren Freundinnen die verschiedenen Interpretationen für sein Verhalten und finden tausend Erklärungen, wie zum Beispiel, er hat viel zu tun, er hat schlechte Erfahrungen mit der Ex, er möchte erst sein Studium beenden.

Es hilft alles nichts: Küssen Sie sich notfalls selbst wach aus dem Dornröschenschlaf. Warten Sie nicht, bis der Prinz es tut. Vielleicht tut er es nämlich nie. Vielleicht ist er nach dem Kuss sofort verschwunden. Vielleicht reagiert er nicht romantisch, sondern sachlich, ablehnend, zögernd oder braucht erst mal Zeit. Wie auch immer: Hauptsache, Ihr wichtiger Wunsch kommt zur Sprache.

Anna, eine hübsche, stille Frau, etwa Mitte 30, hat diese Erfahrung gemacht. Im Seminar erzählte sie von einem Mann, den sie seit etwa einem Jahr traf und der ihr gut gefiel. Die aktuelle Situation schilderte sie so:

Da er in einer anderen Stadt lebt und arbeitet, habe er wenig Zeit, sie öfter zu treffen als zweimal im Monat. Wenn er sie besucht (er kommt immer zu ihr, nie umgekehrt, was sie damit entschuldigte, dass er keine so schöne Wohnung habe wie sie), dann fühlen sie sich sehr nah, haben viel Spaß miteinander.

Im Seminar äußerte sie ihren großen Wunsch: mehr Zeit mit ihm verbringen, auch mal ein Wochenende bei ihm sein, Zukunft planen, näher zusammenrücken. Aber auf keinen Fall wolle sie ihn mit Druck und Ansprüchen vergraulen.

Als ich ihr riet, mit ihm über ihren Wunsch zu sprechen, waren alle anderen Frauen schier entsetzt: Das ist doch nichts anderes, als ihm die Pistole auf die Brust zu setzen. Das kann sie doch unmöglich machen! Wir haben dann angeschaut, was sie mit »Pistole auf die Brust« verbinden: entweder – oder. Zwang und Druck auf ihn ausüben. All das, was die Frau von heute auf keinen Fall möchte.

Aber dem steht gegenüber: warten, bis Monate, ja vielleicht Jahre vergehen, und nicht das bekommen, was man möchte. Wir sprachen darüber, dass es noch lange keinen Druck darstellt, erst mal einen Wunsch zu äußern. Und schließlich kann ich erst dann, wenn ich weiß, welche Wünsche und Vorstellungen der andere hat, schauen, ob es Schnittflächen, Lösungen oder Möglichkeiten gibt.

Und wenn nicht? Wenn er einfach nicht möchte? Dann habe ich die Wahl, ob ich so weitermachen möchte oder ob ich einen anderen Weg einschlage.

Ich fragte Anna: »Wenn er nie etwas an eurer Beziehung ändern möchte, wie würdest du dann entscheiden?« Da kam die klare Antwort: »Dann würde ich nicht mehr mit ihm zusammen sein wollen. Dann möchte ich frei sein für jemanden, der das Leben mit mir planen möchte.«

Wir übten das Gespräch im Rollenspiel. Man konnte merken, wie schwer es Anna fiel, ihren Wunsch auszudrücken, wie nahe sie den Tränen war. Aber genau das ist es, was die Herzen bewegt, was Nähe produziert. Im Rollenspiel übten wir zwei Versionen: eine »positive« – dabei hat er weiterhin viel Arbeit, schaut aber, welche Möglichkeiten es gibt, denn er will auch mehr Nähe mit ihr. Und die als negativ erlebte – er will eigentlich nichts ändern. In diesem Fall übten wir, dass sie dann nicht sauer reagiert, sondern ehrlich, aber anerkennend für seine Offenheit.

Soweit die Vorgeschichte. Und hier ist die E-Mail nach dem Gespräch, das Anna mit dem Mann geführt hat:

»Hallo liebes Seminarteam, ich weiß nicht, ob Ihr auch schon Erfahrungen gemacht habt beim Umsetzen unserer Werkzeuge. Bei mir stand bereits gestern die im Seminar gespielte Situation an. Ich habe meinem sehr guten Freund gesagt, dass ich mir wünschen und vorstellen könnte, häufiger mit ihm zusammen zu sein. Leider ist es bei ihm nicht so. Wir hatten ein gutes und sehr offenes Gespräch. Das Ergebnis ist für mich schlecht, aber komischerweise fühle ich mich trotzdem besser als in dieser Ungewissheit seit einem Jahr. Tja, und jetzt ist klar, dass ich mich wieder aktiv auf die Suche begeben werde!«

Ich habe mich sehr gefreut über diese Mail. Natürlich nicht darüber, dass dieser Wunsch von Anna unerfüllt bleibt. Sondern darüber, dass sie nicht enttäuscht oder verletzt reagiert hat, dass sie die Realität kennt und jetzt ein neues Leben anpacken kann. Falls ein Mann in einer solchen Situation sagt, dass er noch etwas Zeit braucht, rate ich: Geben Sie ihm die Zeit, aber fragen Sie ihn, wie lange er Zeit braucht – denn »etwas Zeit« ist vielleicht für ihn deutlich länger als für Sie. Und sprechen Sie dann das Thema wieder an.

Einige Frauen neigen dazu, ihre Ideen bewusst aufzugeben, und glauben, dass sie dann besonders liebenswert seien. Sie nehmen Situationen in Kauf, die eigentlich nicht zumutbar sind, und verstehen dies als weibliche Nachgiebigkeit.

Eine Frau, die zu mir ins Coaching kam, hat von ihrem Freund ein Baby. Sie leben getrennt. Er möchte seine Wohnung nicht aufgeben, zwar am Wochenende mal zu der Familie kommen, aber sie finanziell nicht unterstützen. Obwohl sie wegen des Kindes nicht Vollzeit arbeiten kann. Sie glaubt ihm, dass er keine Zeit hat, um sich über die Zukunft Gedanken zu machen, weil er in seiner Arbeit so beansprucht ist. Sie will ihn am Wochenende nicht noch mit ihren Wünschen »nerven«. Aber: Hinter der netten Maske ist sie mittlerweile gar nicht mehr so nett aufgelegt, denn eigentlich ist sie extrem sauer und fühlt sich alleingelassen. Hier braucht es eine klare Regelung der Finanzen und auch der Pflichten. Diese Regelung trifft man am besten, solange man noch liebevoll miteinander umgehen kann und bevor der Frust in ein tiefes Zerwürfnis mündet.

Klartext: So sagen Sie's direkt

Bei der überwältigenden Mehrheit der Wünsche geht es nicht um grundsätzliche Entscheidungen fürs ganze Leben, sondern um die kleinen Anliegen und Sehnsüchte des Alltags. Wenn wir denken: Das ist doch gar nicht so wichtig, da schaue ich drüber hinweg, ist das, als ob ein Teppich zwischen Ihnen beiden liegt und Sie schieben immer wieder ein Steinchen unter diesen Teppich. Und eines Tages können Sie nicht mehr über diesen Teppich laufen, ohne zu stolpern. Also räumen Sie Steinchen um Steinchen aus dem Weg, indem Sie Ihre Wünsche aussprechen. Hierbei ist es wichtig, den Ton und die Sprache zu finden, die zum Erfolg führen. Deshalb zeige ich hier anhand von Dialogen, wie es falsch und wie es richtig laufen kann.

Frauen denken, dass sie sagen, was sie wollen. Tun sie aber meist nicht. Wenn ich im Seminar Rollenspiele machen lasse, sieht das oft verheerend aus.

Greifen wir nochmals das Beispiel mit dem Tanzkurs auf. Die Situation: Sie möchte einen Tanzkurs mit ihm machen.

Viele Frauen halten dann einen Vortrag über die Wichtigkeit des Tanzens für die Gesundheit. Manche legen dem Mann sogar die Gegenargumente in den Mund, bevor er an diese überhaupt gedacht hat. Andere hören gar nicht mehr auf zu argumentieren, und der arme Mann, der dem Wunsch anfänglich vielleicht sogar positiv gegenüberstand, wird abgetörnt und weiß gar nicht mehr, was genau sie von ihm will. Wieder andere spielen das Opfer (»Nie gehst du mit mir ...!«), sodass er überhaupt nicht anders kann, als auf stur zu schalten.

Sagen Sie nicht: »Bert geht mit Marianne nun in den Tanzkurs, also solltest du es auch tun!« Er hört: »Bert ist besser als du!«

Sagen Sie einfach: »Ich möchte mit dir tanzen gehen.« Oder: »Wenn ich beim Tanzen in deinen Armen liege, vergesse ich die Welt!«

Wenn Sie wissen, dass er nicht gerne tanzen geht, gehen Sie

nicht einfach darüber hinweg. Sagen Sie:»Ich weiß, dass du nicht gerne tanzt. Ich möchte aber am liebsten mit dir tanzen. Tust du mir den Gefallen und begleitest mich?« Sagen Sie nicht beleidigt:»Wenn du nicht mitkommst, gehe ich eben ohne dich!« Dann hat er keine Wahl, sondern hört nur eine Drohung. Sagen Sie:»Ich könnte auch mit jemand anderem den Kurs machen. Aber das wäre nur eine Notlösung, denn am liebsten möchte ich das Tanzen mit dir erleben.« Wichtig ist, dass Sie keine Erwartung an das Ergebnis stellen. Lassen Sie los. Geben Sie ihm die Wahl und das Gefühl: Egal wie er sich entscheidet, er ist okay. Sollte er sich entscheiden, nicht tanzen zu gehen, gehen Sie mit Ihrer Freundin und bestrafen ihn nicht dafür. Kommen Sie einfach gut gelaunt nach Hause. Das ist die beste Motivation für ihn, beim nächsten Mal vielleicht anders zu entscheiden und dabei sein zu wollen.

Vielen Frauen fällt es leichter, das zu sagen, was sie *nicht* wollen, als das, was sie wollen. Sagen Sie ihm also konkret, was Sie wollen und welche wichtige Rolle er dabei spielt. Äußern Sie sich klar und nicht verschwommen, direkt und nicht mit Andeutungen. Ohne Druck und Manipulation. Ohne Drohung, Beschwerde, Opferhaltung oder Genörgel. Wenn Sie glauben, dass Sie sich nur bei Ihrem Mann beschweren müssen, damit sich etwas ändert, sind Sie ernsthaft auf dem Holzweg. Die meisten Frauen merken allerdings gar nicht, dass sie den Mann angreifen.

Bei den Übungen im»Männerflüsterin«-Seminar lernen Frauen auf die Zwischentöne zu hören. Sie beginnen zu hören, wenn sie in der Wortwahl, im Klang der Stimme oder im Ton Druck ausüben. Sie lernen zu sagen, was sie wollen, anstatt zu sagen, was sie *nicht* wollen. Sie lernen, es den Männern so zu sagen, dass diese es als Information nehmen können und nicht als Gemecker oder Vorwurf.

Fragen Sie sich auch erst mal selbst: Was glaube ich? Glaube ich, dass er mir *nie* hilft? Nie hilfst du mir, nie bist du romantisch, immer tust du ... Alles mit *nie* und *immer* ist unwahr! Aber wenn Sie es sagen, nimmt der Mann das wörtlich.

Sagen Sie nicht: »Immer gehen wir in dieses Restaurant, hast du denn keine andere Idee?« Für ihn hört sich das an wie: »Du bist schuld, dass mein/unser Leben langweilig ist.«

Sagen Sie: »In der Müllerstraße gibt's ein neues Lokal, da möchte ich gern mit dir hingehen.«

Sagen Sie nicht: »Jeden Abend immer nur vorm Fernseher, das finde ich langweilig.« Er hört: »Du bist langweilig.«

Sagen Sie: »Ich mag unsere Fernsehabende. Aber ich würde gerne mal mit dir tanzen oder ins Kino gehen. Es ist so schön, wenn du mich ausführst.«

Sagen Sie nicht: »Kannst du nicht einmal helfen, das wegzuräumen?«

Sagen Sie: »Bitte hilf mir dabei, es macht mehr Spaß zusammen.«

Eine Teilnehmerin betonte im Seminar: »Ich will nicht mit einem erwachsenen Menschen darüber diskutieren, wer den Müll runterbringt!« Muss man auch nicht, wenn es wirklich nur um den Müll geht. Sagen Sie: »Bist du so lieb und nimmst den Müll mit runter?«

Wenn er in Eile ist und das Auto ist auch noch in der falschen Richtung geparkt, sagen Sie: »Ist in Ordnung. Am Abend ist es auch okay!«

Was mit Sicherheit nicht funktioniert: wenn Sie ihm Ihren eigenen Wunsch als den seinen unterschieben wollen. Auf die Frage »Hättest du nicht auch mal Lust auf einen Tanzkurs?« oder »Erholung täte dir jetzt wirklich gut, willst du nicht mal Urlaub machen?« wird er schlicht antworten: »Nö, eigentlich nicht.«

Und dann gibt es noch die Variante, bei der jeder auf den anderen Rücksicht nehmen will:

Sie: »Was machen wir heute?«

Er: »Schatz, wir machen, was du willst.«

Sie: »Würdest du gerne essen gehen?«

Er: »Wenn du es auch willst.«

Dieses Paar dreht sich nur im Kreis.

Alles im Gleichschritt zu tun, ist das Gegenteil von einer realistischen Beziehung. Wenn wir die Unterschiede ignorieren, wenn wir nicht akzeptieren, dass jeder ureigene Bedürfnisse und Wünsche hat, dann verliert jeder im Laufe der Zeit das Gefühl für diese Bedürfnisse. Und dann stumpft die Beziehung immer mehr ab.

Statt krampfhafter Harmonie stellen Sie sich lieber die Frage: Wie sieht es aus, wenn beide bekommen können, was sie wollen? Statt »entweder – oder« gibt es auch »sowohl als auch«. Statt Berge oder Meer im Urlaub findet sich vielleicht ein See nahe an den Bergen. Statt Sport oder Faulenzen findet sich sicher ein Ort, an dem er Kitesurfen und sie am Strand liegen kann. Nennen Sie Ihre Wünsche und bleiben Sie offen für verschiedene Möglichkeiten. Dann werden sich die unterschiedlichsten Interessen auf spannende Weise ergänzen.

Interpretationen: Vorsicht, Falle!

In der Kommunikation bewegen wir uns in zwei Domänen: in der Realität und in Interpretationen. Frauen sind Meister im Interpretieren, weil sie so komplex und vielschichtig denken. Sie hören oft nicht das, was Männer wirklich sagen, sondern machen etwas anderes daraus. Manchmal das, was sie sich wünschen und hören wollen, meist aber auch das, was sie befürchten oder durch andere Männer – meist beginnend mit dem Vater – bereits schmerzlich erfahren haben.

Wenn Ereignisse passieren, passieren sie immer nur in der Gegenwart, und es dauert immer nur Bruchteile von Sekunden. Jemand tut etwas, sagt etwas, bewegt etwas. Schon ist es vorbei und eine neue Sache passiert. Für uns aber dauern manche Ereignisse viel länger und sind noch Tage oder Jahre später für uns relevant. Der Satz, den der Partner gestern gesagt hat, tut heute noch irgendwie weh. Wie kann das sein, es ist doch eigentlich schon vorbei?

In den meisten Fällen sind wir in eine Falle getappt: die Falle der Interpretation. Wir schließen selbst den Teufelskreis von Fantasie und Realität. Um aus diesem Teufelskreis herauszukommen – besser noch: gar nicht erst hineinzugeraten –, hilft uns die Unterscheidung: Was ist Realität, was ist Interpretation? Oder: Was ist *wirklich* passiert?

Zum Beispiel hat er gesagt: »Ich möchte am Wochenende allein sein.«

Ihr tut das weh. Warum? Weil sie dem Gesagten eine Bedeutung beifügt. Für sie bedeutet der Satz vielleicht: Ich mag nicht mit dir zusammen sein. Oder: Unsere Beziehung neigt sich dem Ende zu. Oder vielleicht auch: Er könnte eine andere haben.

Das, was sie interpretiert, fügt ihr den Schmerz zu. Und nicht das, was er sagt! Da Frauen oft regelrechte »Interpretationsmaschinen« sind, rufen sie ihre Freundinnen an und diskutieren die Optionen: Was könnte er gemeint haben? Könnte er gar allein sein wollen, um sie mit etwas überraschen zu wollen? Vielleicht braucht er Zeit, um sich über seine Gefühle klar zu werden, und, und, und. Auch wenn eine dieser Interpretationen der Wahrheit am nächsten kommt, sind alle doch Erfindungen unseres Geistes.

Wenn sie aber zu dem Schluss kommt, dass er sie nicht mehr mag, wird sie sich vermutlich beim nächsten Kontakt reserviert und weniger liebevoll verhalten. Sie wird vielleicht beginnen, ihn misstrauisch zu beobachten oder ihm zu zeigen, dass sie ja auch allein zurechtkommt oder gar nicht so sehr an ihm hängt.

Und wie wird er sich verhalten? Da er ja nicht weiß, was sie bewegt, wird er vermutlich irritiert reagieren. Und dann steht tatsächlich etwas zwischen den beiden. Ein Teufelskreis entsteht.

Wie lösen Sie das Problem? Fragen Sie sich, was wirklich gesagt worden ist! Trennen Sie die Realität von Ihrer Interpretation, Ihren Befürchtungen.

Im Beispiel oben hat er gesagt, er möchte den Tag allein verbringen. Das heißt nicht, dass er mich nicht mehr liebt. Das heißt nicht, dass er eine andere hat. Das heißt auch nicht, dass er einen Verlobungsring kaufen geht und mich damit überraschen möchte. Wenn ich es wirklich wissen will, weil es mich beschäftigt, gibt es nur einen Weg: ihn zu fragen:

»Hey, gestern hast du gesagt, dass du das Wochenende allein verbringen möchtest. Ich mache mir seither Gedanken darüber. Ich fühle mich ausgeschlossen. Ist etwas passiert, dass du das Wochenende nicht mit mir verbringst?«

Er kann dann antworten: »Oh, ich wollte dich auf keinen Fall ausschließen. Ich möchte mit Peter zum Angeln gehen und das interessiert dich ja nicht so.« Oder was auch immer.

Vielleicht werden Ihre Befürchtungen sogar bestätigt, aber dann wissen Sie, woran Sie sind. Vielleicht hat er aber auch einfach nur das Bedürfnis, einen Tag lang allein zu sein. Ohne tiefere Bedeutung. Könnte es Ihnen nicht auch mal so gehen? Möchten Sie sich dann rechtfertigen müssen? Also fragen Sie nach, aber unterstellen Sie ihm nichts Böses.

Männer sind oft einfacher, als wir denken. Männer sagen zum Beispiel: »Ich will mich nicht binden.« Frauen interpretieren: »Er hat die Richtige noch nicht gefunden. Er hat einfach schlechte Erfahrungen gemacht, aber ich zeige ihm, dass es auch anders geht.« Oder: »Es ist einfach nur eine Frage der Zeit, dann wird er anders denken.« Oder: »Das meint er gar nicht so, er ist doch so ein familiärer Typ, wenn ich sehe, wie er mit den Kindern seiner Schwester umgeht.« Und dann setzen Frauen ihren geballten Ehrgeiz daran, ihn von den Vorzügen einer festen Bindung zu überzeugen. So leben sie in einer Fantasie.

Wie wäre es, ihm einfach zu glauben, was er sagt: Er will sich nicht binden.

In meinen »Frauenflüsterer«-Seminaren für Männer gibt es für die Teilnehmer meist ein spannendes Feedback von Frauen. Hierzu eine interessante Geschichte: Er und sie waren verabredet. Sie waren sich sympathisch, hatten ein tolles Gespräch. Alles verlief bestens. Anschließend verabschiedeten sie sich vor dem Lokal und er sagte, er gehe noch in die Stadt zum Tanzen. Soweit die Fakten.

Im Seminar gab die Frau folgendes Feedback: Sie sagte ihm, dass sie es sehr schön mit ihm fand und auch Interesse an ihm entwickelte. Aber bei der Verabschiedung sei ihr klar gewesen, dass hier wohl nichts mehr weitergeht. Er hätte doch gewusst, dass sie mit der S-Bahn unterwegs war und ihr Wohnort auf seinem Heimweg lag. Auch wenn er kein Interesse an ihr gehabt habe, so hätte sie es nett gefunden, wenn er sie noch nach Hause, zumindest aber an die S-Bahn gebracht hätte. Da er aber weder das eine noch das andere getan habe, war für sie klar, dass sie ihm nicht gefallen habe. Alles logische Schlüsse, aber dennoch reine Interpretation.

Er war total bestürzt über diese Rückmeldung, denn seine Sichtweise war völlig anders: Er habe den Abend genossen und sich sogar bereits ein wenig verliebt, gab er zu. Er wollte einfach nicht zu aufdringlich sein und sie belagern. Natürlich hätte er sie gerne nach Hause gefahren, wenn sie etwas gesagt hätte. Und wie gerne!

Es gibt immer verschiedene Möglichkeiten einer Interpretation. Wenn Sie alles interpretieren und sich die Interpretationen zu Wahrheiten verfestigen, können Sie irren. Und wenn Sie schon interpretieren und Ihre Schlüsse ziehen, wählen Sie am besten die Interpretation, die Sie am ehesten befähigt, ihn mit Wohlwollen zu betrachten. Oder Sie fragen einfach nach, bevor Sie zu lange herumrätseln.

Starre Positionen: Eine Mauer gegen Nähe

Es gibt noch eine weitere Falle in der Kommunikation: starre Positionen. Wenn Sie Ihre Wünsche klar äußern, halten Sie Ihre Beziehung lebendig. Wenn Sie jedoch Ihre Positionen in eine starre Form gießen, verhindern Sie Entwicklung. Positionen, die fest gemauert sind, wirken wie ein Bollwerk, das ständig verteidigt werden muss. Und deshalb befinden sich Menschen mit starren Positionen permanent im Kampf.

Der amerikanische Trainer Clinton Callahan hat einige solcher Positionen formuliert. Wir halten es zum Beispiel für selbstverständlich, dass es wahr ist, wenn wir sagen: Ich mag das. Ich mag das nicht. Du musst mich folgendermaßen behandeln. Ich muss gewinnen. Das ist unmöglich. Ich weiß nicht, wie. Das ist nicht gut genug. Ich bin nicht gut genug. Du bist inkompetent. Du bist besser als ich. Du passt da nicht rein. Ich passe da nicht rein. Ich weiß, was besser ist für dich. Das ist nicht ordentlich. Ich bin ihm egal. Ich bin gut. Ich bin schlecht. Das ist schlecht.

Eine Position zu beziehen, wird durch unser normales Denken meistens nicht überprüft. Wir behaupten leicht: Ich habe recht. Du hast unrecht. Ich weiß. Ich weiß nicht. Ich kann das nicht. Es geht mir nicht gut. Ich hasse das. Das ist nicht fair.

Callahan eröffnet aber auch die Möglichkeiten, die wir erreichen können, wenn wir diese Positionen nicht haben:

○ Wenn wir keine Position darüber einnehmen, was wir hören oder nicht hören können, können wir alles hören.

○ Wenn wir keine Position darüber einnehmen, wie Dinge sein oder nicht sein müssen, können wir aufmerksam dafür sein, wie die Dinge wirklich sind.

○ Wenn wir keine Position darüber einnehmen, was richtig oder falsch ist, können wir bemerken, was funktioniert und was die besten Ergebnisse erzielt.

- ○ Wenn wir keine Position darüber einnehmen, wie etwas zu sein hat, können wir wählen, wie es ist.
- ○ Wenn wir keine Position über unsere gegenwärtige Situation einnehmen, kann unsere Situation sich im nächsten Moment ändern.

Starre Glaubenssätze blockieren nach Callahan unsere Wahrnehmung für das, was tatsächlich da ist. Ein Glaube gibt uns zwar ein Gefühl von Sicherheit. Aber Glaubenssätze haben keinen Bezug zur Realität. Niemand kann mit uns über einen Glauben streiten, denn es ist nichts weiter als ein Glaube. Wenn genügend Menschen einem gemeinsamen Glauben folgen, können wir untereinander Einigkeit und Übereinstimmung erschaffen. Dann muss jeder, der nicht mit uns übereinstimmt, entweder verrückt oder unser Feind sein. Welch vertrautes Spiel!

Feuer und Wasser:
Sie passen doch
zusammen!

11

Um uns im Dschungel zurechtzufinden, brauchen wir Kompass und Landkarten. Im Beziehungsdschungel hilft es uns, wenn wir etwas über die unterschiedlichen Energien wissen, die im Hintergrund wirken. Die Gesetze unserer Natur sagen ganz eindeutig: Mann und Frau sind zwei unterschiedliche Erscheinungsformen auf dieser Welt, unterschiedlich wie Tag und Nacht. Nach dem Prinzip von Yin und Yang sind Frauen wie Wasser und Männer wie Feuer.

Größer könnten die Gegensätze nicht sein. Aber gerade deshalb ziehen sich Männer und Frauen gegenseitig an. Gegensätzliche Energien und Elemente versuchen sich zu einer gemeinsamen Kraft zu vereinigen. Immer wieder. Seit Tausenden von Jahren. Irgendwie haben sie es immer geschafft.

Nachdem ich mit Ihnen bis jetzt eine Fülle von einzelnen Aspekten der Beziehung zwischen Frau und Mann betrachtet habe, möchte ich nun diese Ansammlung von Aspekten aus einer anderen Perspektive anschauen. In diesem Kapitel kommen sozusagen die vielen Tropfen zu einem Strom zusammen, fügen sich kleine Mosaiksteinchen zu einem großen Gesamtbild.

Das geschieht in drei Phasen: Wir schauen uns die unterschiedlichen Energien von Frau und Mann an. Wir erforschen, wie diese Energien zusammenfinden, wie Frau und Mann gemeinsame Inhalte und Ziele entdecken, ihre Interessen verbinden und daraus Win-win-Situationen schaffen. Und wir geben dieser Verbindung genug Zeit, damit Nähe und Liebe in angemessenem Tempo wachsen können.

An den Unterschieden zwischen Frauen und Männern können wir nichts ändern. Das müssen wir auch nicht. Die gegenseitige Anziehung kommt ja gerade durch die Andersartigkeit zustande. Wenn Sie bereit sind, dies als Reiz zu empfinden, haben Sie schon einen großen Schritt getan. Frauen erwarten von Männern, dass sie so reagieren wie Frauen. Tun sie dies jedoch, werden die Männer schnell uninteressant. Versuchen Sie nicht, Ihren Mann zu einer Frau zu machen. Versuchen Sie nicht, Ihren Mann dazu zu bringen, Ihnen wie eine Frau zuzuhören und wie eine Frau mit Ihnen zu sprechen. Er ist keine Frau.

Er hört, sieht und denkt anders als Sie. Für Frauen zählt die Qualität. Für Männer zählt Quantität.

Sie sagt nach dem Seminar:»Der Seminartag war schön, er hat Spaß gemacht. Es waren nette Teilnehmerinnen da und ich fühle mich inspiriert.« Er sagt nach dem Seminar:»Ich habe fünf Werkzeuge gelernt, die ich gut anwenden kann. Ich habe viele Ergebnisse erzielt. Ich habe einige Seiten voll mit Tipps nach Hause getragen.«

Frauen beklagen sich oft:»Warum sitzen wir hier im Kurs – und nicht die Männer?« Oder:»Es ist nicht fair, dass wir immer beginnen müssen.« Oder:»Warum soll ich ihn anerkennen, er kann doch auch mal anfangen!«

Zu den unterschiedlichen Fähigkeiten gehört es, dass Frauen besser in der Kommunikation sind, Beziehungen sind unsere Domäne. Und Beziehungen bestehen aus Kommunikation, aus sonst nichts. So gut wie Ihre Kommunikation ist, so gut ist auch Ihre Beziehung. Auch Sex ist übrigens eine Form der Kommunikation. Daher tragen wir hier die Verantwortung. Fair ist es vielleicht nicht. Aber Erfolg versprechend.

Mix der Energien: Was uns trennt und was uns verbindet

Für die Beschreibung der elementaren energetischen Unterschiede zwischen Frau und Mann ist das Prinzip von Yin und Yang am bekanntesten:

Frauen (Yin) ist das Element Wasser zugeordnet. Es ist eine weiche, durchlässige Energie. Dennoch hat Wasser eine große Macht, es ist flexibel und fließt immer ans Ziel. Frauen wollen verstanden werden.

Männern (Yang) wird das Element Feuer zugeordnet. Es ist eine starke, heiße Energie. Feuer ist dominant und kämpferisch. Männer wollen akzeptiert werden. In der Evolution hatten diese unterschiedlichen Energien und die damit verbundenen Fähigkeiten einen lebenswichtigen Sinn. Der Urzeitmann ging im Morgengrauen mit anderen Urzeitmännern auf die Jagd, schweigend und dennoch im Bewusstsein einer Verbindung mit den anderen. An der Wasserstelle oder Lichtung nahm jeder Jäger seinen Platz ein, harrte eventuell über Stunden dort aus. Regungslos. Mit Fokus auf die Aufgabe. Und wenn das Wild erschien, erfüllte er diese Aufgabe, sofort, ohne Abwägen oder Nachdenken.

Die Frauen blieben in der Höhle und mussten dort viele Faktoren gleichzeitig handhaben: das Feuer im Blick behalten, die krabbelnden Kinder, die Verletzten oder Alten, den Höhlenausgang. Sie haben ein Gespür für Situationen entwickelt, einen Rundumblick, die Fähigkeit, Energien, Atmosphäre und auch Gefahren wahrzunehmen und zu erspüren. Sie haben kommunizieren und kooperieren müssen, gegenseitig auf Kinder aufgepasst und sich in der Erledigung von Aufgaben unterstützt.

Frauen und Männer – da ist nicht einer besser oder schlechter. All diese Fähigkeiten ergänzen sich. Es gibt einfach zwei Seiten einer Medaille.

Eine neue Betrachtungsweise der weiblichen und männlichen Energien hat der bereits zitierte Clinton Callahan entwickelt. Vor vielen Jahren schon gründete er seine Academy in den USA und stellte Forschungsteams zusammen, um neue Wege zu finden, wie das natürliche Potenzial menschlicher Beziehungsfähigkeit freigesetzt werden kann. Er spricht vom »Archetypischen Raum«, in dem jedes, das Männliche und das Weibliche, seine eigene Herrschaft hat, über die es auf dieser hohen Ebene keinen Wettstreit mehr gibt. Was genau das Archetypische ausmacht, beschreibt Callahan in seinem Buch *Wahre Liebe im Alltag* so:

»Archetypisch gesehen sind Männer Nichts. Nicht im Sinne von Wertlosigkeit oder Leere, sondern im Sinne von unbegrenzter Möglichkeit. Der wahre Nutzen des Nichts-Seins des Mannes liegt darin, zu erschaffen, was nie zuvor erschaffen wurde, und einen besonderen Raum als Rahmen zu halten, aus dem heraus sich archetypische Beziehung entfalten kann. Deshalb sind Männer so zerbrechlich. Der kritische Kommentar einer Frau lässt das Ego eines gewöhnlichen Mannes zerspringen, und er versucht verzweifelt, seine falsche Selbstachtung wiederherzustellen, indem er mit Wut zurückschlägt. Viele Männer hassen es, Nichts zu sein, und versuchen auf neurotische Weise, Etwas zu sein. Das ist auch der Grund, warum alles eine große Wirkung auf Männer hat, was Identität verheißt: eine Galerie voller Abschlussdiplome, Medienpräsenz in der Regenbogenpresse oder alle Arten von Wettkämpfen mit dem Ziel, der Gewinner zu sein. Die gewöhnlichen neurotischen Versuche der Männer, etwas zu sein – irgendetwas –, statt sich kraftvoll in das Nichts-Sein hineinzuentspannen, macht die Frauen rasend.«

Aus dieser Perspektive heraus ist es auch verständlich, dass Männer sich schwertun, Frauen nur zuzuhören und keine Ratschläge zu erteilen, wenn sie von ihren Schwierigkeiten und Herausforderungen berichten. Männer wollen dann schnell helfen, etwas tun und reparieren. Das Schwerste ist es für sie, die Situation zu erkennen, aber eben nichts zu tun. Und dieses Nichts ist für die Frauen meist wichtig, wollen wir uns doch am liebsten gehört und verstanden fühlen. Wenn wir sprechen, sortieren wir unsere Gedanken und kommen dadurch oft selbst auf die Lösung. Wenn ein Mann sich in dieses Nichts hineinentspannen kann, kann er der Fels in der Brandung für uns sein.

Ich handhabe das mit meinem Mann mittlerweile so: Da er grundsätzlich eine Lösung anbieten will, ich mich aber oft nur mitteilen möchte, fragt er mich manchmal: »Willst du einen Rat – oder willst du einfach nur jammern?« Dann kann ich ihm sagen, wie ich es gerne hätte. Wenn die Antwort ist: »Ich will einfach jammern«, dann weiß er, was er zu tun hat: nämlich nichts, einfach präsent sein, zuhören und mir die starke Schulter anbieten.

Wenn Sie Ihrem Mann von einem Problem berichten, sagen Sie ihm gleich, dass er es nicht lösen und nichts unternehmen muss. Das lässt ihn entspannen und er kann Ihnen ganz anders zuhören. Oder erstellen Sie eine nach Prioritäten geordnete Liste, die er nach Belieben abarbeiten kann. Wie er das tut, ist seine Sache. Männer erledigen Dinge anders als Frauen.

Und was sagt Callahan in seinem oben genannten Buch über die Frauen?

»Archetypisch gesehen sind Frauen Alles. Das ist der Grund, warum Frauen jeden kleinen Schmutzfleck, jede Staubfluse, jeden Farbfleck, jede Falte, jede Stimmung und alle Unzulänglichkeiten entdecken. Die Wahrnehmung von so viel Disharmonie, Unordnung und unerledigten Aufgaben verursacht tiefe Wut im Archetypisch Weiblichen. Diese Wut ist wie ein Vulkan gewaltig genug, um ganze Städte unter der Masse ihrer Eruptionen versinken zu lassen. Die Wut des Archetypisch Weiblichen ist so groß, dass sie Frauen Angst macht. Frauen sind nicht darin trainiert, wie sie ihre Wut einsetzen und praktisch nutzen.«

Daher ist es wichtig, dass Frauen nicht nur ihre Sanftheit, sondern auch ihre Fähigkeiten und ihre Intensität leben. Um diese in den Alltag zu integrieren, sollte jeder sein eigenes Lebensspiel finden. Damit meine ich eine Herausforderung, die uns lebendig macht, die uns positiv fordert und unsere Brillanz zum Vorschein bringt. Das ist für Männer wie für Frauen existenziell. Für jeden einzeln und für beide zusammen.

Was das alles mit einer Beziehung zu tun hat? Ganz einfach: Wenn wir unterfordert sind, mit unserem Leben und unserer Tätigkeit (die Tätigkeit macht einen großen Teil unseres Lebens aus), werden wir unzufrieden. Wenn wir unzufrieden sind, beschleicht uns das Gefühl von »Hier stimmt was nicht. Etwas ist falsch«. Ein Schuldiger muss her! Wir selbst können es ja – aus unserer Sicht – nicht sein. Also muss es der andere sein. Der Blick fällt dann umgehend auf den Partner: Ja klar, es liegt an ihm! Und das, obwohl Frauen doch heute jede Menge Möglichkeiten haben. Sie haben die Pille, gesetzliche Gleichberechtigung, Freiheit, Ausbildung, Beruf. Aber ein Ärgernis ist zum Beispiel, dass die Frauen immer noch nicht so viel verdienen wie Männer. Dies wird noch einige Zeit so bleiben, und die Frauen werden die Männer dazu brauchen, es zu ändern. Wenn Frauen jedoch mit Männern in Konkurrenz stehen, haben Männer Spaß daran, sie auszubooten. Je verbissener die Frauen sich zeigen, desto mehr Widerstand bieten ihnen die Männer. Je weiblicher sie sich zeigen, je wertschätzender und je entspannter, desto mehr sind Männer bereit, sie auf ihrem Weg zu unterstützen. Frauen sind dabei, nicht nur im häuslichen Bereich, sondern auch auf den bisher männlichen Spielfeldern von Beruf und Karriere aktiv zu werden.

Für Männer hat sich nicht so viel geändert. Die Evolution hat sie zu Jägern und Produzenten gemacht. Heute jagen sie nicht mehr das Wild, sondern haben sich auf dem geschäftlichen Spielfeld etabliert. Hier schreiben sie die Regeln und kontrollieren dadurch den Geldfluss. Geld, Macht und Ergebnisse sind also die Sprache, die sie sprechen. Früher drehten sich ihre Gedanken um die Frage: »Wie viele Tiere bringe ich dem Stamm?« Männer sind im Stamm willkommen, wenn sie produktiv sind. Heute betrachten sie die Welt nach aktuellen Kriterien: »Was verdiene ich? Was wird mich das kosten? Wie viel Zeit brauche ich dazu?«

Wenn Männer das Geld kontrollieren, was kontrollieren dann die Frauen? Frauen kontrollieren den Spaß, das Vergnügen und auch den Sex. Welchen Bereich Sie beim Mann ansprechen wollen, können Sie sich aussuchen. Denn wenn Frau mit Mann spricht, kann sie sich an drei Gehirne im Mann wenden: den instinktiven Mann (Instinkte sind im ältesten Teil des Gehirns), den emotionalen Mann und den intellektuellen Mann (der jüngste Teil des Gehirns).

Frauen wenden sich heute oft fast ausschließlich an den intellektuellen Mann und erklären und belehren ihn. Sie wundern sich dann, wenn sie bei ihm nicht viel ausrichten und nicht viel erreichen. Kommt dann eine andere Frau, die seine Emotionen oder gar seine Libido und Instinkte anspricht, ist er nicht mehr zu halten. Das ist eine biologische Reaktion: Das Weibchen zeigt Verlangen, das Männchen reagiert darauf. Im Tierreich beginnt nicht das Männchen die Begegnung, sondern die Begegnung ist bestimmt durch den Zyklus und die Signale, die vom Weibchen ausgehen. Das Männliche spricht auf das Weibliche an. Nicht umgekehrt.

Übertragen auf uns bedeutet das: Wenn der Mann Sex haben will und er geht in die Disco, kann er Erfolg haben oder auch nicht. Sieht er gut aus und ist er charmant, stehen seine Chancen besser, aber er kann sich nicht gewiss sein, dass er bei einer Frau landet. Will eine Frau Sex haben, kann sie es!

Wenn alle Lichter eines Mannes an sind, wenn Libido, Emotionen und Intellekt angezündet sind, kann die Frau einem Mann die größte Aufgabe stellen, und er wird sie gerne für sie erfüllen. Ein großzügiger Mann teilt dann den Erfolg mit Ihnen. Ein Chef lässt eine Mitarbeiterin an seinen Erfolgen teilhaben. Die Sprache von Männern ist Austausch: Energie gegen Geld.

Ein guter Rat für alle Frauen: Kümmert euch nicht um Männer, die die Resultate nicht mit euch teilen. Ein großzügiger Mann teilt stets sowohl geschäftlich als auch privat. Wenn er es nicht tut, lasst ihn ziehen.

Gemeinsam auf die Bühne des Lebens

In der idealen Partnerschaft gibt es eine große Schnittmenge der Gemeinsamkeiten und gleichzeitig ein stabiles Eigenleben für jeden Einzelnen. So macht der Teamgedanke Spaß: wenn jeder seine Energien und Fähigkeiten einbringt und beide daraus etwas Neues kreieren. Wenn sie gemeinsame Interessen entdecken und diese Interessen verbinden.

Ich habe schon erwähnt, dass vor allem Frauen die Schuld beim Partner suchen, wenn sie sich unterfordert fühlen. Manch gelangweilte und unausgelastete Frau träumt vom Ritter, der sie aus der Misere erlöst und Bewegung und Intensität in ihr Leben bringt.

So ähnlich ging es einer Kollegin von mir. Louisa war studierte Schauspielerin und Sängerin, verheiratet mit Gerd, einem Regisseur. Weil sie Kinder hatten, übte sie ihren Beruf nicht mehr aus, sondern lebte als Hausfrau mit der Familie auf dem Dorf. Es dauerte nicht lange, da bröckelte die Familienidylle und die Ehekräche häuften sich. Diese wurden mit der Zeit immer heftiger, bis hin zum Tellerwerfen. Schließlich war Louisa ja eine geborene Schauspielerin ...

Durch das Coaching konnte sie erkennen, dass gar nicht der Ehemann die Ursache für die Streitigkeiten war. In Wahrheit sehnte sie sich nach Auftritt, Intensität und Lebendigkeit. Unbewusst hatte sie ihr Privatleben zu ihrer Bühne gemacht.

Mit kleinen Schritten startete sie also in neue Herausforderungen und ein neues berufliches Leben, das ihre Talente forderte. Der Beginn war ein Projekt, bei dem sie die Ehekräche, gemeinsam mit ihrem Mann, tatsächlich auf die Bühne brachte – wenn auch am Anfang nur im kleinen Kreise. Das Ergebnis: Das Paar tobte sich im wahrsten Sinne des Wortes aus, die Zuschauer lachten über die alltäglich bekannten Situationen zwischen Mann und Frau, und Louisa und Gerd gingen in Eintracht und Händchen haltend nach Hause. Heute gibt Louisa große Bühnentrainings.

Mein Mentor Martin Sage lehrte einen ungewöhnlichen, aber effektiven Umgang mit Problemen: »Wenn du ein Problem loswerden willst, dann schaffe dir ein größeres!«

Louisa hatte sich erfolgreich ein noch größeres Problem (sprich: eine größere Herausforderung) geschaffen. Es ging nun nicht mehr um offene Zahnpastatuben, sondern darum, das Publikum zufriedenzustellen und dabei Geld zu verdienen. Um diese Herausforderung zu meistern, spielte sie im Team, zusammen mit Gerd.

Auch ich habe auf diese Weise neue Aspekte in meiner Beziehung entdeckt. Als ich meine Leidenschaft fürs Coaching entdeckte, war mein Mann beruflich in einem ganz anderen Bereich tätig. Er war Geschäftsführer einer Firma. Unsere Kinder waren das einzige gemeinsame »Projekt« zwischen mir und meinem Mann, und ich machte mir Gedanken, was neben dem normalen Alltag mit Familie wohl eine gemeinsame Herausforderung für uns als Paar sein könne, ein gemeinsames Spiel für uns beide. Ich wusste, dass er sehen konnte, wo Leute ihre Schwächen haben, und die Fähigkeit besaß, dies auf humorvolle und direkte Art zu sagen. Mir fiel es meist schwer, das Unangenehme auszusprechen, und wenn ich es mal tat, waren die Leute beleidigt. Mein Mann konnte das sagen, und oft hielt ich vor Schreck die Luft an. Aber die beteiligten Personen nahmen es ihm nicht übel, im Gegenteil, sie waren sogar dankbar. Das war eine Eigenschaft, die ich ins Coaching einbauen konnte.

Die zündende Idee kam dann in einer Coachingrunde, die ich leitete: Einer der Männer berichtete, dass er ein beträchtliches Vermögen aufgebaut habe, aber ihm fehle die Frau, die sein Geld ausgibt und damit ein schönes Lebensumfeld erschafft. Innerhalb kurzer Zeit kamen noch zwei andere Männer mit diesem »Problem«. Alle drei waren Singles und wünschten sich eine nette Frau, die ihnen hilft, ihr Geld auszugeben.

Die Idee des Singlecoachings war geboren. Zuerst wollte mein Mann nicht teilnehmen, er wisse gar nicht, was er mit den Leuten machen solle. Dann setzte ich folgende Spielregeln fest: Von sechs Abenden, mit denen wir begannen, sollte er nur am ersten Abend anwesend sein und das, was ich sage, mit seinen Beobachtungen ergänzen. Er ging darauf ein. Am Ende des Abends lobten die Teilnehmer, welch guten Beitrag er mit seinen Beobachtungen geleistet habe. Und er sei doch hoffentlich auch an den anderen Abenden anwesend. Natürlich war er mit dabei!

Das Tolle daran war, dass ich während des gemeinsamen Trainierens mit ihm ganz neue Aspekte an ihm entdeckte, die ich zu Hause nie zu sehen bekommen hätte. Und auch ihm ging es so. Wir haben uns auf ganz neue Weise als Team erleben können.

Was könnte ein gemeinsames Projekt zwischen Ihnen und Ihrem Partner sein? Und wenn Sie keinen Partner haben: Gibt es Männer in Ihrem Umfeld, mit denen Sie gemeinsame Projekte durchführen können? Interessante Lebensspiele machen Frauen interessant für Männer.

Eine Freundin von mir hat im Chat mit einem Mann kommuniziert. Sie hat ihm davon erzählt, dass sie gerne aufs Land ziehen und am liebsten ein altes Bauernhaus renovieren möchte. Es stellte sich heraus, dass er sich auch ein größeres Wohnumfeld wünschte und aus der Innenstadt wegziehen wollte. Die beiden überlegten, dass so ein Objekt einfacher zu mieten sei, wenn sie sich zusammentun. Sie kamen zu dem Schluss, eine WG zu bilden und ihren Traum zu verwirklichen.

Kurze Zeit später fand sie das Objekt und die beiden legten los: Gespräche mit dem Vermieter, das Objekt ausräumen, planen, renovieren ... Es dauerte nicht lange, da berichtete sie mir, dass es wohl keine WG würde. Sie hätten sich bei der ganzen Aktion ineinander verliebt.

Wenn Frauen über unbefriedigende Beziehungen zu Männern klagen, schaue ich nicht nur nach der Dynamik in der Beziehung, sondern auch, ob die Frau ein zu ihr passendes Lebensspiel hat. Hat sie keines, dann coache ich sie darin, dieses zu finden oder die Schritte zu tun, diesem näherzukommen. Das allein gibt ihr ein anderes Standing, eine andere Selbstzufriedenheit. Auf einmal ist nicht mehr der Partner oder die Familie das einzig glückselig Machende in ihrem Leben. Übrigens sehr zur Entlastung der Männer!

Natürlich ist es auch für Männer wichtig, so ein Lebensspiel zu finden. Sie können ihn auf dem Weg unterstützen, wenn Sie seinem Licht folgen und mit ihm gemeinsame Projekte kreieren.

So wirken die Energien von Mann und Frau zusammen. Der Mann stellt den Rahmen zur Verfügung, die Frau füllt diesen aus. Er setzt die Grenzen, wenn sie – als Alles – über die Stränge schlägt. (Ein Mann, der alles mit sich machen lässt, ist eine Qual für eine Frau!) Bildlich gesprochen macht er den Zaun um den Garten, sie füllt den Garten, indem sie die Blumen pflanzt. Er baut das Haus, sie dekoriert es und füllt es mit Wärme. Seine Aufgabe besteht darin, den Raum und die Materie bereitzustellen, und ihre, den Raum mit Energie und Sinnlichkeit zu füllen. Wenn sich im Garten zu viel Unkraut und Pflanzen – sprich: Chaos – ansammeln, dann stellt er wieder Struktur und Ordnung her.

Ich habe es einmal genau so gehandhabt: Vom Nachbargrundstück wuchsen die Äste so stark zu uns herüber, dass wir nicht mehr viel Sonne bekamen. Ich bat meinen Mann, mit dem Nachbarn zu sprechen. »Du bist doch selber groß«, sagte mein Mann, »sprich du doch mit ihm.« Ich spürte, irgendetwas stimmte dabei nicht. Es war mir wichtig, dass er sich darum kümmert. Heute weiß ich, warum.

Wir leben zwar alle nicht bewusst nach diesen energetischen Vorgaben, dennoch wirken sie. Die Frauen, die zu sehr damit beschäftigt sind, Materie zu schaffen, übernehmen die Aufgaben von Mann und Frau gleichzeitig. Sie machen den Mann hier fast überflüssig und/oder geraten selbst in eine zu männliche Energie.

Stellen Sie sich vor: Beide arbeiten, beide haben einen stressigen Tag gehabt. Sie steht während der Heimfahrt im Stau, denkt:

Ob der Sprit noch reicht? Dann springt sie schnell noch in die Bäckerei, um das Brot fürs Abendessen zu holen. Er und sie kommen gleichzeitig nach Hause und jeder möchte nun beim Partner entspannen und wieder auftanken. Weil bei beiden die Nerven blank liegen, braucht es nur einen kleinen Funken, und das Fass kommt zum Überlaufen. In solchen Situationen hilft die Besinnung auf die energetischen Gesetze. Denn auch wenn Frauen nicht mehr (ausschließlich) zurück an den Herd wollen: Gestresst, ausgebrannt und abgearbeitet sein – das wollen sie auch nicht.

Vielleicht gestaltet das Paar den Abend einmal so: Sie ruft ihn an und bittet ihn, sie zum Essen auszuführen, damit sie sich nicht so abhetzen muss. Und überlässt es ihm, den Tisch zu reservieren. Oder: Sie kommt nach Hause und gönnt sich erst mal eine Stunde allein im Bad, bevor sie mit ihm in den Feierabend startet. »Die Emanzipation hat Frauen auf ihre Stärke aufmerksam gemacht. Jetzt heißt es, die Stärke der Frau in die richtige, das heißt in die weibliche Richtung zu lenken«, schreibt die Psychotherapeutin Elfie Horak in ihrem Buch *Und sie gehören doch zusammen*. »Erst eine weibliche Frau macht den Mann männlich. Erst ein männlicher Mann lässt eine Frau aufblühen.«

Bewegen Sie sich im Tempo der Liebe

Das Tempo der Liebe ist viel langsamer, als wir uns normalerweise bewegen. Die Liebe entsteht in den Pausen, nicht im Tun.

Bei Dates beachten viele das Tempo der Liebe nicht, sie halten keine Pausen ein oder reden unaufhörlich. Sie denken, sie müssen etwas tun, aber die Liebe kann eher in den Raum kommen, wenn man sie »geschehen lässt« und ihr Zeit gibt. Sie passiert zwischen den Aktionen, in einem Blick, der länger dauert, einer Berührung, bei der man innehält.

Fühlen Sie mal hinein: Wenn Sie jemanden anschauen, zum Beispiel bei einem Flirt, und Sie schauen nur hin und gleich wieder weg, dann entsteht da noch keine Verbindung. Das Gefühl braucht zwei oder drei Sekunden, bis es die Distanz überwunden hat, dann erst kommt es an. Wenn Sie also den Blick einen Moment länger halten, können Sie spüren, wie auf einmal das Gefühl ankommt.

Viele Frauen haben Angst vor der Nähe, die dadurch entstehen kann. Daher schauen sie schnell zu Boden. Oder beginnen mit Aktion: Sie räumen etwas auf, sie reden oder stellen Fragen. Oft fühlen sie sich auch verantwortlich für die Gestaltung und den Verlauf einer Unterhaltung und geben entsprechend Gas. Das wird auf Dauer anstrengend!

Die Alternative ist nicht, einfach gleichgültig dazusitzen und es laufen zu lassen. Die Alternative ist eher eine Art »aktives Nichtstun«. Eine Haltung von Vergnügen, sich wohlfühlen und Bewunderung für den anderen: seine Stimme genießen, das Lokal genießen, den Wein genießen, oder auch eine Pause, einen Blick, seinen Gesichtsausdruck, seine Aufregung. Einfach genießen. Ab und zu geben Sie etwas dazu, aber Sie müssen es nicht. Wie bei einem Feuer, das Sie beobachten: Sie genießen das Knistern, spüren die Wärme, und im richtigen Moment, wenn es noch Futter braucht, werfen Sie ab und zu ein Scheit hinein oder geben Luft hinzu.

In dem Maße, in dem Sie entspannt sind, kann auch er entspannen.

Männer brauchen manchmal mehr Zeit, eine Antwort zu finden, ein Gesprächsthema zu suchen. Die Macher-Frau ist da oft schneller, beginnt etwas, um die Pause zu füllen, und lässt ihm kaum Zeit, nachzukommen. Er rennt dann sozusagen ihr hinterher, wird auch manchmal abgehängt. Wie wäre es, wenn sie sich seinem Tempo anpassen würde, mal schneller, mal langsamer? Er überlegt etwas und hat Zeit, den Gedanken zu Ende zu führen, ohne dass sie unterbricht. Er sucht einen Weg, ein Treffen mit ihr auszumachen, und hat Zeit, den Weg zu Ende zu denken, ohne dass sie ihm zuvorkommt und etwas vorschlägt. Oder er schaut sie an, freut sich über ihre Gesichtszüge, ohne dass sie peinlich berührt auf den Boden schaut.

Das richtige Tempo zeigt sie auch mit ihrem Körper. Sie nimmt den eigenen Körper bewusst wahr, ihre Körpermitte, ihr Becken, ihre Lebendigkeit, jede Bewegung. Sie ist bei sich, in sich und in der Sinnlichkeit, und nicht im Kopf, in den Gedanken, was als Nächstes zu tun und zu erledigen ist. Das ist dann sein Job.

Die Töne, die sie macht, kommen dann aus dem Bauch, es kann ein wohliges, lang gezogenes »Aaaah« oder »Oohh« sein, ein begeistertes »Wow« oder ein brummiges »Hmm«. Statt »Das ist ja super!« oder »Irre!« wohlige Töne, die man macht, wenn man ein kuscheliges Fell eines Tieres streichelt, ein Pferd beruhigen möchte oder eine Praline auf der Zunge zergehen lässt. Mmmh!

Töne für das Herz, nicht für das Hirn. Die Sprache des Herzens hat keine Worte, nur Töne. Also tiefes Zuhören mit dem Herzen, Bewunderung und Vergnügen. Und dazu Töne machen. Nicht reden, sondern mit dem Herzen fühlen: Hmmm.

So ähnlich verlief mein erster Abend mit meinem Mann. Nach dem Date fuhr er mich nach Hause. Von Köln aus ging es auf die Stadtautobahn Richtung Bergisches Land. Abends, dunkel, es regnet, der Regen prasselt auf die Windschutzscheibe, das Auto gleitet auf der Straße dahin, wunderschöne Musik. Kein Geplapper, kein »Das Essen war lecker«, »Wann sehen wir uns wieder?«, »Was machst du morgen?«, »Was für ein Stück spielt da, wie heißt die Sängerin?« Einfach Schweigen. Nichtstun, Genießen, Wohlfühlen, die Energie wahrnehmen. Nähe.

Irgendwann, als ich realisierte, dass die Abfahrt bald kommt, machte ich: »Hmmmm – ich könnte eeewig so mit dir dahinschweben.«

Die Abfahrt kam, und er nahm sie nicht, sondern fuhr weiter stadtauswärts. Hatte er vergessen, welcher Weg zu meiner Wohnung führt? Oder war das Absicht? Egal. Ich lehnte mich in den Sitz hinein, versank noch tiefer ins Wohlfühlen. Wir fuhren schweigend bis zum Ende der Autobahn (Olpe) und schweigend wieder zurück. Er wusste die Ausfahrt genau, schweigend fuhr er mich nach Hause, und der Eindruck war stärker, als hätten wir uns auf der Fahrt unser halbes Leben erzählt.

Im Seminar üben wir das manchmal: wenn Frauen so schnell sind, schneller als der Mann und schneller als das Tempo der Liebe. Sie bekommen dann Feedback, wie sich der andere mit ihnen gefühlt hat: hektisch, angespannt.

Dann ist die Aufgabe, mal das Tempo rauszunehmen, den anderen wahrzunehmen, die Verbindung aufzunehmen. Alles in Zeitlupe machen.

Und wie fühlt sich der andere dann? Besser! Wahrgenommen, akzeptiert, er hat Raum.

Drei Schritte für die Liebe

»Wenn du dich schneller bewegst als die Geschwindigkeit der Liebe, verhinderst du die Erfahrung der Liebe«, sagt mein Lehrer Clinton Callahan. Er beschreibt damit einen Weg, auf dem das Entstehen der Liebe erlebbar wird. Und er erklärt auch, warum dabei Langsamkeit so wichtig ist.

Unsere Schnelligkeit zeigt sich nicht unbedingt in körperlicher Bewegung. Ein Großteil unserer Schnelligkeit spielt sich in unserem Kopf ab. Wir verbringen unseren Tag vielleicht mit Telefonieren, dem Diskutieren während eines Meetings, mit dem Schreiben auf dem Computer oder mit Autofahren. Dabei haben wir das Gefühl, als bewegten wir uns in hoher Geschwindigkeit, während wir in Wirklichkeit beinahe bewegungslos sind. Wir kalkulieren, begutachten, überprüfen, lesen, hören zu, vergleichen Preise, schließen Geschäfte ab, erstellen Pläne und suchen nach Fehlern. Wir versuchen, so viel wie möglich in einen Tag hineinzupressen, und stehen im Wettkampf mit der Zeit. Ein einzelner Moment, der nicht mit Aktivität oder Unterhaltung angefüllt ist, ist in unserer modernen Zeit ein vergeudeter Moment. Jedes Mal, wenn es so aussieht, als könnten wir unser Ziel erreichen, quetschen wir noch ein paar Dinge mehr auf unsere Erledigungsliste.

Was wir bei unserer Schnelligkeit verlieren, ist das Erleben der Liebe. Da die meisten von uns im Erleben von Liebe niemals geschult wurden, erkennen wir nicht einmal, dass uns etwas entgeht oder dass das, was sich gerade abspielt, auch anders sein könnte. Doch ziehen Sie einmal die Möglichkeit in Betracht, dass durch unsere Schnelligkeit ein Teil unseres komplexen Systems überreizt wird, während ein anderer Teil zu wenig Reize erfährt. Wir überaktivieren unseren Intellekt und setzen das Erleben dieses überaktivierten Intellekts mit einem ausgefüllten Leben gleich. Als Ergebnis davon haben wir in unserem komplexen Leben kaum für etwas anderes Zeit oder Raum. Und unser Herz hungert währenddessen nach Liebe.

Möglicherweise denken wir sogar ziemlich viel über Liebe nach. Wir grübeln vielleicht darüber, was Liebe ist, und versuchen herauszufinden, wie wir mehr davon bekommen können oder ob die Liebe, die wir haben, bereits das Ideal ist. Wir könnten denken, dass wir die Liebe verstehen – oder dass wir sie nicht verstehen. Oder vielleicht haben wir auch aufgegeben, uns den Kopf über Liebe zu zerbrechen angesichts all der anderen realen Dinge, über die wir uns den Kopf zerbrechen müssen. Vielleicht leben wir in einer Fantasie, die von sentimentalen Filmen und Liebesromanen noch bestärkt wird.

Zwischen dem Nachdenken über Liebe und dem Erleben von Liebe liegt ein himmelweiter Unterschied. Es könnte sein, dass wir schon so viel über Liebe nachgedacht haben, dass wir uns dem tatsächlichen Erleben von Liebe noch nie ausgesetzt haben.

Liebe lässt sich erleben. Das Erleben von Liebe ist nicht flüchtig oder zerbrechlich. Es ist nicht verwunderlich, dass wir das Erleben von Liebe als unbeständig ansehen könnten, wenn man bedenkt, dass Liebe eine Geschwindigkeitsbeschränkung hat und wir uns meistens viel schneller bewegen!

Das jetzt folgende Experiment besteht aus drei Schritten und erfordert die bereitwillige und bewusste Mitarbeit von jemandem, den Sie lieben. Es muss nicht der ultimative Jemand sein. Es muss nur jemand sein, den Sie lieben und der Sie liebt. Es gibt bestimmt mehr dieser Menschen in Ihrem Leben, als Sie es für möglich halten oder Sie es sich eingestehen wollen. Wählen Sie eine Person aus. Bitten Sie sie, gemeinsam mit Ihnen dieses ganze Abenteuer zu lesen und dann das Experiment durchzuführen.

Treffen Sie sich am Samstag- oder Sonntagmorgen um 11 Uhr für zwei Stunden an einem vereinbarten Ort, nachdem Sie gefrühstückt, aber noch nicht zu Mittag gegessen haben. Der Ort sollte am besten ein großer Park mit weiten, ebenen Wegen, Bäumen und Fließwasser oder einem See sein. Er sollte fernab vom Straßenverkehr liegen.

Den ersten Schritt sollten Sie getrennt voneinander durchführen, noch bevor Sie sich an diesem Tag treffen.

Schritt 1: Vorbereitung

Das direkte, unverfälschte Erleben von Liebe kann intensiv sein. Da unser Nervensystem durch die vielfältigen täglichen Reize ständig bombardiert wird, liegt unser wahres Bestreben eher darin, Intensität zu vermeiden, statt sie willkommen zu heißen. Wenn das für Sie auch zutrifft, dann besteht Schritt 1 darin, Ihre Nerven zu schonen. Beginnen Sie den Tag mit einer Entspannungsmassage und einem Dampfbad oder mit sanften Dehnübungen und einem heißen Wannenbad. Machen Sie etwas Beruhigendes, um Ihren Körper zu entgiften und zu regenerieren. Die Vorbereitung besteht in totaler Entspannung. Das bedeutet nicht, Schokolade oder Eis zu essen, Wein zu trinken oder Videos anzusehen. All das trägt zum Stress bei. Was Sie auch tun, es muss keine große Sache sein – einfach irgendetwas, um die körperliche Geschwindigkeit zu drosseln. Sorgen Sie dafür, dass Ihr Partner sich auf ähnliche Art vorbereitet, aber führen Sie diese Vorbereitung nicht gemeinsam durch. Machen Sie sie getrennt voneinander.

Schritt 2: Wechsel

Treffen Sie sich mit Ihrem Partner zur vereinbarten Zeit am vereinbarten Ort. Vermeiden Sie möglichst das Reden, wenn Sie zusammenkommen. Achten Sie darauf, dass Sie sich während des gesamten Experiments nicht berühren. Lesen Sie diesen Abschnitt noch einmal gemeinsam durch. Bei gegenseitigen Interaktionen ist unser gewöhnliches Augenmerk auf Worte gerichtet. Wir sind in einem verbalen Gefängnis eingekerkert. Bei diesem Experiment geht es um den Ausbruch aus diesem Gefängnis. Sie sind zusammengekommen, um die direkte Erfahrung einer subtilen Ganzkörperempfindung zu machen. Erleben geschieht ohne Worte. Die Sinne empfinden, bevor Worte da sind. Bevor Sie mit Schritt 3 anfangen, müssen Sie aus dem verbalen Dschungel herauskommen und Eingang in die Erlebniswelt finden. Wie Sie das schaffen?

Atmen Sie. Fühlen Sie die Beschaffenheit der Luft, der Kleidung und der Haare auf Ihrer Haut. Bewegen Sie sich langsam und majestätisch wie eine Löwin in der afrikanischen Sonne. Vergessen Sie alles, was war und was sein wird. Sehen Sie sich um und sehen Sie exakt das, was da ist. Benutzen Sie Ihre Augen als Rezeptoren und nicht als Analysatoren. Lassen Sie das Licht, die Farben und Formen in sich hineinfließen. Atmen Sie und bemerken Sie die Gerüche, die Temperatur und die Veränderungen der Luftfeuchtigkeit. Benennen Sie nichts. Versuchen Sie nicht, irgendetwas herauszufinden. Haben Sie keinerlei Meinungen. Geben Sie keine Kommentare ab. Lassen Sie es so sein, wie es ist. Genehmigen Sie sich zehn Minuten der Stille und des Schweigens, um die Worte während Ihres Zusammenseins hinter sich zu lassen.

Schritt 3: Gehen

Dieses Experiment klappt vielleicht nicht gleich beim ersten Versuch. Andererseits könnte es klappen und Sie wollen es vielleicht gar nicht. Machen Sie sich darüber keine Sorgen. Zumindest können Sie mit einer netten Person einen Spaziergang im Park unternehmen. Eine/r von Ihnen sieht in die Augen des anderen und sagt:»Wir sind im Namen der Liebe versammelt.« Indem Sie das Prinzip benutzen, dass zwei oder mehr im Namen der Liebe versammelt sind, öffnen Sie den Raum für Liebe. Das gewährleistet, dass im Raum Ihres Treffens Liebe geschieht.

Dann fangen Sie langsam an, Seite an Seite nebeneinanderher zu gehen. Seien Sie sich darüber im Klaren, was»langsam« bedeutet. Gehen Sie langsamer als das Schritttempo, das Ihrem Verstand vorschwebt. Viel langsamer – vielleicht ein Drittel Ihrer normalen Geschwindigkeit – eher schlendernd als gehend. Dies ist ein Spaziergang. Lassen Sie andere unbeachtet an Ihnen vorbeigehen. Schritt. Dann kommt der nächste Schritt. Ruhig. Ohne darüber nachzudenken. Lassen Sie sich von dem Raum, in dem Sie sich gerade treffen, bewegen. Gehen Sie in der Geschwindigkeit der Liebe. Sie können das vielleicht nicht verstehen, doch Sie können dem ganz leicht nachspüren und folgen. Atmen. Gehen. Entscheiden Sie nicht, wohin es geht. Seien Sie bewegt vom Raum Ihres Zusammenseins, versammelt im Namen der Liebe. Entspannen Sie sich. Machen Sie sich keine Sorgen. Es gibt mehr als genug Zeit.

Schauen Sie nach einer Weile, wie es Ihnen und dem anderen geht. Sprechen Sie nicht. Auf keinen Fall diskutieren oder analysieren. Beachten Sie einfach die Geschwindigkeit, in der Sie zusammen gehen, sodass Sie eine Blase der Empfindung von Liebe mit sich führen. Es ist einfach. Diese Blase wird niemals weggehen. Sie werden vielleicht weggehen, doch sie wird es nicht. Ihre Nerven könnten prickeln. Ihre Haare könnten Ihnen zu Berge stehen. Ein Schauer könnte Ihnen über den Rücken laufen. Sie könnten eine Gänsehaut bekommen. Die Luft könnte sich dicht und wohlig anfühlen. Ein warmes Summen könnte sich in jeder Zelle Ihres Körpers ausbreiten. Jetzt geschieht Liebe. Und Sie lassen sie hinter sich, wenn Sie sich zu schnell bewegen oder sich in die intellektuelle Welt der Worte begeben. Das Feedback kommt unverzüglich.

Die Verbindung zwischen Ihrem Körper und jedem einzelnen Raum ist zellulär. Die Empfindungen, die Ihnen erlauben, die Eigenschaften der Erfahrung zu erkennen, spielen sich auf der Ebene Ihres Gewebes, Ihres Nervensystems und Ihres Knochenmarks ab. Das Navigieren im Raum der Liebe involviert das Einssein mit dem Erspüren der Eigenschaften des Raumes. Es ist eine physische Ganzkörpererfahrung. Das Erleben geschieht nicht augenblicklich. Das Erleben kommt langsam auf. Das Erleben werden Sie nicht in Ihren Gedanken finden, aber in Ihrer Haut und Ihren Zellen. Liebe hat ihr eigenes Bewegungstempo. Wenn Sie sich nicht in der Geschwindigkeit der Liebe bewegen, entgeht Ihnen die Erfahrung und Sie können zu dem Schluss kommen, dass die Welt armselig und öde ist. Doch die Welt ist üppig und quillt über vor Reichtum. Wenn Sie diese Erfahrung verpassen, dann ist nicht die Welt daran schuld.

Wenn Sie etwa eine Stunde lang in der Geschwindigkeit der Liebe spazieren gegangen sind, kommen Sie zum Ende. An dieser Stelle können Sie entscheiden, ob Sie Ihren Spaziergang fortsetzen oder das Experiment beenden und sich trennen oder sich in einem Café im Raum der Liebe zusammensetzen und Ihre Erfahrungen austauschen, die Sie miteinander gemacht haben. Ich empfehle, dieses Experiment nicht dazu zu benutzen, miteinander im Bett zu landen. Das ist ein anderes Experiment.

Lassen Sie sich verwöhnen

12

Jetzt sind Sie dran! Nur Sie! Bisher habe ich in diesem Buch viele Raffinessen beschrieben, mit denen Sie einem Mann etwas Gutes tun. Und ich hoffe, Ihnen ist dabei deutlich geworden, dass ich dabei das Glück für Sie beide im Auge habe: Wenn Sie dem Mann zum Glücklichsein verhelfen, macht er Sie glücklich. Wenn Sie glücklich sind, stärken Sie das Glück in Ihrer Beziehung. Sehr oft habe ich dabei Wege gezeigt, auf denen Sie zu Ihrem eigenen Glück finden. Zum Wohlgefühl für sich selbst. Mit oder ohne Mann. Mit diesem Kapitel will ich nur eins: Ich will, dass Sie sich rundum verwöhnen lassen!

Sie haben es verdient, verwöhnt zu werden. Denn Sie sind das wundervollste Geschöpf auf diesem Planeten. Wenn Sie das auch so sehen, wird es eine Leichtigkeit für Sie sein, sich selbst zu verwöhnen und sich verwöhnen zu lassen.

»Den meisten Frauen wurde nie beigebracht, sich selbst Freude einzuräumen oder gar Pleasure zu erhoffen«, sagt die Sexpertin Maggie Tapert. »Pleasure« ist eines ihrer Lieblingsworte, und es gibt kein deutsches Wort, das die ganze Bedeutung dieses Begriffs erfasst: Vergnügen, Genuss, Lust, Sinnlichkeit, Spaß – all das ist Pleasure. Maggie Tapert weiter auf ihrer Homepage www. maggietapert.com: »Frauen wurden dazu erzogen, sich um die Bedürfnisse anderer zu kümmern und – was sie selbst anbelangt – mit den Krumen zufrieden zu sein, die zufällig übrig blieben. Wenn eine Frau beginnt, diese Reihenfolge umzukehren, und denjenigen Dingen Aufmerksamkeit zukommen lässt, die tief in ihr Pleasure verursachen, wird sich ihr Leben verändern und aufhellen.«

Das funktioniert umso besser, wenn Sie Ihre weibliche Energie wirken lassen. Die Kraft der Frauen kommt ja aus der Entspannung, aus dem Spielerischen. Eine Frau, die ihre Weiblichkeit zeigt, ist offener für emotionale Erlebnisse. Sie ist eher in der Lage, Verwöhn-Situationen intensiv zu empfinden. Und sie motiviert ganz sicher andere eher dazu, sie zu verwöhnen.

Das hat Sigi Müller, der Fotograf unserer Fotoevents, aus der männlichen Sicht ganz anders ausgedrückt:»Das Letzte, was ich einer Frau, die mit mir kämpft, mitbringen würde, ist ein Strauß roter Rosen.« Und:»Wenn du die Straße entlangfährst und es kommt ein Panzer auf dich zu, kommst du nicht auf die Idee, dass er gestreichelt werden will.«

Eine Frau, die bekommt, was sie will, ist großzügig, frei und freundlich. Aber Frauen, die nicht bekommen, was sie wollen, halten auch andere davon ab, zu bekommen, was sie wollen. Jedes Mal, wenn Sie einem Mann einen Ihrer Wünsche offenbaren, machen Sie es also generell für Frauen einfacher, das Gleiche zu tun.

Lassen Sie sich verwöhnen. Lassen Sie den Mann für Sie Geld ausgeben, nehmen Sie seine Geschenke an, freuen Sie sich über seine Unterstützung. Das Einzige, was Sie ihm geben müssen, ist die Chance, Sie zu verwöhnen.

Üben Sie Ihr Talent zum Vergnügen

Pleasure ist nach Maggie Tapert eine Kraft, die die weibliche Seele erweckt. Eine der wichtigsten Verbindungen zu unserem authentischen Selbst, das Bindegewebe zwischen unserem Bewusstsein, unserem physischen Körper und unserer essenziellen Lebenskraft. Pleasure ist die Quelle unserer Leidenschaft und Erfüllung, die Quelle der in uns schlummernden Fähigkeit, einen unerschöpflichen Nachschub an Freude und Enthusiasmus für das eigene Leben und die Welt um uns herum zu schaffen. Eine wahrhaft große Dimension.

Wer jedoch denkt, das Vergnügen kommt von ganz allein, wird vergeblich warten. Wie schon bei einigen anderen Themen in diesem Buch, die sich mit der positiven Einstellung zur eigenen Person beschäftigen, ist auch hier in den meisten Fällen ein Umdenken nötig. Auch hier ist es Zeit, selbst die Verantwortung für Ihr Glück zu übernehmen. Bescheidenheit oder Schüchternheit zum Beispiel können ebenso hinderlich sein wie die harte Kampfposition oder eine Opferhaltung.

Folgende Übungen helfen, das Recht auf Vergnügen zu erkennen, zu verinnerlichen und auszuleben.

Zelebrieren Sie Ihre Weiblichkeit

Zeigen Sie Weiblichkeit in Ihrer Kleidung, gehen Sie nicht wie in »Sack und Asche« durchs Leben. Sondern ziehen Sie etwas an, das Sie antörnt. Wenn Sie vom Job oder vom Einkaufen nach Hause kommen, wechseln Sie nicht die Straßenkleidung gegen unattraktiven Schlabberlook. Sondern tragen Sie etwas Schönes, Sinnliches. Das legen Sie dann langsam und bewusst wieder ab. Steigen Sie genussvoll ins Bad, machen Sie jede Bewegung in Bewusstheit und fühlen Sie das Wasser auf Ihrer Haut. Seien Sie sinnlich, nehmen Sie sich Zeit. Fühlen Sie sich selbst, streicheln Sie über Ihre Haut, schließen Sie die Augen und genießen Sie es, wie es sich anfühlt.

Schaffen Sie sich Inseln des Wohlbefindens

Bauen Sie kleine Momente des Fühlens oder der Meditation in den Tag ein. Entscheiden Sie sich in jeder Situation für die sinnliche Variante. Das Beispiel Baden zeigt es: Oft hüpfen wir unter die Dusche, und der Zweck ist es, sauber werden. Wir rubbeln uns hastig mit dem Handtuch ab und steigen wieder in die Kleidung. Baden Sie stattdessen mit Genuss, baden Sie einmal wie eine Geisha. Bereiten Sie die Atmosphäre im Badezimmer vor: Musik, Teelichter, Duft, Badeöl, Rosen. Ölen Sie Ihren Körper zärtlich ein und hüllen Sie sich in ein aufgewärmtes Handtuch. Trinken Sie einen Tee und fühlen Sie nach, bevor Sie wieder in den Alltag gehen. Nehmen Sie sich möglichst noch Zeit zu ruhen. Ein wunderbarer Ort fürs Wohlbefinden ist übrigens ein

Hamam. Das sinnliche Erlebnis in der Gemeinschaft von Frauen nährt die Weiblichkeit.

Tun Sie alles aus der Entspannung

Je mehr eine Frau in der Entspannung ist, desto mehr ist sie in der Weiblichkeit und desto attraktiver wird sie. Nutzen Sie jede Gelegenheit, den Körper zu entspannen – zum Beispiel beim Gehen, beim Hinsetzen, beim Autofahren.

Schauen Sie nach Ihren Kraftquellen

Was gibt Ihnen Energie, wobei vergessen Sie die Zeit, was tun Sie gerne, was wollten Sie schon immer mal tun? Überlegen Sie, ob auch etwas dabei ist, das die Weiblichkeit fördert. Zum Beispiel führt Marathon laufen nicht unbedingt in die Weiblichkeit, ein Bauchtanzkurs dagegen sehr. Oder wählen Sie eine dieser Ideen: einen Stripteasekurs belegen, Reiten lernen, ein Wellnesswochenende, eine Maniküre, Bodypainting, in die Natur gehen, nackt in der Sonne liegen, Gesangsunterricht nehmen, zum Tanzen gehen, ein Land bereisen, ein Essen im Dunkeln ...

Hören Sie auf mit Beschwerden

Leute, die Negatives berichten oder gar schimpfen, ziehen die Energie der anderen runter und nicht zuletzt auch die eigene. Es heißt ja »sich be*schwer*en« – darüber, dass es einen Stau gab oder der Nachbar bis in die Nacht laut Musik laufen ließ. Vor allem uns Frauen fällt es leicht, uns selbst auch noch die Schuld an Missgeschicken zu geben. Wir zeichnen aber damit ein Bild von jemandem, der klein und bedürftig ist. Wir stellen unser Licht unter den Scheffel und ärgern uns am Ende darüber, wenn andere uns als unfähig einschätzen.

Sprechen Sie über das Schöne

Erzählen Sie von positiven Erlebnissen, auch von Ihren Erfolgen. Berichten Sie zum Beispiel davon, wie schön es war, nach dem Aufstehen in der Morgensonne auf der Terrasse Yoga zu machen oder dass Ihnen Ihr Partner am Morgen eine Tasse Tee ans Bett gebracht hat. Mit schönen Geschichten inspirieren Sie auch andere zu einer positiven Einstellung.

Füllen Sie Dankbarkeit in eine Vase

Stellen Sie eine Glasvase auf. Kaufen Sie bunte Glassteine: rote für Dankbarkeit, blaue für Vergnügen. Jedes Mal, wenn Ihnen am Tag etwas begegnet, wofür Sie dankbar sein können, werfen Sie einen roten Stein in die Vase. Jedes Mal, wenn Sie Vergnügen und Sinnesfreuden erfahren haben, nehmen Sie einen blauen Stein. Schauen Sie am Abend, wie voll die Vase geworden ist und ob die Farben ausgewogen sind. Beginnen Sie am nächsten Morgen neu. So verändern Sie Ihre Wahrnehmung für das, was in Ihrem Umfeld schön ist und was Ihnen guttut, egal wie groß oder klein – ein Regenbogen, ein Lächeln, ein guter Parkplatz, ein Liebeserlebnis.

Die letzte Übung soll zeigen: Nur wer Dankbarkeit und Wertschätzung kennt, wird wertvolle Momente überhaupt wahrnehmen. Sich zu verwöhnen und verwöhnen zu lassen, funktioniert nicht, wenn wir gnadenlosen Egoismus pflegen. Unser eigenes Wohlbefinden, unsere Ausgeglichenheit, unsere Fähigkeit, Freude zu empfinden, hängt dabei entscheidend vom Umgang mit unserer Energie ab. Davon, ob wir nur Energie verbrauchen oder ob wir auch Energie verteilen.

Es gibt Sterne und Planeten. Planeten brauchen, absorbieren Energie. Sterne dagegen strahlen Energie und Licht ab.

Es gibt Menschen, die sind wie Planeten, sie ziehen Energie

von anderen ab. Sie kommen in einen Raum und haben eine Haltung von: Was ist drin für mich, was kann ich mir rausholen? Wann passiert endlich was? Was gibt es zu essen, bekomme ich auch das raus, was ich bezahlt habe, bekomme ich einen guten Platz? Ich, ich, ich.

Und es gibt Menschen, die sind wie Sterne. Sie kommen in einen Raum und schauen, wie sie etwas beitragen können. Sie bringen Strahlen und Energie in den Raum, zu den Menschen. Sie sind nicht mit sich beschäftigt und damit, was sie für sich herausholen können, sondern haben den Fokus auf der Mitgestaltung. Sie denken mit und tragen zum Gelingen der Stimmung bei, haben eine positive und neugierige Haltung.

Was denken Sie, welche Frauen (nicht nur) bei Männern besser ankommen?

Wenn ich ein Seminar gebe, und die Teilnehmer sitzen in der Runde, kann ich sehen, wer Energie zieht und wer Energie gibt. Manche Teilnehmer strahlen mich an, äußern sich anerkennend und wertschätzend, zeigen Begeisterung. Je mehr davon in einer Gruppe sind, desto mehr »fliegt« ein Kurs.

Ein universelles Gesetz besagt, dass das, was wir haben und wohin wir Energie geben, sich vermehrt.»Denn wer da hat, dem wird gegeben werden, dass er Fülle habe; wer aber nicht hat, von dem wird auch genommen, was er hat«, heißt es im Matthäus-Evangelium (25,29).

Gewöhnen Sie ihm nicht ab, Sie zu verwöhnen

Durch die Emanzipation haben Frauen gelernt, alles allein zu machen. Sie wechseln Reifen, streichen ihre Wohnung und konfigurieren den Computer selbst. Sie zeigen den Männern, wie patent sie sind, und erhoffen dadurch, ein besonders tolles männliches Exemplar für sich zu gewinnen. Viele Frauen meiner Seminare sind solche Super-Frauen. Sie sehen toll aus, sind gepflegt, trainieren ihren Körper im Fitnessstudio und ihren Geist in Seminaren. Kurz gesagt: Sie werden immer besser. Oftmals ist der tiefere Grund dafür, dass sie fürchten, die Männer mit ihrer Bedürftigkeit zu verschrecken.

Sie erreichen das Gegenteil: Diese Frauen signalisieren dem Mann: Ich brauche dich nicht. Ein Mann, der nicht gebraucht wird, fühlt sich aber wertlos. Und: Wenn er nicht spürt, dass sie sich über ihn und seine Zuwendungen freut, gewöhnt sie ihm langsam, aber sicher ab, sie mit kleineren oder größeren Dingen zu verwöhnen. Am Ende beschweren sich dann die Frauen, dass sie nicht mehr hofiert und verwöhnt werden und alles selber machen müssen. Ist das nicht verrückt?

Parallel zum emanzipatorischen Selbstbewusstsein sitzt auch noch ein traditionelles Verhalten in uns: Frauen wurde beigebracht, dass sie die Bedürfnisse der Männer zuerst befriedigen müssen. So haben wir gelernt, unsere eigenen Bedürfnisse zu übersehen.

Wie zum Beispiel Gabi. Sie gab ihre Laufbahn als Medizinerin auf, um sich ganz dem Mann und den Kindern zu widmen. Sie ist die perfekte Hausfrau, gibt bei den Elternabenden den Ton an und lässt sich in jeden Beirat wählen. Mit großem Stolz erzählt sie, dass sie ihren Kindern abends die passende Kleidung für den nächsten Tag rauslegt und ihr Sohn sowie ihr Mann nichts anzieht, was sie nicht vorher abgesegnet hat. Ebenso stolz ist sie darauf, dass das kleinste Kind sich nur von ihr zu Bett bringen lässt und es daher unmöglich ist, abends mal wegzugehen und das Babysitten dem Mann zu überlassen.

Auf der anderen Seite ist sie genervt. Das lässt sie den Mann und sicher auch die Kinder immer wieder spüren. Ihre Kinder lernen es, Kompromisse einzugehen, und beschweren sich darüber. Gabis Mann hat keine Möglichkeit, seine Frau glücklich zu machen, weil sie alles im Griff hat. Er tut das, was sie ihm sagt, und wundert sich, warum sie nicht glücklich ist. Aber wenn es Mama nicht gut geht, geht es niemandem gut. Die ganze Familie hat Stress.

Von Frauen wie Gabi höre ich oft:»Mein Mann hat mich am Anfang verwöhnt, aber jetzt kommt von ihm gar nichts mehr.« Wenn wir jedoch immer»Jane Wane« spielen, müssen wir uns nicht wundern, dass die Männer uns bei unserem Alleingang nur noch zuschauen. Manche Frauen lehnen sogar die Hilfe eines Mannes direkt ab:»Ach, ist doch nicht nötig«, oder:»Lass mal, das mache ich schon selbst.« Bei solchen Signalen ist klar: Irgendwann tut er's nicht mehr. Und dann kommen die Klagen über seine mangelnde Unterstützung. Oder darüber, dass er uns nichts mehr schenkt:

Meine Mutter hatte mal zu meinem Vater gesagt:»Du brauchst mir nichts zum Geburtstag zu schenken. Ich weiß ja, wie wenig Zeit du hast.« Und dann war sie doch enttäuscht, als er daraufhin tatsächlich nichts schenkte. In vielen Familien gibt es auch zu Weihnachten lange Gesichter. Man hat ja gesagt, dass Geschenke diesmal nicht nötig sind – aber eine Kleinigkeit hätte er doch anbringen können ...

Gewöhnen Sie es ihm also nicht ab, Sie zu verwöhnen und sich Gedanken um Sie zu machen. Er will ja gar nicht tatenlos herumsitzen und zuschauen, wie Sie sich abmühen. Er will Sie glücklich machen. Wenn Sie ihm allerdings dauernd sagen, was er tun und lassen soll, schaltet er ab. Dann hören Männer auf, für uns schöne Dinge zu tun.

Bewahren Sie Ihren Blick für die kleinen Aufmerksamkeiten und erkennen Sie die auch an. Selbstverständlich können wir vieles selbst. Aber macht es nicht mehr Spaß, weich zu werden und von einem Mann verwöhnt zu werden oder gar sich anlehnen zu können?

So stärken Sie den Verwöhnfaktor

Männer wollen Helden sein. Nicht nur manchmal oder einmal im Jahr, nein, sie wollen es so oft wie möglich sein! Sie wollen in dem, was sie tun, die Besten sein und geben dafür alles. Männer vergleichen sich miteinander: »Schau, ich kann höher springen als du!« Männer wollen auf dem obersten Treppchen stehen, und wenn Sie einen Mann an Ihrer Seite haben, will er ganz sicher Ihre Nummer eins sein!

Frauen wollen in meinen Seminaren immer wissen, woran sie merken, ob es ein Mann mit ihnen ehrlich meint. Manche Männer sind romantisch und geben große Liebesschwüre und Versprechen ab, aber das heißt nicht, dass auf sie Verlass ist. Andere sind spröder und reden nicht so viel. Woher weiß ich, was in seinem Herzen vor sich geht? Es ist ganz einfach: Schauen Sie, was er bereit ist, für Sie zu tun. Seine Taten sprechen für sich.

Wenn Männer ihr Gefühl durch ihre Taten für uns zum Ausdruck bringen, wie reagieren wir darauf? Viele Frauen sehen gar nicht, was er wirklich tut, oder schätzen es nicht, weil sie von anderen Dingen träumen. Nehmen es für selbstverständlich oder sind einfach schneller, indem sie es selbst tun. Es kann sein, dass er etwas auf eine Weise ausdrückt, die Sie nicht erkennen, weil sie in Ihren Augen nicht wirklich spektakulär ist. Egal ob er große oder kleine Dinge für Sie tut, egal wie Sie sie bewerten: Es ist seine Art, Ihnen seine Liebe zu zeigen.

Männer wollen eine Leistung bringen, die ein Indiz für ihre Fähigkeiten ist. Geld ist für sie ein ganz wichtiger Maßstab des Erfolgs. Ein Mann möchte geben, was er »erlegt«, also erarbeitet hat. Und er möchte, dass die Frau es braucht und annimmt.

Lassen Sie ihn großzügig sein

Wenn er fragt: »Kann ich dir einen Brillanten schenken?«, sagen Sie nicht: »Ach, das brauchst du aber nicht. Ich stehe nicht auf solche Äußerlichkeiten.« Oder:»Ich lasse mich nicht kaufen.« Sagen Sie:»Na klar. Das macht mich total glücklich!« Und geben ihm einen Kuss.

Denken Sie auch in diesem Zusammenhang immer daran, was ich zum Thema»Wünsche äußern« geschrieben habe: Lassen Sie ihn wissen, was Sie wollen. Legen Sie keine falsche Bescheidenheit an den Tag, sondern gönnen Sie ihm das Vergnügen, Sie glücklich zu machen. Teilen Sie Ihre Aufregung, Freude oder Vorfreude mit ihm. Helfen Sie ihm auch mal auf die Sprünge, damit er erkennt, womit er Sie verwöhnen kann: Äußern Sie eine klare Bitte.

Ich habe das vor unserer Hochzeit getan und bin noch heute froh darüber. Mein Mann wollte keinen Ehering tragen, weil er ihn am Finger stört. Zuerst sagte ich, ich wolle dann auch keinen. Nachdem ich es überschlafen hatte, sprach ich ihn noch einmal an und sagte:»Wenn du keinen möchtest, musst du ja nicht. Aber ich möchte einen Ring zur Hochzeit. Er darf dann dafür ruhig etwas üppiger ausfallen und muss nicht nach schlichtem Goldring aussehen.« Wir gingen gemeinsam in ein Juweliergeschäft. Dort war ich von zwei Ringen begeistert, konnte mich aber nicht entscheiden. Er sagte, er werde einen Ring davon aussuchen und mich mit diesem überraschen. Und? Ich bekam beide Ringe!

Gefühle und Bedürfnisse sind nicht voneinander zu trennen, betont Marshall B. Rosenberg, der Experte für die Gewaltfreie Kommunikation. Die Ursache für unsere Gefühle sind unsere Bedürfnisse, nicht das Verhalten anderer Menschen. Wenn wir unsere Bedürfnisse vermitteln, kann die andere Person etwas zur Erfüllung dieser Bedürfnisse beitragen. Ausdrücklich weist Rosenberg darauf hin: Es ist wichtig herauszufinden, was wir fühlen, was wir brauchen und was wir wollen – und dies aufrichtig mitzuteilen, zum Beispiel als Bitte. Nicht als Forderung. Sondern positiv formulieren und nicht verurteilen. Dieser freundliche Weg ist vor allem in einer heiklen Situation extrem wichtig: nämlich dann, wenn der Mann Sie mit etwas verwöhnen will, wonach Ihnen überhaupt nicht der Sinn steht.

Meiner Freundin Simone ging es einmal so. Nach einer längeren Geschäftsreise kam sie zurück nach München und rief ihren Freund in Italien an, um sich für das gemeinsame Wochenende zu verabreden. Er hatte schon einen tollen Plan: Simone solle sofort losfahren zum Gardasee, von dort sollten sie nach Sevilla fliegen, von dort nach Tarifa an die Südspitze Spaniens fahren, sich zwei Tage beim Kitesurfen vergnügen – und dann alles wieder zurück. Viele Stunden Fahrt und Flug für zwei Tage. Simone war hundemüde, wollte erst mal nur schlafen. Sie lobte ihn für seine Superüberraschung – und sagte: Nein. Er möge bitte verstehen, dass diese Tour jetzt für sie zu anstrengend sei. Nach einer kurzen Frustphase änderte er den Plan: Er fuhr zu ihr nach München. Als er am Abend ankam, war sie entspannt und dankbar.

Wenn Männer der Frau eine Freude machen wollen und damit falschliegen, haben sie dennoch Anerkennung verdient. Und Ehrlichkeit. Denn dann können Männer über eine Alternative nachdenken.

Eine Frau in einem meiner Kurse hatte kurz zuvor von einem Mann eine Einladung zu einem Motorradtreffen in einer anderen Stadt bekommen. Ihre Antwort war: »Ich habe keine Zeit, weil ich arbeiten und Geld verdienen muss.« Sie war es gewohnt, für sich selbst einzustehen, und ließ sich grundsätzlich nicht einladen. Sie wollte unabhängig bleiben und sich nicht in der Schuld fühlen.

Im Kurs sah sie, dass sie den Männern damit die Gelegenheit und den Spaß daran nahm, sie zu verwöhnen. Sie schickte dem Mann aus dem Kurs heraus eine SMS: »Gerne komme ich mit, wenn du mir den Flug zahlst. Dann spare ich Zeit und kann meine Arbeit fertig machen.« Als Antwort fand sie die Flugbestätigung in ihren E-Mails. Und tags drauf auch einen Motorradhelm in der Post.

Einen der schönsten Bereiche für das Verwöhnen müssen wir

hier unbedingt noch kurz betrachten: Sex und Erotik. Frauen fällt es meist schwer, sich beim Sex einfach mal »bedienen« zu lassen. Sie meinen, dass sie jede seiner Zärtlichkeiten sofort mit einer eigenen »zurückzahlen« müssen. Sie glauben nicht, dass er Spaß daran hat, sie »nur« zu küssen und zu streicheln. Er hat Spaß daran! Nehmen Sie deshalb dieses schönste aller Verwöhnprogramme an, geben Sie sich nur Ihrem eigenen Genuss und Ihrer Lust hin. Zeigen Sie durch Bewegungen und Laute, wie wohl Sie sich fühlen. Denn: Wenn Sie sich selbst erwecken, möchte der Mann gerne mit dabei sein.

Machen Sie ihn zu Ihrem König!

13

Der große Dichter Gabriel Garcia Márquez hat ein Liebesgeständnis einmal so formuliert:»Ich mag dich nicht, weil du so bist, wie du bist. Sondern dafür, wer ich bin, wenn ich mit dir zusammen bin.«

Im letzten Kapitel dieses Buches möchte ich Ihnen helfen, Ihr Wissen, Ihre Weisheit, Ihre Klugheit, Ihre Stärke, Ihr Selbstbewusstsein und Ihre Raffinesse für ein Ziel einzusetzen: Machen Sie Ihren Mann zum König! Wenn Sie ihn zum König machen, macht er Sie zu Ihrer Königin.

Jeder Mann hat das Potenzial dazu, ein»Schwein«zu sein, und jeder Mann hat das Potenzial, ein König zu sein. Und Frauen haben die Macht, das eine oder das andere in ihm hervorzubringen. Das ist keine grundsätzliche Entscheidung, Sie wählen in jedem Moment neu. Allerdings lohnt es sich, sich immer wieder für die Richtung König zu entscheiden und dieses Ziel bewusst anzusteuern. Denn sonst könnten Alltagsfrust und Gewohnheiten Sie in die falsche Richtung treiben. Enttäuschte Frauen machen durch ihre Gedanken, Worte und Taten viel zu viele Männer zu »Schweinen«.

Früher gab es Frauen, die den Mann auf den Königsthron brachten, um dann selbst Königin zu werden. So funktioniert es heute noch. Nie hat es umgekehrt funktioniert. Wenn die Frau vorher selbst den Thron besteigt, wird er alles tun, um sie herunterzuholen oder er wendet sich von ihr ab. Der natürliche Vorgang schreibt vor: Sie macht ihn zum König, und er stellt sie dann als Königin neben sich.

Für die heutigen Frauen ist es nicht einfach, dem Mann den Thron zu überlassen. Oder um ein moderneres Beispiel zu nehmen: ihm das Steuer zu überlassen und sich selbst zurückzulehnen. Das fällt einer Frau gerade dann schwer, wenn sie sieht, dass er unsicher und unklar in seinen Aktionen ist. Wenn sie aber auf dem Beifahrersitz sitzt wie der Fahrlehrer, bereit, in jedem Moment das Steuer zu übernehmen, nimmt sie dem Mann die Kraft. Bleiben Sie entspannt, verhalten Sie sich einfühlsam, so wie Sie es in diesem Buch als Coach und Teamworkerin geübt haben. Genau dies ist nötig, wenn die Frau wirklich Frau sein möchte. Nicht seine Mutter, nicht sein Boss. Seine Frau.

Die Ironie ist also: Um Seite an Seite gleichberechtigt mit dem Mann zu stehen, muss die Frau bereit sein, zurückzutreten und ihm die Führung zu überlassen. Eine starke, weise Frau setzt aus Respekt vor ihrer eigenen Würde ihren Mann auf den Königsthron. Und wenn sie das tut, wird er sie gern und freiwillig als Königin an seine Seite stellen. Mehr noch: Er gibt ihr die Macht hinter dem Thron.

Wenn er so gestärkt wird, ist er ein guter König. Er bildet und erhält den Raum, in dem sein »Volk« – seine Familie – sich sicher und geborgen fühlt. Er kümmert und sorgt sich. Er benimmt sich gut. Er behandelt andere mit Respekt. Wenn er all das nicht täte, wäre er nicht anerkannt. Das weiß er. Aber er tut es nicht, um seine Macht zu sichern oder angehimmelt zu werden. Er tut es, weil er sich zutiefst verantwortlich fühlt für das Glück seines Volkes. Und seiner Königin. Sie ist ein Teil seines Lebens und unterstützt ihn. Als Macht hinter dem Thron hat sie aber auch ihre eigenen Bereiche, Einflussmöglichkeiten und ihre eigene Stärke.

Als Bill Clinton noch US-Präsident und Hillary noch First Lady war, kursierte in den USA dieser Witz:

Bill und Hillary Clinton waren mit dem Auto auf einer Landstraße unterwegs. Sie hielten an einer kleinen Tankstelle. Der Angestellte, der den Tank füllte, sagte plötzlich zu Hillary: »Hi! Kennst du mich nicht mehr? Wir gingen miteinander während unserer Schulzeit.« Hillary erkannte ihren ehemaligen Liebhaber und die beiden sprachen über die alten Zeiten. Später, als Bill und Hillary ihren Weg fortsetzten, sagte Bill: »Nun bist du sicher glücklich, dass du mich geheiratet hast. Hättest du ihn genommen, dann wärst du jetzt die Gattin eines Tankwarts.« Hillary lächelte und sagte: »Nein, dann wäre er der Präsident der Vereinigten Staaten.«

Er ist der Pilot und Sie sind sein Radar

»Wir Frauen folgen den Männern gerne dahin, wohin wir sie führen«, sagte die Schauspielerin Ava Gardner. Das ist eines meiner Lieblingszitate. Es hätte auch gut zum Thema Coaching und dort zur Methode des Pferdeflüsterers gepasst. Aber ich habe es mir für dieses Kapitel aufgehoben. Es beschreibt auf den Punkt das Prinzip meiner »Männerflüsterin«-Seminare: auf die sanfte Weise die Richtung bestimmen und das Ziel erreichen. Das Ziel ist das eigene und das gemeinsame Glück.

Viele Frauen glauben, weiblich sein heiße schwach zu sein. Dabei besitzt die Frau eine unglaubliche Kraft durch ihre Fähigkeit, dem Mann bewusst die Führung zu überlassen. Dies geschieht durch intelligente Kooperation. Der Mann räumt ihr einen Platz in seiner Welt ein und anerkennt sie. Sie kann sich so auf ihre weiblichen Fähigkeiten konzentrieren und braucht nicht darum zu kämpfen, von den Männern anerkannt zu werden – was diese sowieso nie tun werden, solange sie darum kämpft! So jedoch ist der Mann bereit, ihr ernsthaft zuzuhören und ihre Sichtweise mit einzubeziehen.

In dieser Kooperation setzen beide ihre archetypischen Prägungen ein. Maskuline Macht ist linear, präzise, eindimensional. Weibliche Macht ist nicht linear, fließend und multidimensional. Das sind beste Voraussetzungen für diese Aufgabenverteilung: Der Mann ist der Pilot, die Frau ist das Radar.

Als Pilot steuert er das Flugzeug. Er hat den Fokus auf dem Ziel und konzentriert sich auf seine Aufgabe. Als Radargerät hat sie den Rundumblick. Sie nimmt Details, Stimmungen und Umgebung wahr, koordiniert alles. Sie kooperiert, indem sie ihm die Informationen gibt, die er zur Zielerreichung braucht. Das Radargerät ist objektiv, es gibt keinerlei Wertung ab. Der Pilot entscheidet, wie er die Informationen umsetzt.

Stellen Sie sich vor, er ist ein Kampfflieger und hat nur eines vor Augen: sein Ziel. Sie ist das Radargerät, meldet, was er zum

Handeln braucht. Zum Beispiel:»Wir befinden uns in 1 000 Metern Höhe. In 5 000 Metern Entfernung ist ein Hindernis.« Er kann dann entscheiden, wie er dem Hindernis ausweicht. Im Alltag spielt sich das so ähnlich oft im Auto ab.

Negatives Beispiel:
Er fährt Auto, sie sitzt daneben. Sie sagt (vorwurfsvoll):»Findest du nicht, dass du zu schnell fährst?«
Er:»Nein, finde ich nicht.«
Sie:»Pass doch auf, fahr weiter rechts! Siehst du denn den Lkw nicht?«
Er:»Halt dich da raus. Fahre ich oder fährst du?«
Der Rest ist schlechte Stimmung, Streit. Er fühlt sich angegriffen, sogar für unfähig erklärt.

Positives Beispiel:
Er fährt Auto, sie sitzt daneben. Sie gibt Informationen:»Auf dieser Strecke wird häufig geblitzt.« Oder:»Ich bekomme Angst, wenn du schneller als 160 fährst.«
Dann kann er sagen:»Okay, ich gehe vom Gas runter.« Oder: »Schatz, mach dir keine Sorgen, diese Strecke ist gut ausgebaut und ich habe die Lage im Griff.«
Anmerkung für Frauen, deren Männer gefährlich schnell fahren: Lassen Sie die Entscheidung bei ihm. Aber: Sie können wählen, nicht mehr mitzufahren, wenn es für Sie zu riskant wird.

Wenn beide ihre Funktion anerkennen, klappt das Zusammenspiel hervorragend. Dann gibt die Frau ihm Signale weiter, die sie mit ihren feinen Sensoren aufgenommen hat. Und der Mann hat Entscheidungshilfen für sein Handeln.
Im Leben von König und Königin können Sie es sich so vorstellen: Er sitzt auf dem Thron und sie steht dahinter. Ihre Hände ruhen auf seinen Schultern. Nicht um zu unterdrücken, zu kontrollieren oder zu dominieren. Ihre Hände geben ihm zu verste-

hen, dass sie da ist, um ihn zu unterstützen. Ihre Aufgabe ist es, ihn mit ihrem Rat zu bestärken.

Sie stellt ihm ihre Sichtweisen und Beobachtungen zur Verfügung. Vor allem ihre Sensoren für atmosphärische Störungen im menschlichen Bereich sind für ihn von unschätzbarem Wert. Mein Mann hatte eine neue Sekretärin. Immer wenn ich anrief und sie das Gespräch entgegennahm, fühlte ich mich wie ein Störenfried. Als hätte ich sie gerade aus einer wichtigen Aufgabe herausgeholt oder sie beim Nägellackieren unterbrochen. Ihre Worte waren zwar professionell, aber der Ton klang genervt. Ich rief meinen Mann nur noch an, wenn es unumgänglich war.

Was sollte ich tun? Die Versuchung war groß, ihm zu sagen: »Da hast du ja eine blöde Zicke eingestellt. Die vergrault dir jeden Anrufer. Sieh zu, dass du sie wieder loswirst!« Vermutlich hätte er sich angegriffen und bloßgestellt gefühlt. Vielleicht hätte er sie auch verteidigt und mir gesagt, ich sei zu empfindlich.

Also gab ich ihm nur die Information: »Immer wenn ich Frau XY am Telefon habe, fühle ich mich unwohl. Ich kann nicht genau sagen, woran es liegt, es ist irgendwie ihr Ton. Auf alle Fälle spüre ich einen Widerstand, dich anzurufen, wenn ich damit rechnen muss, dass ich bei ihr lande. Vielleicht geht es anderen auch so?«

Mein Mann stutzte. Und sagte, jetzt falle ihm auf, dass es weniger Anrufer gebe, seit Frau XY eingestellt wurde.

Einige Tage später erzählte er, er habe Frau XY an einen anderen Platz gesetzt, wo sie weniger Außenkontakt hat. Sie sei wirklich nicht kommunikativ und könne die Kunden nicht freundlich empfangen. Es gebe eine neue Frau am Telefon: »Sie freut sich über Kontakte mit Kunden und redet gerne mit Menschen. Seither haben wir wieder mehr Anrufer.«

Nehmen Sie das »Männerflüstern« einfach mal wörtlich: Flüstern Sie ihm ins Ohr, was er in bestimmten Situationen wissen muss.

Haben Sie den Film *Der Teufel trägt Prada* gesehen? In einer

Szene steht Andy, die Assistentin, während eines Empfangs einen Schritt hinter der mächtigen Miranda und souffliert ihr die Namen der Gäste ins Ohr:»Herr A. ist aus Paris. Er ist Vorstand der Firma B. Seine Frau heißt Jacqueline und ist derzeit schwanger.« Miranda kann diese Informationen souverän nutzen und mit ihrer Aufmerksamkeit glänzen.

Lassen Sie ihn König sein

Zu einem unserer Singleseminare kam eine Teilnehmerin etwas später. Als sie den Raum betrat, stand ein anwesender Mann auf und holte einen Stuhl für sie. Die Frau ging ihm entgegen, nahm ihm den Stuhl aus der Hand, stellte ihn an eine freie Stelle und setzte sich drauf. Der Mann stand im Raum und atmete tief durch. Dann schaute er die Frau an und sagte:»Schade, du hast mir gerade die Möglichkeit genommen, ein Kavalier zu sein.«

Es wurde ganz still. Die Frau war sichtlich irritiert. Und wir haben in der Runde dieses Thema besprochen: dass Männer die Frauen glücklich machen möchten, aber Frauen ihnen nicht genügend Gelegenheiten dazu geben. Ich habe das in diesem Buch schon in verschiedenen Zusammenhängen thematisiert, etwa beim Verhalten von Singlefrauen oder im Kapitel über das Verwöhnen.

Ich bin eine Mutter und Geschäftsfrau, die versucht, immer alles gut auf die Reihe zu bringen. Die Quadratur des Kreises. Ich frage nicht nach Hilfe. Eines Tages jagte ein Termin den anderen. Die Kinder mussten hierhin und dahin gefahren werden, Post musste dringend aufgegeben werden, Coachingkunden mussten bedient werden, das Einkaufen ließ sich nicht aufschieben und so weiter. Normalerweise mutiere ich dann zur»Superfrau«und versuche alles gleichzeitig zu machen. Will nicht zugeben, dass ich es nicht schaffe.

An diesem Tag jedoch machte ich es mal anders. Ich ging zu meinem Mann, nahm die Rüstung runter und setzte mich auf seinen Schoß: »Ich brauche Hilfe. Ich weiß nicht mehr, wie ich es drehen kann. Ich fühle mich schwach und weiß nicht, wie ich all die Termine schaffen soll.«

Auf einmal wurde er zum Ritter und machte mir einen kompletten Plan: Einiges ließ sich doch verschieben, anderes nahm er mir ab und wieder anderes konnte man effektiver erledigen. So hatte ich sogar Zeit, mich hinzulegen und auszuspannen. Und ich hatte gelernt: Ich kann mir helfen lassen.

Ein Mann fühlt sich nicht deshalb als König, weil Sie ihm Macht geben. Sondern weil er etwas für Sie tun *darf*.

Wenn er Ihnen zum Beispiel in den Mantel helfen oder die Tür aufhalten möchte und Sie tun es einfach selbst, versperren Sie ihm den Thron. Vielleicht meinen Sie, Sie würden Schwäche zeigen oder sich in eine Abhängigkeit, eine Pflicht zur Dankbarkeit bringen, wenn Sie einem Mann das überlassen. Auf ihn wirkt es aber, als würden Sie ihn missachten, mit ihm in Konkurrenz treten oder ihn wie ein trotziges Mädchen austricksen. Er fühlt sich seiner Kraft beraubt. Und in seinen Augen fehlt Ihnen die Würde einer Königin.

Nehmen Sie seine großzügigen Gesten an, genießen Sie Ihre Weiblichkeit, strahlen Sie dabei Wertschätzung und Selbstrespekt aus. Spielen Sie Ihre Rolle in dieser Inszenierung: Schreiten Sie in eleganter Haltung durch die Tür, die er Ihnen öffnet. Dann sind Sie ein königliches Paar.

Schreiten ist das Tempo der Könige. Es ist auch das Tempo der Liebe. Erinnern Sie sich? Ich habe Ihnen Beispiele dafür gegeben, wie wichtig es ist, der Liebe und der Nähe angemessene Zeit zu geben. Auch davon hängt es ab, ob ein Mann sich mit Ihnen königlich fühlen kann.

Im Seminar üben wir das manchmal. Wenn Frauen so schnell sind, schneller als der Mann und schneller als das Tempo der Liebe, bekommen sie ein Feedback, wie sich der andere mit ihnen gefühlt hat: hektisch und angespannt. Dann lautet die Aufgabe, das Tempo herauszunehmen, den anderen wahrzunehmen, die Verbindung wachsen zu lassen. Alles in Zeitlupe zu machen. Und zu beobachten, was sich im Selbstgefühl und im Verhalten des anderen ändert.

Viktoria kam ins Seminar mit der Beschwerde:»Ich bin immer nur der gute Kumpel für Männer. Wir lachen, haben Spaß, treffen uns und reden, aber mehr wird nicht daraus. Sie finden mich ganz toll und nett – aber nett ist auch meine Oma!«

Sie ist wirklich eine sympathische Frau, sportlich, lebhaft, offen, eine zum Pferdestehlen. Aber sie wollte nicht mit Männern Pferde stehlen. Was lief hier schief?

Im Rollenspiel führte Viktoria vor, wie ein typisches Date bei ihr verläuft: Sie kommt, klopft dem Mann freundschaftlich auf die Schulter, lässt sich auf den Stuhl fallen, streckt die Beine von sich und führt das Gespräch. In jeder Minute hat sie die Zügel in der Hand. Pferde stehlen eben.

Sie bekam die Aufgabe, beim nächsten Date die Königin zu spielen: Sich langsam zu bewegen wie eine Königin, sich auch so hinzusetzen, zu schauen, was er ihr anbietet, und darauf zu reagieren.

Fiel es ihr beim nächsten Date schwer, einmal nicht alles zu managen, die Themen abzufragen und schon drei Schritte im Voraus zu denken? Nein, sagte Viktoria. Es war total entspannt. Sie habe sich sehr weiblich gefühlt.

Nach einer Weile bekam ich eine Mail von Viktoria: Mehr und mehr sei bei ihren Dates jetzt ein deutliches Prickeln spürbar. Die Männer fühlen sich in ihrer Gegenwart ganz offensichtlich in ihrer Königsrolle angesprochen: anerkannt, den Raum bildend und herausgefordert, das Wohlgefühl der Frau zu garantieren.

Nichts ist mehr aphrodisierend als eine Frau, die sich selbst unwiderstehlich findet.

Etikette: Behandeln Sie den König gut

»Liebe – das ist die wunderbare Gabe, einen Menschen so zu sehen, wie er nicht ist«, sagte die Schauspielerin Hannelore Schroth.

Manchmal mag es schwerfallen, den Mann als König zu betrachten. Das sind die Momente, die ich am Anfang des Kapitels erwähnt habe: Dann können Sie entscheiden, in welche Richtung Sie ihn treiben. Ein Teil von Ihnen wird immer wieder über die Fehler oder das Versagen Ihres Mannes frustriert sein. Sie werden immer wieder unwiderlegbare Argumente dafür finden, dass er allenfalls als Knappe taugt, aber nicht als König. Vor allem in Gesprächen mit frustrierten Frauen ist die Gefahr groß, Männer kleinzumachen. Schon im ersten Kapitel dieses Buches habe ich Sie deshalb ermuntert, sich gegen solche Tendenzen zu wehren.

Es mag für einen kurzen Heiterkeitserfolg sorgen, wenn Sie ausplaudern:»Nach dem Frühstück hinterlässt er einen marmeladeverklebten Tisch«, oder er habe dies und jenes noch nie gekonnt. Aber wie eine Meldung in der Klatschpresse bleiben solche Bemerkungen bei anderen im Gedächtnis und untergraben sein Ansehen. Damit tun Sie sich auch selbst keinen Gefallen. Denn Ihr Image ist das einer Frau, die ihre Lebenszeit mit einem untauglichen Mann verplempert.

Eine Frau ist dann weise, wenn Sie auf die Kraft des Mannes sieht und nicht auf seine Schwächen. Sie lässt ihn vor anderen gut dastehen, sie bringt im Gespräch seinen Esprit hervor und inspiriert ihn zu guten Taten. So gibt sie ihm die Möglichkeit, sein Königreich gut zu führen.

Wenn Sie grundsätzlich entschieden haben, dass er ein König ist, werden Sie merken: Er kann es immer und überall sein. Der imaginäre Thron ist ein flexibles Möbelstück. Er könnte sich am Esstisch mit der Familie zeigen, hinterm Steuer seines Autos, im Wohnzimmer mit seinen Kindern, beim Dinner mit Kerzenschein, in seinem Büro oder bei der Leitung einer Konferenz.

Schenken Sie ihm an jedem Ort die Anerkennung, die er braucht. Stellen Sie seine Eigenschaften als die eines kraftvollen Mannes dar. Kritisieren Sie nicht:»Mein Mann kann immer nur eine Sache machen. Entweder er telefoniert oder er öffnet die Post. Bei mir geht das schneller. Ich mache alles gleichzeitig.« Sagen Sie:»Ich bewundere, wie mein Mann sich konzentrieren kann. Er kann richtig in einer Sache versinken und erledigt sie zu 100 Prozent.«

Meine Freundin Yvonne hat das so umgesetzt: Sie arbeitet mit ihrem Mann Philipp zusammen im eigenen Büro. Ein Mitarbeiter rief an und beschwerte sich bei ihr darüber, dass Philipp in einem Projekt ein unprofessionelles Vorgehen an den Tag gelegt habe. Yvonne antwortete im Brustton der tiefsten Überzeugung:»Philipp hat noch nie irgendetwas Unprofessionelles gemacht!«

Ganz sicher hat auch Philipp schon mal Fehler gemacht, wie wir alle. Aber Yvonnes Verhalten und ihr Glaube an ihren Mann haben mich beeindruckt.

So wie Sie ihn nach außen stärken, sollten Sie es auch in Ihrem inneren Raum tun. Geben Sie ihm bei Konflikten Ihren Beistand, nutzen Sie Ihr Radar:»Hast du bemerkt, dass ...« Oder:»Mir ist aufgefallen, wie ...« Sagen Sie im Streit nicht:»Ja, aber ...«, sondern trainieren Sie sich in:»Ja, und ...« Das führt zu Lösungen. Denn nur zu beweisen, dass er unrecht hat, macht Sie nicht stark. Es schwächt Sie beide.

Im Kapitel»Zünden Sie seine Lichter an!« habe ich Ihnen die Geschichte von Susanne erzählt. Sie hatte nach viel Pech mit Männern endlich den Richtigen gefunden. Und bei der Hochzeit schwärmte er davon, wie sie ihn mit ihrer Begeisterung und ihrer Unterstützung zu einem neuen Leben erweckt hat. Jetzt, im zweiten Teil der Geschichte, erfahren Sie, wie Susanne das Licht bei ihm erhalten hat: Sie hat ihm das Gefühl gegeben, ihr König zu sein.

Dirk, der Ehemann, erzählte uns, er habe sich zuvor nie wirklich Gedanken über sein Leben gemacht. Es war alles drin: Karriere, Familie, Haus, Scheidung. Er habe sich leer und leerer gefühlt, aber keinen neuen Weg, erst recht keine neue Herausforderung gesehen. Bis Susanne kam. Sie ist Sängerin und hat ihn in den Spaß an ihrem Beruf mit einbezogen. Wenn sie auftritt, kommt er oft mit, schleppt ihre Utensilien oder übernimmt die Technik. »Sie gibt sich total auf der Bühne hin, macht alles mit ganzem Herzen. Nachher sind wir kaputt, aber glücklich«, sagt Dirk.

Durch sie lernte er wieder, Dinge spontan zu machen. Sie trafen sich in einer Bar und taten so, als lernten sie sich gerade kennen. Er konnte es gar nicht fassen, dass jemand mit so viel Leichtigkeit und Begeisterung lebte, so weiblich war und so spielerisch. Sie war der erste Mensch, der ihn fragte, was ihm Spaß mache. Sie deutete seine Signale richtig, und mit ihrer Hilfe fand er in seinen früheren Job zurück. »Ich unterstütze sie in ihrem Künstlerberuf, und sie unterstützt mich dabei, die Lebensfreude wiederzuentdecken. Ich bin der glücklichste Mann auf der Welt!«, sagte Dirk. Susanne kam und unterbrach unser Gespräch: »Komm, wir müssen auf die Bühne und unser Lied singen!«

Erfinden Sie Ihren König

Jeder von uns besitzt die Macht zu wählen, wie wir einen anderen Menschen erfahren. Wenn wir diese Fähigkeit haben, können wir auch neu erfinden, wer dieser Mensch ist!

In meinen Seminaren sehe ich oft, dass Frauen über die Jahre gewohnt sind, aus Männern »Schweine« zu machen, nicht Könige. Dann muss es doch umgekehrt auch gelingen. Lesen Sie bitte die Neun-Kuh-Geschichte: Sie handelt davon, wie wir Menschen neu erfinden können. Diese Geschichte wurde in den 1960er-Jahren von Patricia McGerr erstmals aufgeschrieben. Inzwischen gibt es unzählige Arten, die Geschichte zu erzählen. Aber die Botschaft ist immer gleich.

Die Neun-Kuh-Geschichte

Von der Hoffnung getragen, das Paradies zu finden, segeln die Freunde Mike und Bill über die Weiten des Meeres. Eines Tages geraten sie in einen furchtbaren Sturm. Ihr Boot zerschellt an einem Riff und die beiden können sich mit letzter Kraft auf eine nahe gelegene, kleine tropische Insel retten.

Am nächsten Morgen entdecken die Eingeborenen die beiden durchnässten und ausgezehrten Männer am Strand. Sie bringen sie in ihr Dorf, geben ihnen trockene Kleider und versorgen sie mit Nahrung.

Am Abend sitzen Mike und Bill mit allen Einwohnern des Dorfes am Feuer und nehmen mit ihnen das Abendessen ein. Mike starrt unablässig eine Frau an, die das Essen serviert. Er stößt seinen Freund an und sagt:»Siehst du diese Frau da? Sie ist meine Frau!« Bill antwortet entsetzt:»Was? Schau sie doch mal an. Ihre Haare hängen ihr wirr ins Gesicht, ihre Schultern hängen herunter. Sie hat eine riesige Lücke zwischen ihren beiden Vorderzähnen und außerdem ist sie auf alle stinksauer.« Aber Mike bleibt dabei:»Sie ist so wunderschön.« Bill fleht ihn an. »Morgen kommen wir hier weg und segeln zu einer größeren Insel. Von da fahren wir nach Hause und du kannst dir eine richtige Frau suchen.« Mike ist entschlossen:»Ich werde mich hier keinen Zentimeter wegbewegen. Ich habe die Frau meines Lebens gefunden. Ich werde sie heiraten und den Rest meines Lebens hier mit ihr verbringen!«

Am nächsten Morgen hat Mike seine Meinung nicht geändert. Die Woche darauf auch nicht. Schließlich baut sich Bill ein Floß aus Bambus und Schilfmatten und segelt allein zurück in Richtung Heimat.

Mike begibt sich zum Häuptling und sagt:»Hör mal zu, Häuptling, diese Frau, die mit den wilden Haaren und der Lücke zwischen den Zähnen. Ich werde sie heiraten.« Daraufhin entgegnet der Häuptling:»Wenn du in unserem Dorf eine Frau heiraten willst, musst du für sie bezahlen. Jede Frau hat einen anderen Wert, irgendwo zwischen einer Kuh und neun Kühen. Die Frau, die du willst, kannst du für drei Kühe haben.« Mike wird zornig. »Das ist keine Drei-Kuh-Frau«, ruft er. »Das ist eine Neun-Kuh-Frau!« Der Häuptling fängt an zu lachen. »Hast du nicht ihre herunterhängenden Schultern gesehen? Die Art, wie sie sich kleidet? Wie sie auf jeden sauer ist? Sie ist noch nicht einmal eine Drei-Kuh-Frau. In Wirklichkeit ist sie nur zwei Kühe wert. Aber ich habe drei gesagt, damit wir Spielraum zum Handeln haben.« Mike beharrt: »Ich werde sie heiraten und ich werde neun Kühe für sie bezahlen!« Der Häuptling entgegnet: »Du bist nicht nur dumm, du bist verrückt. Wenn ich darauf eingehe, wird das gesamte Wertesystem unserer Stammesfrauen zerstört.« Schließlich willigt der Häuptling ein: »Du kannst neun Kühe für sie bezahlen. Ich werde dich einfach als Beispiel für einen verrückten Amerikaner nehmen.«

Weil Mike kein Geld hat, arbeitet er über ein Jahr lang sehr hart, um die neun Kühe zu verdienen. Schließlich heiraten er und die Frau.

Etwa ein Jahr später kommt Bill mit seinem neuen Segelboot zurück auf die Insel. Er fragt im Dorf nach seinem alten Freund. Die Dorfbewohner deuten auf einen Punkt am Strand und sagen: »Er wohnt in dem Haus am Ende dieses Pfades.« Bill läuft hin und klopft an die Tür. Eine wunderschöne Frau öffnet ihm. »Ja, bitte?« Bill starrt sie nur an. Er hat das Gefühl, im falschen Haus gelandet zu sein, fragt aber nach Mike.

»Ja, er ist hier«, sagt die Frau, »komm doch bitte herein.« Die beiden Freunde fallen sich um den Hals, lachen, fangen an, Geschichten auszutauschen. Die Frau bringt frischen Mangosaft. Danach heißen Tee und ein köstliches, üppiges Mahl mit scharfer Kokosnussmilch und frischem Fisch mit Reis.

Nach einer Weile fragt Bill: »Als wir hier vor ein paar Jahren gestrandet sind, bist du durchgedreht. Erinnerst du dich? Du hast diese unmögliche Frau mit den herunterhängenden Schultern und dem wirren Haar angestarrt. Du bist wegen dieser Hexe hier geblieben. Jetzt hast du dieses großartige Haus im Paradies und lebst mit dieser wundervollen erotischen Inselkönigin. Ich bin froh, dass du zur Besinnung gekommen bist. Aber was ist denn eigentlich aus dieser anderen geworden?«

Mike deutet auf die Küche und sagt:»Ich habe sie geheiratet. Sie hat dir die Tür geöffnet, dich willkommen geheißen und für uns das Essen zubereitet. Das ist sie.«

»Auf keinen Fall!«, sagt Bill.»Das ist sie nicht. Die andere Frau trug Lumpen. Ihr Geist war ruiniert. Sie war dürr und sauer auf jeden. Diese Frau hier ist eine Göttin. Sie strahlt und ist voller Liebe und Zuversicht. Ihre Augen leuchten! Du lügst mich an.«

Mike:»Nein. Das ist meine Neun-Kuh-Frau.« Er ruft sie.»Entschuldige, Maria, würdest du bitte meinem Freund erklären, wer du bist?« Sie lächelt Bill an und sagt:»Ja, ich bin es wirklich.« Und während sie lächelt, kann Bill die Lücke zwischen ihren beiden Vorderzähnen sehen. Er fragt:»Was ist mit dir passiert?«

Sie deutet auf Mike, lächelt wieder und sagt:»Das war er. Er hat das gemacht.«

Und wie? Maria beginnt behutsam:»Seit ich ein kleines Mädchen war, wusste ich, dass ich eigentlich nur eine Zwei-Kuh-Frau werde. Jeder im Dorf, meine Freunde und Familie eingeschlossen, betrachteten mich als Zwei-Kuh-Frau und verhielten sich dementsprechend zu mir. Dann kommt Mike und sagt mir, ich sei neun Kühe wert! Anfangs habe ich mich gewehrt. Aber dann hat er tatsächlich die neun Kühe bezahlt – neun Kühe! Für mich! Und zur Hochzeit organisiert er eine Neun-Kuh-Hochzeitsfeier. Ich trage ein Neun-Kuh-Hochzeitskleid! Ich! Und dann baut er mir dieses traumhafte Neun-Kuh-Haus. Ich sehe, wie er schwitzt, das Holz sägt, die Bretter trägt und das Dach deckt. Ich sehe, dass er seinem Vorgehen vollständig vertraut. Und jeden Abend, ich meine, wirklich jeden Abend, führt er eine Neun-Kuh-Schulter-und-Fußmassagen-Zeremonie durch. Jeden Morgen verwöhnt er mich mit einer Neun-Kuh-Frühstückstee-Zeremonie im Bett. Anfangs konnte ich damit nicht umgehen. Es war kein Zuckerschlecken mit mir. Aber ich konnte nichts machen, um ihn umzustimmen. Selbst jetzt weigert er sich, davon abzulassen. Er spricht mit mir nur wie mit einer Neun-Kuh-Frau. Er behandelt mich in jeder Weise wie eine Neun-Kuh-Frau. Er stellt mich sogar jedem als eine Neun-Kuh-Frau vor. Irgendwann konnte ich keine Einwände mehr dagegen erheben. Meine alte Meinung über mich selbst schwand dahin. Ich begann mich durch seine Augen zu erfahren. Ich wurde zu einer Neun-Kuh-Frau.«

Einige Minuten lang herrscht völlige Stille. Man kann hören, wie die Wellen sanft gegen das Korallenriff schlagen. Dann sieht Bill zu Mike herüber und fragt:»Hast du das gemacht, um sie glücklich zu machen?«

Mike sagt:»Ich habe das gemacht, weil ich mit einer Neun-Kuh-Frau leben wollte.«

Diese Geschichte erzählt, was in unserem Alltag leider oft in der anderen Richtung geschieht: Wir machen aus einem netten Menschen eine unfähige Kreatur. Häufig passiert das nicht bewusst. Umso wichtiger ist es, dass wir bewusst umdenken.

Benutzen Sie die Neun-Kuh-Methode. Damit können Sie aus einem Mann einen König – einen Neun-Kuh-Mann – machen. Das braucht Übung, denn Sie erschaffen ihn neu. Sie erfinden Ihre Erfahrung darüber, wer jemand ist, neu. Sie suchen Beweise, welche die Geschichte untermauern, die zu der neuen Erfahrung führen. In diesen Momenten sind Sie schöpferisch tätig und jede dieser Schöpfungen drückt Ihre Sicht auf den Partner aus.

Männer liefern uns viele kleine oder große Beweise für jede Geschichte, positiv wie negativ. Die Beweismenge reicht aber für die Geschichte, die ihn zum König macht.

Es könnte ein aufregendes Experiment sein, einen Mann, Ihren Mann, neu zu erfinden. Suchen Sie nach Beweisen, dass er liebevoll, kraftvoll oder zärtlich ist. Dass er höchsten Respekt verdient. Sehen Sie sich genau um, immer wieder. Und dann sagen Sie zu ihm: »Danke, dass du so liebevoll bist. So aufmerksam. So hilfsbereit. Dafür küsse ich dich.«

Dann erzählen Sie Ihren Freunden das Gleiche: »Er ist ein toller Mann. Wie er mich immer verwöhnt. Er sieht, was zu tun ist, und bringt es in Ordnung. Besonders wenn er weiß, dass es mir Freude bereitet. Heute morgen hat er für mich ...«

Erzeugen Sie ein Bild von ihm, eine so tolle Geschichte, dass er einfach nicht widerstehen kann, in diese Legende hineinzuwachsen. Und weigern Sie sich ab sofort, Ihre Meinung wieder zu ändern.

PS.: Ganz ehrlich: Auch ich schaffe es nicht immer, meinen Mann als Neun-Kuh-Mann zu sehen. Manchmal, wenn er mich richtig nervt, überlege ich mir, wie viele Kühe ich wohl gerade für ihn zahlen würde. Meist muss ich dann lachen und der Streit geht schnell vorbei, weil ich weiß, dass mein Mann ein Neun-Kuh-Mensch ist. So wie eigentlich jeder Mensch.

Anhang

Leserservice

Liebe Leserin, lieber Leser,
holen Sie sich die Investition für das Buch wieder!
Nehmen Sie für den Anfang am besten den Tipp oder das
Tool aus diesem Buch, welcher/welches Ihnen am besten gefällt.
Sollte es nicht auf Anhieb klappen, lassen Sie sich dadurch nicht
entmutigen. Bleiben Sie am Ball. Versuchen Sie es noch ein weiteres Mal. Sie werden sehen, dass es funktioniert.

Sie möchten noch mehr? Wenn Sie wissen möchten, wie Sie
die Tipps und Tools am besten umsetzen können, besuchen Sie
doch eines unserer Seminare. Als Buchleser erhalten Sie einen
Nachlass auf den Seminarpreis im Wert dieses Buches. Das heißt,
Sie erhalten das Buch praktisch geschenkt.

Einen Überblick über unsere Seminare zu Persönlichkeitsbildung, Kommunikation und Berufsfindung sowie Informationen zur Open4Live-Coachingausbildung erhalten Sie unter
www.open4life.de. Alle Seminare und Angebote zum Thema
Liebe und Beziehung, Mann-Frau-Kommunikation und Flirtkurse finden Sie unter www.open4love.de.

Ich freue mich auch sehr über Ihre Erfahrungen und Geschichten, die Sie mit den Anregungen aus diesem Buch machen.
Schreiben Sie mir diese unter rs@open4life.de.

Dank

Viele außergewöhnliche Menschen haben einen Einfluss auf mein Leben und auf die Entstehung dieses Buches gehabt.

Meinen großen Lehrern danke ich dafür, dass sie ihr Wissen so großzügig geteilt haben und mir mehr als Kenntnisse vermittelt haben.

Meine Teilnehmerinnen in den Seminaren haben mich zu diesem Buch inspiriert.

Ich danke euch, ihr habt mir euer Vertrauen entgegengebracht und mir viele der Geschichten im Buch geliefert. Vielen Dank all diesen mutigen Männerflüsterinnen, die sich auf den Weg gemacht haben zu ihrer Weiblichkeit und zu kraftvolleren und liebevolleren Beziehungen mit Männern!

Danke auch an all die Männer, die mir ihre Geschichten mit Frauen erzählt haben. Ihr habt wieder gezeigt, dass ihr uns Frauen bei unseren Vorhaben unterstützt und gerne euren Beitrag leistet, wenn es um ein besseres Miteinander geht.

Ich danke den Frauen und Freundinnen, die mich in meinem Leben begleiten und durch die ich konkurrenzlose unterstützende weibliche Gemeinschaft erlebe.

Danke auch an Dagmar Olzog, die spontan Neugier für das Männerflüsterin-Thema gezeigt hat. Danke für ihre und Gerhard Plachtas Begleitung und fachkundige Beratung vonseiten des Kösel-Verlags.

Ich danke meiner Mutter Gertrud Reschke dafür, dass sie mich gelehrt hat, nie aufzugeben und unmögliche Dinge möglich zu machen. Meinem Vater Dr. Friedrich Reschke für seine stille Liebe.

Danke auch an meine wunderbaren Töchter Olivia Verena, Antonia, Felicitas und Gloria.

Danke an dich, Dieter, du warst und bist mein Ritter, mein Fels in der Brandung. Du hast, wenn es nötig war, mir den Rücken freigehalten oder mich einfach nur in den Arm genommen. Danke, dass du immer für mich da bist.

Literaturhinweise

The Arbinger Institute: *Raus aus der Box! Über den Umgang mit Selbsttäuschung*, Offenbach: Gabal 2004

Behrendt, Greg; Tuccillo, Liz: *»Er steht einfach nicht auf dich!« Warum Frauen nie verstehen wollen, was Männer wirklich meinen*, München: Blanvalet 2006

Callahan, Clinton: *Abenteuer Denken. 52 Abenteuerreisen zu größeren Möglichkeiten*, Bremen: Genius, 2. Aufl. 2007

Callahan, Clinton: *Wahre Liebe im Alltag. Das Erschaffen authentischer Beziehungen*, Bremen: Genius 2007

Defersdorf, Roswitha: *In der Sprache liegt die Kraft. Klar reden, besser leben!*, Freiburg: Herder, 2. Aufl. 2009

Gordon, Thomas: *Familienkonferenz. Die Lösung von Konflikten zwischen Eltern und Kind*, München: Heyne 1995

Gray, John: *Männer sind anders. Frauen auch*, München: Goldmann 1998

Hasselmann, Varda; Schmolke, Frank: *Archetypen der Seele. Die seelischen Grundmuster – Eine Anleitung zur Erkundung der Matrix – Durchsagen aus der kausalen Welt*, München: Goldmann 1999

Herbst, Jaya: *Evas Rippe – Adams Apfel. Mut zu neuen Rollen in der Partnerschaft*, München: Kösel 2007

Horak, Elfie: *Antworten von Angelo. Vom Unsinn der Gleichstellung und der Macht der Frau*, München: Goldmann 2003

Horak, Elfie: *Und sie gehören doch zusammen! Von Haben zum Sein in der Partnerschaft*, Aschau: Elfie Horak 1999

Li, Christine; Krautwald, Ulja: *Der Weg der Kaiserin. Wie Sie die alten chinesischen Geheimnisse weiblicher Macht für sich entdecken*, München: Droemer Knaur 2005

Lozowick, Lee: *Transformation von Liebe und Sexualität*, Petersberg: Via Nova 2000

Mares, Théun: *Unveil the Mysteries of the Female. Female or Feminist? The Challenge Facing all Women*, Marietta/Georgia: Lionheart Publishing 1999

Rosenberg, Marshall B.: *Gewaltfreie Kommunikation. Eine Sprache des Lebens. Gestalten Sie Ihr Leben, Ihre Beziehungen und Ihre Welt in Übereinstimmung mit Ihren Werten*, Paderborn: Junfermann, 8. Aufl. 2009

Sage, Martin: *Lebe deinen Traum! Das Erfolgsgeheimnis von »What to do with the rest of your life«*, München: Droemer Knaur 2006

Schnarch, David: *Die Psychologie sexueller Leidenschaft*, München: Piper, 3. Aufl. 2009

Smothermon, Ron: *Drehbuch 2 – Das Mann/Frau Buch. Die Transformation der Liebe*, Bielefeld: Kamphausen, 7. Aufl. 1998

Spindel, Janis: *Get Serious About Getting Married. 365 Proven Ways to Find Love in Less Than a Year*, New York: Harper Paperbacks, 3. Aufl. 2006

Thomas, Gary: *Heiliger Einfluss. Der Schlüssel zum Herzen Ihres Mannes*, Witten: Brockhaus 2008

Tolle, Eckhart: *Eine neue Erde. Bewusstseinssprung anstelle von Selbstzerstörung*, München; Goldmann, 8. Aufl. 2005

Tomasek, Gigi; Engel, Birgit: *Hallo Tarzan! Durch bessere Kommunikation zu einer glücklichen Beziehung. Die Power-Connections©-Methode*, Reinbek: Wunderlich, 4. Aufl. 2004

Williamson, Marianne: *Rückkehr zur Liebe. Harmonie, Lebenssinn und Glück durch »Ein Kurs in Wundern«*, München: Goldmann 1993